와이어샤크 트러블슈팅

와이어샤크 트러블슈팅

네트워크 성능 개선과 문제 해결

로라 채플 지음 | 강지양 옮김

i!i
에이콘

아주 오래 전 저에게 기술 교육이 재미있을 수 있다는 것을 가르쳐주신
C.W 로저스에게 깊은 감사와 함께 이 책을 바칩니다.

추천의 글

엉뚱한 패킷을 들여다 보는 일은 이제 그만.

나는 처음에 와이어샤크를 트러블슈팅 도구로 개발했다. 어느 ISP에서 일했을 때, 종종 네트워크 문제를 진단하고 해결해야 했다. 네트워크 패킷을 샅샅이 뒤져 패킷의 마지막 바이트에 담긴 정보까지 보여줄 도구가 절실했다. 때마침 같은 도구를 필요로 하는 사람들이 있어 와이어샤크 커뮤니티는 순식간에 해박한 개발자, 사용자들이 모인 거대한 공동체로 진화했다. 그 덕분에 와이어샤크는 세계 최고의 프로토콜 분석 도구로 발전할 수 있었다. 그 공동체의 일원인 것을 영광으로 생각한다.

하지만 패킷을 속속들이 안다고 하더라도 트러블슈팅에 필요한 해답은 절반밖에 얻지 못했다고 할 수 있다. 와이어샤크의 출력을 이해하고 패킷의 의미를 깨닫지 못한다면 길을 잃기 쉽다. 문제와 상관없는 엉뚱한 패킷들만 쳐다보다가 막다른 골목에서 시간을 허비할 수도 있다. 문제의 패킷을 찾아내려면 프로토콜의 동작 원리와 해당 네트워크에서의 역할을 알아야 한다. 바로 지금이 로라의 책이 필요한 순간이다. 와이어샤크가 제공하는 정보를 최대한 활용하는 법과 실제로 발생하는 네트워크 문제를 해결하는 방법을 알려줄 것이다.

트러블슈팅은 꼭 익혀야 할 중요한 기술이다. 당장의 문제를 해결한다는 뻔한 이점 말고도 좋은 장점들이 많다. 네트워크를 바닥까지 깊숙이 들여다 볼수록 네트워크에 대해 더 많은 것을 알게 되고 뛰어난 통찰력을 얻게 된다. 그 결과 다음 번에는 더 빨리 문제를 해결할 수 있게 되고, 앞으로 문제가 없도록 네트워크를 설계, 구현할 지침을 절로 습득하게 된다.

트러블슈팅은 경력에도 도움이 될 수 있다. 와이어샤크 커뮤니티에서는 서로의 네트워크 트러블슈팅 실력을 존중한다.

트러블슈팅의 고수가 되는 방법은 무엇일까? 모든 것을 독학할 수도 있겠지만 그것은 현명하지 못한 방법이다. 안타깝게도 나는 종종 그런 분들을 만나곤 한다. 회사에서 외부 지원 없이 혼자 와이어샤크의 역할을 하는 분들 말이다.

네트워크 문제의 진단법을 혼자 힘으로 배우려는 것은 독학으로 치과의사가 되려거나 제트엔진을 수리하려는 것과 비슷하다. 할 수는 있겠지만 별로 추천하고 싶지 않다는 뜻이다. 이 책에서 소개하는 트러블슈팅 접근법으로 네트워크 문제를 어디부터 어떻게 들여다봐야 할지를 깨닫게 될 것이다.

엉뚱한 패킷을 들여다보는 일은 이제 그만. 딱 맞는 패킷을 찾는 법을 로라가 알려줄 것이다.

– 제럴드 콤즈
와이어샤크(구 이더리얼)의 창시자

지은이 소개

로라 채플 Laura Chappell

와이어샤크 대학과 채플 대학의 설립자며, 성공적인 네트워크 분석가, 강사, 강연자다. 그녀의 목표는 와이어샤크를 시간과 돈, 불필요한 에너지의 낭비를 줄여주는 '가장 먼저 응답하는 도구'로 만드는 것이다. 로라는 매년 수백 개의 현장 교육과 온라인 훈련 세션을 제공한다. chappellU.com에서 샘플 강좌의 개요를 확인하고 여러분을 위한 맞춤식 현장 또는 온라인 교육을 받아보기를 추천한다.

감사의 글

와이어샤크를 없어서는 안 될 도구로 만들어준 와이어샤크 핵심 개발자들에게 진심으로 감사합니다. 핵심 개발자의 명단은 wiki.wireshark.org/Developers에 등재돼 있습니다.

놀라운 도구를 만들고 수년간 엄청난 개선을 이뤄내며 개발 팀을 이끈 제럴드 콤즈에게도 깊이 감사합니다.

몇 번이고 지치지 않고 이 책을 리뷰하고 전체 랩을 실행해준 조이 디맨티에게 감사의 말을 전합니다.

휴일에도 이 책의 편집에 많은 시간을 쏟은 짐 아라곤에게 감사합니다. 더 나은 책을 위한 당신의 노고에 진심으로 감사드리고 싶습니다.

우리 스콧과 지니에게 포옹을. 책을 쓰는 내내 웃게 해줘 고맙구나.

혹시 감사의 글에서 빠뜨린 분이 있다면 진심으로 사과의 말씀을 올립니다.

– 로라 채플

옮긴이 소개

강지양 jiyang.kang@gmail.com

서울대학교 제어계측공학과 학부와 석사를 졸업했으며, 서울대학교 전기컴퓨터공학부에서 박사 학위를 받았다. 이후 삼성전자 네트워크사업부, 미국 하버드 대학교 EECS, GCT Research를 거쳐 현재는 파이오링크에서 SDN 개발실장을 맡고 있으며, 나임네트웍스의 연구소장을 겸임하고 있다. 컴퓨터시스템 응용기술사, 정보시스템 수석감리원이며 오픈 네트워킹과 데이터센터 인프라에 관심이 많다.

옮긴이의 말

얼마 전 한 국내 유명 타자 연습 프로그램이 로그인 과정에서 아이디와 비밀번호가 노출될 수 있다는 취약점이 발견돼 화제가 됐다. 당시 제보자가 언론에 와이어샤크로 패킷을 분석했다고 밝혀 눈길을 끌었다(디지털타임스, 2015/08/14). 또한 한 경제지에서 취재한 중국의 개인 정보 브로커는, 기자에게 자랑스럽게 '대출 모집 사이트를 띄워 놓고 사람들이 입력하는 개인 정보를 낚아채는' 방법을 쓰며 이 과정에서 와이어샤크를 사용한다고 귀띔하기도 했다(한국경제신문, 2015/01/15).

이처럼 와이어샤크는 현재 세계에서 가장 유명한 네트워크 프로토콜 분석 툴이라고 해도 과언이 아니다. 와이어샤크는 네트워크 문제를 분석해 해결하고, 근본 원인을 제거하는 데 유용하게 사용될 수 있을 뿐 아니라 오픈소스라는 점 때문에 매월 백만 건 이상 다운로드가 이뤄지고 있다. 또 다른 인기 있는 네트워크 분석 툴인 엔맵Nmap과 비교하자면, 엔맵은 간단히 말해 원격 장비의 포트 정보를 획득해 서비스를 추정하는 포트 스캐너라고 할 수 있는 반면 와이어샤크는 특정 링크를 오가는 트래픽을 스니핑sniffing해 프로토콜을 분석하는 도구다. 엔맵과 와이어샤크는 오늘날 모든 시스템 관리자, 네트워크 관리자, 네트워크 장비 개발자, 보안 컨설턴트, 정보 보호 관리자 등에게 필수적인 도구가 돼가고 있다.

이 책은 네트워크 성능 문제의 원인을 빠르게 찾기 위해 와이어샤크를 활용한 가장 효과적인 분석 방법을 제시한다. 특히 실제로 현장에서 가장 많이 발생하는 33가지 증상을 처음에 제시하고, 그럴 때 활용할 수 있는 와이어샤크의 기능을 100개의 실습을 통해 익히게 한다. 따라서 숙련 기술자는 물론 네트워크에 처음 입문하는 초보자도 전체를 지루하게 완독할 필요 없이 당장 필요한 부분만 찾아 충분히 활용할 수 있다는 점이 특징이다.

다가오는 소프트웨어 정의 네트워크SDN, Software-Define Networking, 소프트웨어 정의 데이터 센터SDDC, Software-Defined Data Center의 시대는 기존 네트워크 개발 및 관리자의 역할에 전례 없는 변화를 가져오고 있다. 이런 때일수록 와이어샤크와 같은 기본적인 도구를 제대로 사용하는 전문가가 더 많이 필요하지만 아직까지 현장에서는 공급이 수요를 따라가지 못하는 실정이다. 이 책이 바로 와이어샤크를 업무에 활용해야 하는 네트워크 관리자나 정보 보호 담당자는 물론, 이제 막 네트워크를 공부하려는 학생들에게도 많은 도움이 될 수 있을 것이라 믿는다.

끝으로 책이 출간되기까지 많은 도움을 주신 에이콘출판사에 특별한 감사의 말씀을 전한다.

– 강지양

차례

1부 문제 해결 준비

1장 효과적인 문제 해결 기법 사용   55

2장 핵심 와이어샤크 문제 해결 작업 정복   67

4장 확인 문제   133

5장 시간 문제 해결   147

들어가며

이 책은 네트워크 성능 문제의 원인을 신속하게 찾기 위해 가장 효과적인 네트워크 분석과 와이어샤크 기술을 가르친다.

이 책은 먼저 네트워크 문제를 목록을 만드는 것으로 시작한다. 어떤 이슈를 다룰지 정하기는 쉽지 않았지만, 가장 흔하게 닥치는 문제와 와이어샤크와 네트워크 분석으로 잘 해결할 수 있는 문제에 집중하고자 한다.

1부, '문제 해결 준비'는 기본적인 4단계 문제 해결 방법론과 문제 해결의 핵심 와이어샤크 기술, 캡처 기법 간의 비교를 중점적으로 다룬다. 1부의 기초 프로세스와 기술을 익히게 되면 문제를 해결하는 데 드는 전체 시간을 단축할 수 있다.

2부, '증상 기반 문제 해결'은 이 책의 핵심이다. 2부에서는 문제 있는 네트워크의 다양한 증상과 가능한 원인에 대해 깊게 파고든다. 각 증상은 해석 문제, 시간 관련 문제, 와이어샤크의 전문가 정보Expert Infos 버튼으로 알 수 있는 문제, 애플리케이션 문제, 이 네 가지로 구분된다. 2부에는 이런 문제의 증상과 상세 원인을 찾기 위한 실습이 준비돼 있다.

와이어샤크로 문제의 발생 위치를 확인할 수는 있지만 문제의 원인을 알 수는 없다는 사실을 이해해야 한다. 이 책에서는 다양한 증상의 원인에 대해 올바른 방향을 제시하기 위해 노력할 것이다.

3부, '그래프를 이용한 문제 탐지'에서는 네트워크 성능 이슈를 그림으로 나타내고 문제 해결 작업의 우선순위를 정하기 위해 와이어샤크의 다양한 그래프를 활용하는 법을 설명한다. 1부와 2부에서 배운 기법으로 성능 문제의 발생 위치를 찾을 수는 있었겠지만, 문제를 시각화한다면 다른 사람에게 설명하는 데도 도움이 될 수 있다. 추적 파일 정보를 여러 다른 차트와 그래프 도구로 내보내는 방법을 설명하기 위한 장이 별도로 준비돼 있다.

4부, '와이어샤크 문제 해결의 마지막 팁'에서는 유능한 네트워크 분석가가 되는 데 도움을 주기 위해 와이어샤크 관계자만이 아는 몇 가지 팁과 기술을 소개한다. 4부에서는 간헐적인 문제의 해결, 추적 파일에서 불필요한 주소 삭제, WLAN 문제 탐지, 매우 큰 추적 파일 작업 등의 어려운 문제를 다룬다.

이 책은 필자의 다른 책『와이어샤크 개론: 쉽고 빠른 네트워크 분석을 위한 와이어샤크 활용과 최적화』(에이콘, 2013)와 『(개정판)와이어샤크 네트워크 완전 분석』(에이콘, 2014)과 함께 활용 가능하다.

이 책의 대상 독자

이 책은 네트워크 트래픽에 기반해 네트워크 문제의 근원을 찾으려는 초보 및 숙련 분석가를 위한 것이다.

이 책은 네트워크 문제의 증상을 파악하는 데 사용되는 여러 기법을 소개한다. 또한 이 문제들의 가능한 원인의 목록을 최대한 제공한다.

준비 사항

이 책(또는 일반적으로 네트워크 분석)을 공부하기 전에, 기본적인 네트워크 개념과 TCP/IP 기초에 대한 확실한 이해가 필요하다. 예를 들어 스위치, 라우터, 방화벽의 목적을 알고 있어야 하며, 이더넷 네트워킹, 기본적인 무선 네트워킹의 개념과도 친숙해야 하고, IP 네트워크 주소 지정에도 익숙해야 한다.

이 책에서는 핵심 와이어샤크 작업을 단계별로 설명하기는 하지만, 보조 교재로 『와이어샤크 개론: 쉽고 빠른 네트워크 분석을 위한 와이어샤크 활용과 최적화』(에이콘, 2013)를 추천한다. 또한, 프로토콜과 애플리케이션에 대한 심도 깊은 학습이 필요하면『(개정판)와이어샤크 네트워크 완전 분석』(에이콘, 2014)을 참고하기 바란다.

이 책에는 애플리케이션 디렉토리로 경로를 설정하거나 ipconfig/ifconfig 등의 기본적인 커맨드라인 도구를 실행하기 위해 명령어 프롬프트에 접근해야 하는 경우가 몇 번 있다. 이런 도구에 익숙하지 않다면 다양한 플랫폼에서의 도구 사용법을 제공하는 인터넷의 많은 리소스를 참고한다.

그 밖에 '부록 C. 네트워크 분석 용어 사전'에서 이 책의 네트워크 분석 및 네트워킹 관련 용어를 다룬다.

이 책에서 다루는 와이어샤크 버전

이 책은 다수의 와이어샤크 1.10.x 안정화 릴리스 버전과 와이어샤크 1.11.x 개발 버전을 사용해 작성됐다.

이 책에서 다루는 문제 해결 범위

어떤 애플리케이션과 네트워크 기술을 다룰지 결정하는 것은 쉬운 일이 아니었다. 이 책은 가장 흔하게 접하는 네트워크 애플리케이션과 네트워크 문제에 집중한다. 모든 애플리케이션과 네트워크 요소를 다루는 5,000페이지 책을 쓰기보다는, 가장 자주 보는 애플리케이션과 네트워크 요소를 중점적으로 살피려 했다. 애플리케이션 지연과 오류의 원인을 찾는 기술은 모든 애플리케이션 문제에 적용할 수 있다.

추적 파일과 보조 자료 다운로드

먼저 www.wiresharkbook.com에서 이 책의 추적 파일과 다른 보조 자료를 다운 로드해야 한다. Troubleshooting with Wireshark book 링크를 클릭하여, 보조 자료 전체를 다운로드한다. 각 절에서 다루는 기술을 연습하려면 각각의 실습을 따라 한다.

에이콘출판사의 도서정보 페이지 http://www.acornpub.co.kr/book/trouble shooting에서도 추적 파일과 보조 자료를 다운로드할 수 있다.

이 책이나 책의 웹사이트에 관한 질문은 info@wiresharkbook.com으로 메일을 통해 보내주기 바란다. 한국어판에 관한 질문은 에이콘출판사 편집 팀(editor@acornpub.co.kr)으로 문의해주길 바란다.

와이어샤크와 네트워크 분석에 대한 학습 사이트

네트워크 분석, 특히 TCP/IP 통신과 와이어샤크에 대해 더 배울 수 있는 리소스가 많이 있다. 다음은 추천할 만한 리소스의 목록이다.

- www.wireshark.org에는 다양한 관심 분야가 제시돼 있다. 와이어샤크의 향후 버전을 위해 어떤 일이 진행되고 있는지 와이어샤크 블로그와 개발자 영역에서 찾아볼 수 있다.

- All Access Pass 포털(www.lcuportal2.com)에서 로라가 무료로 제공하는 'Wireshark 기초 온라인 코스'(총 4부)를 다운로드하거나 시청할 수 있다.

- 『와이어샤크 개론: 쉽고 빠른 네트워크 분석을 위한 와이어샤크 활용과 최적화』(에이콘, 2013)(wiresharkbook.com/wireshark101.html)의 분석 기술을 추가로 학습할 수 있다. 이 책에는 분석 능력을 향상시킬 수 있는 43개의 실습이 있다.

- All Access Pass 교육을 구독하면 와이어샤크, TCP/IP 통신, 트러블슈팅, 보안 등에 대해 온라인 교육이 1년간 제공된다(www.lcuportal2.com).

- 로라의 트위터 @laurachappell(www.chappellU.com)에서 100일간 연재됐던 와이어샤크 팁이 「100 Wireshark Tips」(PDF)로 출간됐다.

- 샤크페스트Sharkfest는 매년 열리는 와이어샤크 사용자와 개발자의 컨퍼런스다. 이 이벤트(sharkfest.wireshark.org)에서 제럴드 콤즈와 핵심 와이어샤크 개발자들을 만나볼 수 있다.

- 와이어샤크 Q&A 포럼인 ask.wireshark.org에서 분석, 트래픽 이슈를 연구해보거나 질문을 올릴 수 있다.

와이어샤크 커뮤니티는 매우 활발하고 따뜻한 공동체다. ask.wireshark.org 또는 샤크페스트 사용자 및 개발자 컨퍼런스에서 망설이지 말고 자신을 소개해보자.

네트워크 문제 및 증상 목록

이십 년 넘게 네트워크 트래픽을 분석하며 가장 흔하게 발생하는 네트워크 문제의 목록을 만들어 왔다. 그중 '탑 10'을 컨퍼런스와 All Access 포털(온라인 교육 포털 사이트)에서 종종 공개한다.

경험상, 책 앞부분에 기술 외의 내용을 실어봤자 힘겹게 다 읽는 독자가 많지 않다(토대가 되는 기초적 내용이 필요하긴 하지만). 그 대신 추적 파일에서 발견되는 주요 네트워크 문제와 증상의 목록으로 이 책을 시작하려 한다.

이 책의 2부, '증상 기반 문제 해결'에서 이 문제 목록에 담긴 증상들을 하나하나 철저히 파고들 것이다.

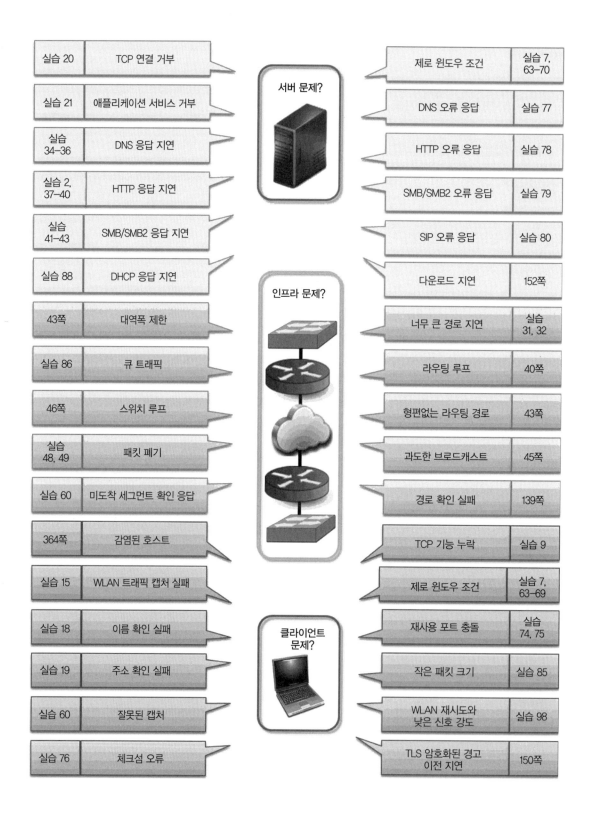

실습 20	TCP 연결 거부
실습 21	애플리케이션 서비스 거부
실습 34-36	DNS 응답 지연
실습 2, 37-40	HTTP 응답 지연
실습 41-43	SMB/SMB2 응답 지연
실습 88	DHCP 응답 지연
43쪽	대역폭 제한
실습 86	큐 트래픽
46쪽	스위치 루프
실습 48, 49	패킷 폐기
실습 60	미도착 세그먼트 확인 응답
364쪽	감염된 호스트
실습 15	WLAN 트래픽 캡처 실패
실습 18	이름 확인 실패
실습 19	주소 확인 실패
실습 60	잘못된 캡처
실습 76	체크섬 오류

서버 문제?

인프라 문제?

클라이언트 문제?

제로 윈도우 조건	실습 7, 63-70
DNS 오류 응답	실습 77
HTTP 오류 응답	실습 78
SMB/SMB2 오류 응답	실습 79
SIP 오류 응답	실습 80
다운로드 지연	152쪽
너무 큰 경로 지연	실습 31, 32
라우팅 루프	40쪽
형편없는 라우팅 경로	43쪽
과도한 브로드캐스트	45쪽
경로 확인 실패	139쪽
TCP 기능 누락	실습 9
제로 윈도우 조건	실습 7, 63-69
재사용 포트 충돌	실습 74, 75
작은 패킷 크기	실습 85
WLAN 재시도와 낮은 신호 강도	실습 98
TLS 암호화된 경고 이전 지연	150쪽

이 절에서 설명하는 문제에는 추적 파일에서 볼 수 있는 증상이 포함돼 있다. 각각의 증상과 관련된 전문가 정보 에러, 경고, 주의 알림과 디스플레이 필터 문법이 있다면 함께 보인다.

1. 서버의 TCP 연결 거부

모든 것이 정상적으로 동작한다면 TCP 연결 거부는 네트워크에서 일어날 수 없다. 이 문제는 서버에 어떤 서비스가 돌고 있지 않거나 방화벽이 연결을 방해하는 경우 일어난다. 또한 TCP 연결 거부는 닫힌 포트에 대한 TCP 포트 스캔의 징후일 수도 있다.

관련 증상

- 클라이언트 SYN 다음에 리셋(RST)/ACK를 받음
- 전문가 정보 알림: 재전송(클라이언트의 SYN 패킷 재전송)
- 클라이언트 SYN 다음에 호스트 기반 방화벽으로부터 ICMP 타입3/코드3(목적지 도달 불가능/포트 연결 불가능) 응답(icmp.type==3 && icmp.code==3)을 받음

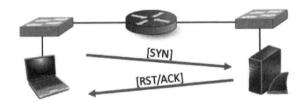

2. 애플리케이션 요청 거부

네트워크에서 발생하는 서비스 거부에는 항상 관심을 기울여야 한다. 이상적인 네트워크 환경이라면 클라이언트의 요청에 대해 서버는 적절한 시간 내에 요청받은 정보로 응답한다.

관련 증상

- 클라이언트 요청 다음에 HTTP 404 응답 코드, DNS 명칭 오류 등의 애플리케이션 오류 응답을 받음

- UDP 위에서 동작하는 애플리케이션에 대한 서비스 거부는 UDP 기반 명령어 다음에 ICMP 타입3/코드3(목적지 도달 불가능/포트 연결 불가능) 응답(`icmp.type==3 && icmp.code==3`)이 오는 것으로 알 수 있다.

3. 호스트 기반 또는 네트워크 방화벽의 연결 차단

원칙적으로는 호스트는 방화벽 내부의 리소스와 통신을 시도하지 말아야 한다. 그런 시도는 잘못된 구성, 악성코드, 악의적인 사용자, 또는 그 밖의 문제 때문일 수 있다.

관련 증상

- SYN 패킷에 대한 무응답

- SYN 패킷에 대한 RST/ACK 응답

- UDP 기반 애플리케이션 요청에 대한 무응답

- TCP SYN 패킷에 대한 ICMP 타입3/코드3 응답(`icmp.type==3 && icmp.code==3`)

4. 느린 서버 애플리케이션

좋은 소식과 나쁜 소식이 있다. 좋은 소식은 서버가 요청한 서비스를 거부하지는 않았다는 것이고, 나쁜 소식은 서버가 너무 느리다는 것이다. 그 이유는 서버의 처리 능력이 부족해서, 문제 있는 애플리케이션이기 때문에, 또는 다계층 구조에서 실제로 데이터를 공급하는 업스트림 서버가 느리기 때문('느린 원격 콘텐츠 로드' 절에서 설명)일 수도 있다.

관련 증상

- TCP 기반 애플리케이션: 클라이언트 요청에 대한 서버 ACK와 응답 데이터 사이 큰 지연시간(`tcp.time_delta`)

- UCP 기반 애플리케이션: 요청과 응답 데이터 사이 큰 지연시간(`frame.time_delta`)

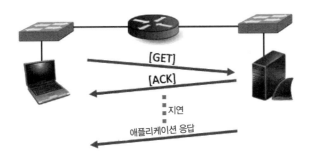

5. 느린 원격 콘텐츠 로드

많은 네트워크가 다계층 구조로 설계돼 있다. 예를 들어, 클라이언트가 서버1에 요청을 보내는 경우를 생각해보자. 다계층 환경에서 서버1은 클라이언트에게 응답하기 전에 서버2에서 서버9까지로부터 정보를 얻어야 할 수도 있다. 클라이언트의 관점에서 지연시간을 확인한 다음, 어떤 서버가 실제로 느리게 응답하는지 알아내려면 다계층 트래픽을 캡처해야 한다.

관련 증상

- TCP 기반 애플리케이션: 클라이언트 요청에 대한 서버 ACK와 응답 데이터 사이 큰 지연시간(`tcp.time_delta`)

- UCP 기반 애플리케이션: 요청과 응답 데이터 사이 큰 지연시간(`frame.time_delta`)

6. 서버 애플리케이션 결함

서버가 실행 중이지만 요청에 응답하지 않는다. 서버는 SYN에 대해 SYN/ACK로 응답하지만, 클라이언트의 요청에 대해서는 응답이 없다. TCP 재전송 시간 제한 RTO, Retransmission Time Out에 도달하면 클라이언트는 요청을 재전송한다. ACK를 못 받으면 클라이언트는 지수 백오프backoff 시간 후에 요청을 재전송하는 과정을 반복하다가 끝내는 포기하고 TCP 리셋(RST)을 보낸다.

관련 증상

- 전문가 정보 알림: 재전송

- `tcp.time_delta` 열의 지수 증가하는 시간 값

7. 콘텐츠 리디렉션

전문 판매점(예를 들면 사무용품 판매점)에 물건을 사러 갔다가 재고가 없었던 경험이 한 번쯤은 있을 것이다. 점원이 재고를 확인하고는 물건이 있는 다른 가게로 우리를 보낸다. 이렇게 일상 생활에서도 불편한 일이 네트워크 통신에서 나타나면 네트워크 성능에 부정적인 영향을 미칠 수 있다. 만약 리디렉션redirection을 지원하는 애플리케이션(HTTP 등)이고 대상이 실제 정보가 있는 곳을 안다면, 리디렉션 응답을 보내올 수도 있다.

관련 증상

- HTTP 통신의 응답 코드 300-399(`http.response.code > 299 && http.response.code < 400`)

- SIP 통신의 응답 코드 300-399(`sip.Status-Code > 299 && sip.Status-Code < 400`)

- 갑작스런 이름 확인 프로세스 및 다른 호스트로의 트래픽

8. 가득 찬 TCP 수신 버퍼

TCP 연결의 양쪽은 각각 수신 버퍼 영역을 가진다. 수신된 데이터는 TCP 수신 버퍼 영역에 저장된다. 애플리케이션은 TCP 수신 버퍼가 가득 차지 않도록 재빨리 데이터를 읽어야 한다. 각 TCP 헤더는 Window Size 필드에 송신자의 현재 수신 버퍼 크기(바이트)를 나타낸다. 데이터를 수신함에 따라 Window Size 값이 줄어들고, 애플리케이션이 버퍼에서 데이터를 읽음에 따라 Window Size 값이 늘어나는 것을 보는 것은 드문 일이 아니다. TCP 수신 버퍼 값이 0으로 떨어지면 데이터 전송이 멈춘다. Window Size 값이 낮으면 역시 데이터 흐름이 멈출 수 있다. 유일한 복구법은 윈도우 업데이트다.

관련 증상

- 전문가 정보 경고: 가득 찬 윈도우Window Full 이후 제로 윈도우Zero Window
- 윈도우 업데이트 이전 비정상적으로 높은 TCP 지연(tcp.time_delta) 및 이후 데이터 흐름 재개
- 작은 TCP 윈도우 사이즈 계산 값(SYN과 FIN, RST 비트가 0일 때)

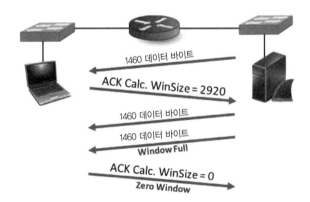

9. 가득 찬 송신 버퍼

수신 버퍼 공간이 부족하면 데이터 전송 프로세스가 느려지는 것처럼, 송신 버퍼 공간이 부족해도 성능에 부정적인 영향을 미칠 수 있다. 네트워크가 높은 전송률을 처리할 수 있고 수신자가 많은 버퍼 공간을 가지고 있더라도, 한정된 송신 버퍼 공간

은 네트워크 성능에 부정적인 영향을 미칠 수 있다. 가득 찬 송신 버퍼의 징후는 뚜렷한 다른 이유 없이 데이터 스트림 전송 중에 지연이 발생하는 것이다. 네트워크가 정상이고 TCP 피어peer의 수신 버퍼 공간이 적절한 경우에는 Nagle 알고리즘과 지연된 ACK 문제는 없다.

관련 증상

- 명백한 이유 없이 높은 TCP 지연(tcp.time_delta)
- Bytes in Flight 칼럼이 특정 값까지 증가해 최댓값에 멈춘 것처럼 보임

10. 경로를 따라 변조된 TCP 연결 속성

라우터와 기타 연결 장치가 트래픽을 전달하면서 TCP 연결의 속성을 바꾼다면 네트워크에 큰 피해를 입힐 수 있다. 이러한 상황은 이해하기 어려운 추적 파일을 만들고 남을 비난하게 할 수도 있다.

기본적으로 클라이언트와 가까운 곳에서 트래픽을 캡처하면 클라이언트가 보낸 SYN 패킷에 기록된 TCP 옵션으로부터 클라이언트의 기능을 알아낼 수 있다. 예를 들어, 클라이언트가 선택적 ACK와 윈도우 스케일링을 지원하는 것을 암시할 수도 있다. 연결 장치가 SYN 패킷을 전달하기 전에 TCP 옵션 정보를 변경한다면, 서버는 클라이언트의 기능에 대해 다른 견해를 갖게 된다.

오작동 또는 특정 TCP 옵션을 지원하지 않는 것에 대해 서버를 탓할 수 있다. 서버 쪽에서 트래픽을 캡처한다면 변조된 트래픽을 보고 클라이언트의 잘못된 동작 또는 잘못된 구성을 탓할 수도 있을 것이다. 이런 이유로, 문제의 진짜 원인인 네트워크 인프라 장치를 가리키기 위해 연결 장치의 양쪽에서 캡처가 필요하다.

관련 증상

- 작은 TCP 윈도우 사이즈 계산 값(tcp.window_size)과 윈도우 업데이트 패킷 앞 큰 지연(tcp.time_delta)
- 전문가 정보 알림: 재전송(tcp.analysis.retransmission)
- 전문가 정보 경고: 가득 찬 윈도우(tcp.analysis.window_full)

- 소량 패킷 손실 뒤 과도한 재전송

- 중복 ACK 패킷에 왼쪽 끝과 오른쪽 끝이 없음(`tcp.analysis.duplicate_ack`
`&& !tcp.options.sack_le && !expert.message == "Duplicate ACK (#1)"`)

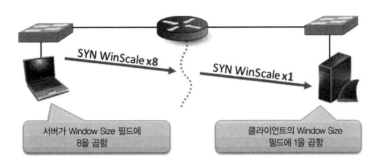

11. 프록시 장치 양쪽 TCP 파라미터 불일치

구성이 잘못됐거나 오동작하는 프록시 장치는 성능에 영향을 미칠 수 있다. 이 문제는 앞의 '경로를 따라 변조된 TCP 연결 속성'과 비슷한 양상으로 나타난다(단, 프록시 장치는 연결 패킷을 전달하지 않고 클라이언트를 대신하여 대상으로의 새 연결을 만든다는 점을 제외한다면). 프록시 장치 한쪽의 연결 파라미터가 반대쪽 연결 파라미터와 일치하지 않는다면 문제가 될 수 있다.

이 문제의 증상은 프록시가 설정하지 않은 연결 특성에 달렸다. 예를 들어 프록시의 클라이언트 쪽 연결이 서버 쪽 연결보다 작은 Window Scale 배수를 지원한다면, 대상 호스트가 충분한 수신 버퍼 공간을 가지고 있지 않기 때문에 클라이언트 쪽으로의 트래픽 흐름은 프록시 장치에 의한 버퍼링이 필요할 것이다.

나타나는 증상은 어떤 연결 특성이 불일치하느냐에 따라 다르다.

관련 증상

- 프록시를 통해 전달된 데이터 지연(프록시 큐)

- 전문가 정보 알림: 재전송(프록시의 한 편에서만)

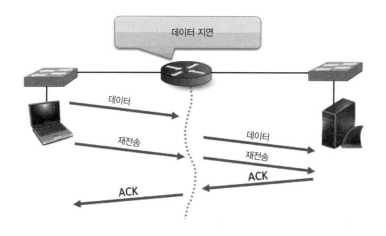

12. 라우팅 루프

OSPF와 같은 라우팅 프로토콜은 자동으로 라우팅 루프를 해결한다. 라우팅 루프는 패킷이 네트워크로 반복해서 다시 돌아올 때 발생한다.

관련 증상

- 패킷 목록 창에 같은 패킷이 나열돼 있으나 TCP 재전송이 아닐 때(TCP 재전송의 경우에는 TTL 값이 감소한다)

13. 약한 신호(무선랜)

무선 신호는 송신 신호 강도와 간섭의 영향에 따라 일정 거리만을 갈 수 있다. 신호가 크게 저하된다면 캡처됐을 때 적절히 해석되지 못할 수도 있다. 와이어샤크는 캡처 과정에서 이러한 프레임을 손상된 것으로 분류하거나 아예 프레임으로 간주하지 않을 수도 있다.

관련 증상

- 전문가 정보 오류: 손상된 패킷
- 낮은 신호 강도 값(radiotap.dbm_antsignal 또는 ppi.80211-common.dbm.antsignal)

- 무선랜 재시도(wlan.fc.retry==1)
- 전문가 정보 알림: TCP 재전송

14. 비대칭 라우팅

비대칭 라우팅은 호스트 A로부터 호스트 B로의 트래픽 흐름이 호스트 B로부터 호스트 A로의 트래픽 흐름과 다른 경로로 흘러가는 상황을 의미한다. 각 경로가 정상이고 처리율throughput이 동일하다면 문제가 아닐 수도 있다. 하지만 동작을 위해 모든 패킷을 봐야 하는 장치가 있다면 문제가 될 수 있다. 예를 들어 프록시가 있다면, 네트워크 경로는 클라이언트에서 프록시 호스트까지 반드시 대칭이어야만 한다. 모든 패킷을 들여다봐야 하고 대화의 상태 정보를 모니터해야 하는 침입 탐지 시스템 IDS 장치도 고려해야 할 대상이다.

관련 증상
- 전문가 정보 경고: 캡처되지 않은 세그먼트에 대해 ACK 전송
- 전문가 정보 경고: 이전 세그먼트 캡처되지 않음

15. 패킷 손실

일반적으로 패킷 손실은 스위치, 라우터, NAT 장치, 네트워크 방화벽 등의 연결 장치에서 일어난다. TCP 호스트가 (예상치 못한 TCP 순서번호 또는 재전송 시간 제한내 ACK 없음으로부터) 패킷 손실을 알아채면 복구 프로세스를 시작한다. UDP 기반 애플리케이션은 패킷 손실을 탐지하고 자체 복구 프로세스를 시작하도록 작성돼야 한다.

손실 패킷의 숫자가 크지 않고 복구 프로세스가 신속했다면 패킷 손실이 눈에 띄지 않고 넘어갈 수도 있다. 하지만 많은 순차 패킷이 사라졌다면 사용자들이 그 영향을 느끼고 불평할 것이다.

추적 파일에 사라진 패킷의 징후가 있다면 패킷 손실이 시작된 점을 찾기 위해 캡처 지점을 연결 장치 건너편으로 옮겨야 한다.

패킷 순서가 바뀌었을 뿐인데 와이어샤크가 패킷 손실 경고를 하는 경우도 있음을 알아 두자.

관련 증상

- 전문가 정보 경고: 이전 세그먼트 캡처되지 않음
- 전문가 정보 알림: 중복 ACK
- 전문가 정보 알림: 빠른 재전송
- 전문가 정보 알림: 재전송
- IO 그래프: 처리율 감소

16. 큰 경로 대기시간

경로 위의 단일 저속(높은 지연) 링크 또는 지리적으로 산재한 사용자 사이의 지연은 성능에 영향을 미치는 경로 대기시간을 늘릴 수 있다.

관련 증상

- 클라이언트 쪽 캡처: TCP 핸드셰이크의 아웃바운드 SYN과 인바운드 SYN/ACK 사이의 큰 지연시간(tcp.time_delta).
- 서버 쪽 캡처: TCP 핸드셰이크의 SYN/ACK와 ACK 사이의 큰 지연시간(tcp.time_delta).

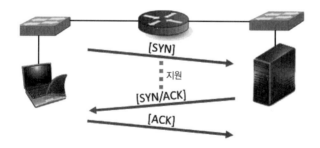

17. 형편없는 라우팅 경로

큰 도시에 공사가 있으면 차들이 비효율적인 경로로 우회하므로 교통이 점점 악몽처럼 변한다. 네트워크 트래픽도 마찬가지다. 목적지가 10블록 남았는데 어떤 이유로 패킷이 17개의 라우터를 통과해야 한다면, 성능이 터무니없이 낮아진다.

증상은 '큰 경로 대기시간'과 같다.

관련 증상

- 클라이언트 쪽 캡처: TCP 핸드셰이크의 아웃바운드 SYN과 인바운드 SYN/ACK 사이의 큰 지연시간(`tcp.time_delta`).
- 서버 쪽 캡처: TCP 핸드셰이크의 SYN/ACK와 ACK 사이의 큰 지연시간(`tcp.time_delta`).

18. 대역폭 제한

대역폭이 제한된 링크를 통해 데이터를 보내는 것은 러시아워에 운전하는 것과 비슷하다. 앞 차에 바싹 붙어서 속도계 눈금에는 표시되지도 않을 만큼 느린 속도로 움직이는 모습을 생각해 본다면 말이다. 대역폭 제한은 트래픽 흐름의 특정 방향에 대해 설정될 수 있으므로, 처리율 한도를 찾기 위해 단방향 트래픽 그래프가 도움이 될 수 있다('천장 찌르기').

관련 증상

- IO 그래프: 파일 전송 중 '평평한 천장' 형태

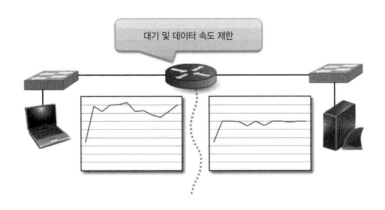

19. 지연 ACK

지연된 ACK는 RFC 1122의 섹션 4.2.3.2, "인터넷 호스트 통신 계층에 대한 요구 사항"에 수신한 데이터 세그먼트마다 1개 이하의 ACK 세그먼트를 전송해 인터넷 과 호스트의 효율을 높이는 방법으로 정의돼 있다.

이와 같은 지연은 ACK를 기다리다가 시간이 초과되거나 ACK를 수신할 때까지 다른 데이터 패킷을 전송할 수 없다면(Nagle 알고리즘 문제) 호스트에 문제를 일으킬 수 있다.

> 배한상 님이 TCP Nagle 알고리즘과 지연 ACK의 문제를 상세히 설명하는 동영상을 만들어 공개했다.
> bit.ly/delayedack을 참고하라.

관련 증상

- ACK 패킷 도착까지 200ms 지연(tcp.time_delta)
- 데이터 패킷 전송까지 지연(Nagle 문제인 경우)(tcp.time_delta)

20. 큐 대기 패킷(오버로드 라우터)

길게 줄서서 기다리는 것을 좋아하는 사람은 없다. TCP 피어 또는 UDP 기반 애플 리케이션이 갑작스러운 큐 지연을 탐지하면 패킷이 사라졌다고 판단할 수도 있다.

파일 하나를 다운로드하는 데 수천 또는 수십만 개의 데이터 패킷이 필요할 수 도 있음을 고려하면, 경로상의 아주 작은 큐 지연도 체감될 수 있다. 전체 과정이 진 흙탕에 빠진 것처럼 느껴질 수도 있다. 이런 현상은 오버로드된 라우터 또는 아마도 라우터 우선순위(예를 들어 비디오 스트리밍 먼저, 이메일 트래픽 나중) 때문에 생길 수 있다.

처리율 테스트 도구(jPerf나 iPerf 등)를 사용하는 것이 경로상의 큐를 탐지하는 데 도움이 될 수 있다.

관련 증상

- IO 그래프: 'EKG' 패턴(처리율 감소 직후 그만큼 처리율 증가) -X축 눈금 간격 줄이기를 고려한다.

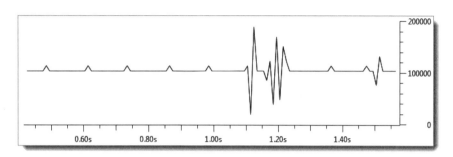

21. 경로 재지정

경로 재지정은 드문 일이다. 호스트가 로컬 라우터에게 패킷을 보낼 때 더 좋은 경로를 가진 다른 로컬 라우터가 존재한다면 경로 재지정이 발생할 수 있다. 수신 라우터는 ICMP Type 5(Redirect) 패킷으로 응답할 수 있다. 이 ICMP 패킷에는 추천 라우터의 IP 주소가 포함된다. 대개 로컬 네트워크에는 하나의 라우터만 존재하기 때문에 이러한 ICMP 재지정은 드문 현상이다.

관련 증상

- Code 0(호스트 재지정) 또는 Code 1(네트워크 재지정) ICMP Type 5 패킷은 경로 재지정 발생을 의미한다(icmp.type==5).

22. 브로드캐스트 또는 멀티캐스트 스톰

브로드캐스트 및 멀티캐스트 스톰은 발견하기 쉽다. 트래픽의 한 시점을 캡처해 대상 주소를 확인하면 된다. 브로드캐스트는 전달되지 않으므로 단일 네트워크의 호스트를 대상으로 캡처한다. 멀티캐스트는 인터넷을 통해 전달될 수 있으므로 문제가 생겨 네트워크를 공격한다면 더 큰 문제를 초래할 수 있다.

관련 증상

- 높은 비율의 패킷이 브로드캐스트 주소를 가짐
- 높은 비율의 패킷이 멀티캐스트 주소(224-239.x.x.x)를 가짐

23. 스위치 루프

스위치 루프는 문제 스위치에 연결된 모든 장치가 갑작스럽게 동작을 멈추게 한다. 스위치 루프를 피하기 위한 프로토콜(스패닝 트리) 덕분에, 스위치 루프 문제는 보기 드문 현상이다.

불행하게도 재시작 또는 오랫동안 검사되지 못한 구형 스위치가 오동작(스패닝 트리 실패에 따른 루프 발생)하기 시작하면, 네트워크는 다시 돌아오는 패킷으로 가득 차게 된다.

스위치 루프는 탐지하기 어렵지 않다. 네트워크는 끝없이 돌아오는 동일 패킷으로 넘쳐날 것이다. 이런 패킷 몇 개만 캡처하면 현재 상태를 파악할 수 있다. 추적 파일에서도 중복된 패킷이 반복적으로 나타나는 것을 볼 수 있다.

관련 증상

- 높은 비율의 동일 패킷

24. 네트워크 호스트의 바이러스, 멀웨어

네트워크 호스트의 바이러스, 멀웨어는 네트워크 트래픽률에 영향을 미칠 수 있다. 예를 들어, 해킹 당한 호스트가 다른 네트워크 호스트에 대해 포트 스캔을 시작할 때 또는 검색 패킷을 브로드캐스트하기 시작할 때 오버헤드가 느껴질 수 있다.

호스트가 백그라운드에서 파일을 업로드 또는 다운로드하거나 다른 백그라운드 작업을 실행한다면 해킹 당한 호스트의 작업자가 성능 문제를 알아차릴 수도 있다.

정상적인 네트워크 트래픽의 기준선baseline을 확보하고 있다면 해킹 당한 호스트를 탐지하는 데 도움이 될 수 있다.

관련 증상

- 특이한 애플리케이션 또는 프로토콜(Statistics | Protocol Hierarchy)

- IP, TCP 또는 UDP 아래의 "Data"(Statistics | Protocol Hierarchy)

- 로컬 브로드캐스트(잠재적인 검색 프로세스)

- 의심스러운 아웃바운드 대상

- 특이한 내부 대상(회계 서버에 접속을 시도하는 로컬 클라이언트 등)

- 유휴 시간 중 데이터 전송

- 다수의 서비스 거부(잠재적인 검색 프로세스)

25. 네트워크 이름 확인 문제

이름 확인 쿼리 결과 오랫동안 응답이 없거나 오류가 생긴다면 문제가 있는 것이다. 대상에 연결하기 위해서는 이름 확인 쿼리 프로세스가 반드시 성공해야 하므로, 웹 브라우징 중의 DNS 이름 오류처럼 사용자는 '서버를 찾을 수 없음(Server not found)' 애플리케이션 오류를 받게 될 수도 있다.

관련 증상

- 이름 쿼리에 대해 응답 없음

- 이름 쿼리에 대한 오류 응답(DNS 이름 오류 또는 서버 오류 등)

26. 네트워크 주소 확인 문제

부정확한 서브넷 주소 지정은 심각한 성능 문제의 원인이 될 수 있다. 하지만 어떤 경우에는 라우터가 이런 문제를 한동안 감추기도 한다(프록시 ARP의 경우처럼).

이 밖에 로컬 장치로 가야 할 패킷을 클라이언트가 라우터로 보내거나, 원격 장치를 로컬인 것처럼 검색하기도 한다.

관련 증상

- 원격 대상에 대해 ARP 요청을 보낸다.
- 로컬 호스트로 가야 할 트래픽을 라우터로 보낸다.
- 전문가 정보 경고: 중복 IP 주소

27. 하드웨어 주소 확인 문제

하드웨어 주소 확인의 목적은 로컬 대상 또는 로컬 라우터의 MAC 주소를 얻는 것이다. 네트워크 주소 확인 문제는 호스트가 로컬 장치를 원격에 있는 것처럼(혹은 그 반대로) 여기게 할 수 있다. 하지만 하드웨어 주소 확인 문제는 로컬에 한정되므로 이런 문제를 발견하려면 문제가 발생한 호스트와 동일 네트워크상에서 캡처해야 한다.

관련 증상

- 로컬 호스트 ARP 쿼리에 대해 응답 없음
- 로컬 라우터 ARP 쿼리에 대해 응답 없음

28. 선택적 확인 응답 미지원

선택적 확인 응답SACK, Selective Acknowledgment은 TCP의 중요한 개선점이다(RFC 2018, "TCP 선택적 확인 응답 옵션").

SACK를 지원하는 TCP 수신 호스트가 패킷 손실을 탐지하면 손실 패킷 다음에 수신하는 데이터에 대해 확인 응답을 보낼 수 있다. 그 결과, 사라진 패킷에 대해서만 재전송을 한다.

SACK가 없다면, 복구 프로세스는 후속 패킷들의 수신 성공 여부와 상관없이 손실된 첫 번째 패킷과 모든 후속 데이터 패킷의 재전송을 포함할 것이다.

이와 같은 추가 재전송은 네트워크 링크와 연결 장치에 불필요한 부하를 더하고 패킷 손실 문제를 복잡하게 만들 수 있다.

SACK를 사용하기 위해서는 TCP 연결의 양쪽이 모두 지원해야 한다.

관련 증상

- SYN 패킷의 TCP 헤더에 SACK 옵션 없음
- SYN 패킷의 TCP 헤더에 SACK 옵션이 있었으나 SYN/ACK 패킷의 TCP 헤더에는 없음
- 중복 ACK #2와 그 후속 패킷에 SACK 왼쪽 끝/오른쪽 끝 정보 없음

29. 윈도우 스케일링 미지원

윈도우 스케일링(RFC 1323, "고성능 TCP 확장")은 알려진 TCP 수신 버퍼 크기를 2바이트 윈도우 크기 필드의 65,535바이트 제약 이상으로 늘리기 위해 사용된다.

TCP 핸드셰이크 도중, TCP 피어는 윈도우 스케일링 지원 여부를 알리고 윈도우 스케일 시프트 횟수를 제공한다. 이 시프트 횟수는 윈도우 크기 값에 곱해질 값을 결정한다. 윈도우 크기가 크면 작은 윈도우 조건 또는 제로 윈도우 조건일 때의 지연을 감소시킨다.

윈도우 스케일링을 사용하기 위해서는 TCP 연결의 양쪽이 모두 지원해야 한다.

관련 증상

- SYN 패킷의 TCP 헤더에 윈도우 스케일링 옵션 없음
- SYN 패킷의 TCP 헤더에 윈도우 스케일링 옵션이 있었으나 SYN/ACK 패킷의 TCP 헤더에는 없음
- 호스트 데이터 송신 직전 심각한 지연
- 윈도우 갱신 직전 심각한 지연
- 전문가 정보 경고: 제로 윈도우
- 전문가 정보 경고: 가득 찬 윈도우

30. 클라이언트 구성 오류

구성이 잘못된 클라이언트는 틀린 DNS 주소, 틀린 라우터 주소, services 파일에 정의된 부정확한 포트 번호 또는 그 밖의 문제를 가질 수 있다.

대개 이런 종류의 문제는 금방 탐지할 수 있으며, 다른 클라이언트 트래픽과 비교하면 잘못된 구성을 찾는 데 도움이 된다.

증상은 구성 오류에 따라 다양하게 나타난다.

관련 증상

- 클라이언트가 잘못된 대상에 트래픽을 보낸다.
- 클라이언트가 서비스 거부를 받거나 응답을 받지 못한다.
- 구성 오류에 따라 수많은 다른 증상이 발생 가능하다.

31. 작은 패킷 크기/작은 MTU 크기

달걀을 한 번에 12개 사오는 것이, 한 개씩 12번 사오는 것보다 효율적이다. 마찬가지로 파일을 전송할 때 하나의 패킷에 최대한 많은 데이터를 보내는 것이 더 효율적이다.

한 프레임에 보낼 수 있는 데이터양은 최대 전송 단위MTU 설정이나 최대 세그먼트 크기MSS 설정, 혹은 비효율적 애플리케이션에 의해서도 제한된다.

이 문제는 작은 파일을 주고 받는 경우(일반적인 이메일 메시지 등)에는 체감되지 않을 수 있지만, 파일이 커질수록 성능 손해도 커진다.

관련 증상

- 파일 전송 시 최적의 패킷 크기가 아니다(길이 칼럼).
- TCP SYN 또는 SYN/ACK 패킷에 정의된 MSS 값이 불합리하게 작다.

32. TCP 포트 번호 재사용

대부분의 경우 포트 번호는 이전 TCP 연결이 종료되기만 하면 문제 없이 재사용할 수 있다. 호스트가 이전 포트 번호를 재사용하려 할 때 앞의 연결이 아직 유효하다면, 새 연결이 거부돼 SYN 다음에 RST/ACK가 오는 것을 볼 수 있다.

관련 증상

- 전문가 정보 알림: TCP 포트 재사용
- SYN 패킷에 대한 응답으로, 열린 것으로 알려진 서버 포트에 TCP RST를 전송

33. 느린 애플리케이션

어떤 애플리케이션들은 정말 말도 안 되게 느리다. 형편없는 코딩, 내부 오류 또는 애플리케이션 성능을 결정하는 타이머 때문일 수도 있다. 여러분이 그 애플리케이션의 프로그래머라거나 그런 사람을 직접 만날 수 있는 게 아니라면, 어쩔 수 없이 문제를 그대로 두거나 다른 더 좋은 애플리케이션을 찾아야 한다.

어떤 경우에는 애플리케이션 문제가 아니다. 애플리케이션이 설치된 시스템이 과부하 상태이거나 자원이 부족할 수도 있다. 이 경우 시스템 업그레이드가 필요하다.

관련 증상

- time.delta 또는 tcp.time_dela 열의 큰 지연

- 애플리케이션 응답 시간 값(높은 http.time 값 등)의 큰 지연

이상 네트워크에서 발생할 수 있는 문제에 대해 간단히 목록을 만들어 보았다.

1부, '문제 해결 준비'에서는 4단계 문제 해결 방법론과 점검 목록을 학습하고, 캡처 기법을 중심으로 핵심 와이어샤크 문제 해결 작업을 익힌다.

2부, '증상 기반 문제 해결'에서는 성능 문제의 징후를 수집하고 가능한 원인을 학습하기 위해 여러 추적 파일을 분석한다.

1부

문제 해결 준비

문제 해결 준비에 쏟는 시간과 노력은 실제로 패킷을 꼼꼼히 살피는 데 필요한 시간과 노력만큼이나 중요하다.

기초 4단계 문제 해결 방법론과 핵심 와이어샤크 문제 해결 기술, 적절한 캡처 기법을 적용함으로써 작업 시간을 대폭 줄일 수 있을 것이다.

1장

효과적인 문제 해결 기법 사용

문제 해결 분야에서 한동안 일을 해왔다면 아마도 네트워크 문제의 원인을 찾는 자신만의 방법이 있을 것이다.

1장에서는 트래픽에 기반한 네트워크 문제 해결 기초 4단계 방법론을 집중적으로 설명한다.

1단계: 문제 정의
2단계: 시스템, 애플리케이션, 경로 정보 수집
3단계: 패킷 흐름 캡처 분석
4단계: 다른 도구 검토

1장 메모

나는 패킷을 분석하기 전에 몇 가지 트래픽 특성을 찾아보곤 한다.

— 추적 파일이 '정상'이고 캡처 과정에서 패킷이 폐기되지 않았는지 확인한다.

— 사용자 트래픽 분석에 집중하기 위해 필터를 사용한다.

— 먼저 지연이 발생하기를 기다린다. 5장을 참고 자료로 활용한다.

— 처리율 감소의 원인을 찾는다. 9장을 참고한다.

— TCP 연결 설정 과정을 관찰한다.

— 패킷 손실, 가득 찬 버퍼 등의 TCP 문제를 찾는다. TCP를 상세히 설명한 6장을
  참고한다.

— 애플리케이션 오류 응답을 확인한다. 7장을 참고한다.

4단계 분석 방법론 예제

네트워크 분석가의 관점에서 다음 네 가지 요소를 살펴보자.

1단계: 문제 정의

2단계: 시스템, 애플리케이션, 경로 정보 수집

3단계: 패킷 흐름 캡처 분석

4단계: 다른 도구 검토

1단계: 문제 정의

"네트워크가 느려요"는 네트워크 사용자들이 흔히 하는 불평이다. 이렇게 모호한 말로는 문제에 파고들 수가 없다.

사용자가 성능에 대해 그와 같이 불평을 하면, 문제 해결 작업을 명확히 하고 우선순위를 정하기 위해 몇 가지 확인할 필요가 있다.

다음은 패킷을 캡처하거나 분석하기 전에 네트워크 사용자에게 할 수 있는 샘플 질문들이다.

1. 뭘 하려고 했습니까?(파일 업로드, 다운로드, 로그인, 이메일 송신, 수신, 데이터베이스 갱신, 또는 그 밖의 문제를 해결하는 중이었나요? 어떤 종류의 트래픽을 찾고 있습니까?)

2. 어느 사이트에 접속하고 있었습니까?(필터링할 주소가 있습니까?)

3. 증상은 어땠나요?("네트워크가 느려요" 식의 자가진단 단계를 넘기 위해 나는 이렇게 시도한다. 특정 페이지 로딩, 특정 애플리케이션 실행 중에 발생하는 문제인지, 또는 특정 사용자에게 반복되는 문제인지 알기 위한 것이다.)

4. 오류 메시지가 있었나요?(오류에서 문제를 정확히 파악할 수도 있다)

5. 항상 일어나는 일입니까?(트래픽을 캡처할 수 있도록 사용자가 문제를 재현할 수 있는가? 아니면 문제 발생 순간에 포착하도록 계속 캡처를 해야 하는가?)

문제 파악을 위해 물어볼 수 있는 질문은 이 밖에도 수도 없이 많다. "네트워크가 느려요" 단계를 넘을 수만 있으면 된다.

2단계: 시스템, 애플리케이션, 경로 정보 수집

이번 단계에서는 시스템, 네트워크, 인프라에 대한 정보를 최대한 획득한다. 우리가 해야 할 작업의 뼈대를 세우는 데 도움이 될 것이다.

> 나는 수년간 다양한 운영체제, 애플리케이션, 연결 장치의 많은 문제를 다뤘다. 만일 어느 방화벽의 특정 버전이 TCP 핸드셰이크 중에 문제를 일으키고 있다는 것을 안다면, 해당 제품을 사용하는 고객에 대해 고려해야 할 이슈가 될 수 있다.

다음은 고객의 구성에 대해 물어볼 수 있는 몇 가지 샘플 질문이다.

1. 클라이언트/서버의 운영체제는 무엇입니까?
2. 어떤 애플리케이션(버전 포함)이 실행 중입니까?
3. 트래픽이 지나가는 네트워크 경로를 설명해주세요.

여러분이 얘기하고 있는 사람에게 해당 정보가 없을 수도 있다. 그런 경우에는 적임자와 얘기하고 있는 것이 아니거나, 고객이 자신의 네트워크에 대해 잘 모르는 것일 수도 있다.[1]

3단계: 패킷 흐름 캡처 분석

이 부분이 이 책의 핵심이다. 패킷 분석은 예술에 비유되곤 하지만 사실 TCP/IP와 애플리케이션의 동작 원리를 안다면 게임에 더 가깝다. 누구나 할 수 있고 더 많이 연습할수록 더 잘하게 된다.

캡처 위치 팁

나는 문제가 되는 호스트에 최대한 가까운 곳에서 캡처하는 것이 중요하다고 굳게 믿고 있다. 나는 호스트의 관점에서 트래픽을 보길 원한다. 대상까지의 왕복 시간, TCP 핸드셰이크 설정 과정, 네트워크 문제의 증상, 호스트가 보고 있어야 하는 백그라운드 트래픽 등을 검토하려고 한다.

---

1 자신의 네트워크 그림 가운데에 '마술 상자'라고 표시된 사각형을 그리는 고객이 있었다. 그 '마술 상자'는 인터넷으로 연결되는 NAT 게이트웨이였다.

문제가 되는 호스트에 최대한 가까운 곳에서 캡처하면 캡처 필터를 적용하지 않고도 관련 트래픽에 집중할 수 있다.[2]

캡처 도구 팁

캡처 과정을 위해 (특정 포트의 트래픽 복사본을 모니터 포트로 전송하는) 스위치 포트 스패닝보다, TAP이나 전용 캡처 장비의 사용을 선호한다. 스위치 포트 스패닝을 피하는 이유는? 첫째, 스위치 자체가 문제의 일부일 수도 있기 때문이다. 둘째, 요즘엔 스위치도 할 일이 많기 때문에 스패닝 기능으로 더 힘들게 하고 싶지 않기 때문이다. 과부하 걸린 스위치는 모든 트래픽을 전달하지 못할 수도 있고, 이에 따라 추적 파일도 완전하지 않게 된다.[3] 셋째, 어떤 스위치들은 애당초 스패닝을 잘 처리하지 못하기 때문이다.

트래픽이 많은 네트워크에서는 tcpdump, dumpcap 등의 커맨드라인 캡처 도구를 고려해보자.

리소스를 적게 차지할 뿐만 아니라 전체 와이어샤크 애플리케이션을 설치하지 않고도 원격으로 캡처를 할 수 있다.

분석 프로세스 팁

분석은 예술보다는 게임에 가깝다는 점을 기억하자. 연습, 또 연습뿐이다. 62쪽의 '문제 해결 체크리스트 사용'을 읽어본다.

효과적으로 분석을 하기 위한 팁을 몇 가지 소개한다.

- '정상' 상태를 파악하자. 문제 발생 전에 정상 통신의 기준선baseline 추적 파일을 만든다. 375쪽의 '더 빨리 문제 찾는 팁'을 참고한다.

- 배제 필터exclusion filter를 사용해 뷰view에서 무관한 트래픽을 제외한다. 89쪽의 "'정상' 트래픽 필터링(배제 필터)"를 참고한다.

- 불만이 있는 사용자의 컴퓨터에 연관된 트래픽에 집중한다(포함 필터inclusion filter와 새 추적 파일로 '지정된 패킷 내보내기Export Specified Packets' 사용). 79쪽의 '호스트, 서브넷, 대화 필터링'을 참고한다.

---

2 나는 캡처 필터의 사용을 최대한 피하려고 한다. 이 점에 대해서는 127쪽의 '필요 시 캡처 필터 사용'에서 더 자세히 설명한다.

3 스위치 포트의 스패닝을 사용했을 때, '미도착 세그먼트 확인 응답'에 주의한다. 스위치가 스패닝 기능의 속도를 지원할 수 없음을 의미할 수도 있다. 자세한 정보는 235쪽의 '미도착 세그먼트 확인 응답'을 참고한다.

- 추적 파일이 사용 가능한지(캡처 과정 중에 문제가 없었는지) 확인한다. 62쪽의 '추적 파일 무결성과 기본 대화 확인'을 참고한다.

- 기본 호스트 연결을 확인한다. 62쪽의 '추적 파일 무결성과 기본 대화 확인'을 참고한다.

- 흔한 문제들(DNS 오류, HTTP 오류, SMB 오류 등)을 재빠르게 탐지하기 위해 여러분이 만든 문제 해결 버튼을 클릭한다. 2부, '증상 기반 문제 해결'에서 이러한 버튼을 많이 추가할 것이다.

- 지연(전반적 또는 UDP 시간 차의 증가)을 정렬 또는 필터링한다. 155쪽의 'UDP 대화 지연 탐지'를 참고한다.

- 전문가 정보 오류, 경고, 알림을 검토한다. 197쪽의 '와이어샤크 전문가 정보 시스템 개요'를 참고한다.

- 처리율 감소의 우선순위를 지정하기 위해 '골든 그래프'를 생성한다. 325쪽의 "처리율 감소와 TCP 문제의 상관관계 파악('골든 그래프')"을 참고한다.

분석 작업의 전체 목록을 위해 62쪽의 '문제 해결 체크리스트 사용'을 참고한다.

4단계: 다른 도구 검토

와이어샤크는 놀라운 패킷 분석 도구다. 하지만 와이어샤크가 미처 제공하지 않거나 뛰어나지 못한 기능도 존재한다. 어떤 경우에는 와이어샤크의 한계에 다다라서 다른 도구를 사용해야 할 수도 있을 것이다.

와이어샤크 한계의 한 예는 커다란 추적 파일을 다룰 때 접할 수 있다. 추적 파일의 크기는 최대 100MB 이하로 유지돼야 한다. 그 이상 커지면 와이어샤크는 매우 느려지고 때로 불안정해지기까지 한다. 컬러링 규칙, 칼럼, 기타 프로토콜 처리 요청까지 추가하면 문제는 더욱 심각해진다.

다음은 추적 파일을 분석할 때 고려할 수 있는 도구의 목록이다.

- Cascade Pilot®(로리스 데지오아니 설계[4], www.riverbed.com)은 커다란 추적 파일을 처리하기 위해 만들어졌다. Cascade Pilot은 트래픽 특성을 시각화하기 위해 추적 파일에 적용할 수 있는 수많은 뷰를 제공한다. 추가 분석을 위해 관심 있는 트래픽의 부분집합을 와이어샤크에 내보내려면, 타임라인에서 클릭하고 드래그한다. 또한 Cascade Pilot은 뛰어난 보고 능력을 가지고 있다. Cascade Pilot의 샘플 분석 보고서가 이 책의 추가 파일에 포함돼 있다. 358쪽의 'Cascade Pilot에서 큰 추적 파일 열기'를 참고한다.

- TraceWrangler(재스퍼 본거츠 제작, www.tracewrangler.com)는 추적 파일을 익명화하고 편집하기 위해 설계됐다. 샤크페스트 2013에서 시연된 TraceWrangler는 이제 사실상 표준 추적 파일 편집 도구다. 374쪽의 'TraceWrangler 사용'을 참고한다.

- 윈도우 호스트의 무선랜 분석에서는 AirPcap 어댑터(www.riverbed.com)가 필수 도구다. 이 USB 어댑터(와 전용 드라이버)는 모든 무선랜 트래픽(관리, 제어 프레임 포함)과 802.11 헤더를 캡처하고 심층 분석을 위해 Radiotap 또는 PPI 헤더를 추적 파일의 앞에 추가한다. 369쪽의 '무선랜 문제 탐지 팁'을 참고한다.

- 또한 무선랜 분석을 위해, MetaGeek(www.metageek.net)의 Wi-Spy와 Chanalyzer 제품이 필요하다. 369쪽의 '무선랜 문제 탐지 팁'을 참고한다.

분석 과정에서 사용한 다른 도구들의 목록은 www.wiresharkbook.com/resources.html을 방문해 확인할 수 있다.

---

4 로리스 데지오아니(Loris Degioanni)는 WinPcap의 제작자이며 뛰어난 제품 설계자다. 우리는 함께 앉아 Cascade Pilot의 기능과 인터페이스를 오랜 시간 검토하곤 했다. 네트워크 트래픽, 네트워크 파일, 네트워크 속도가 커짐에 따라 추적 파일의 크기도 함께 커졌다. 나는 큰 추적 파일을 처음으로 살펴볼 때 Cascade Pilot을 사용한다. 그런 다음 흥미로운 부분만을 추가 분석을 위해 와이어샤크로 내보낸다.

문제 해결 체크리스트 사용

나는 매번 추적 파일을 열 때마다 훑어보는 기본 문제 해결 체크리스트를 머릿속에 가지고 있다. 문제 해결 이슈(UDP vs. TCP 기반 애플리케이션 트러블슈팅)에 따라 체크리스트를 살펴보는 순서는 바뀌기도 한다.

필요에 맞춰 이 체크리스트를 늘려가는 것도 좋겠다.

이 체크리스트의 PDF 버전은 www.wiresharkbook.com/troubleshooting. html에서 받을 수 있다.

추적 파일 무결성과 기본 대화 확인

- 미도착 세그먼트 확인 응답을 찾는다(`tcp.analysis.ack_lost_segment` 필터). 236쪽의 '미도착 세그먼트 확인 응답의 원인'을 참고한다.
- 불만 있는 사용자의 컴퓨터로부터의 트래픽이 보이는지 확인한다. 그렇지 않다면
  - 호스트 실행 여부를 확인한다.
  - 호스트 연결을 테스트(다른 호스트와 통신 가능한가?)한다.
  - 캡처 위치와 프로세스를 재확인한다.
  - 확인resolution 문제를 고려한다.
- 확인 프로세스 완료를 검증한다.
  - DNS 쿼리/응답 성공(캐시 사용 고려)
  - ARP 요청/응답(캐시 사용 고려)

불만 있는 사용자의 트래픽에 집중

- 관련 트래픽을 필터링한다(예를 들면 `tcp.port==80 && ip.addr==10.2.2.2`).
- 관련 없는 트래픽을 필터링해 배제한다(예를 들면 `!ip.addr==239.0.0.0/8` 또는 `!bootp`).
- 관련 트래픽을 별도의 추적 파일로 내보낸다(File ▶ Export Specified Packets).

지연 탐지 및 우선순위 지정

□ 큰 시간 차를 정렬, 확인한다(Edit ▶ Preferences ▶ Columns ▶ Add ▶ Delta time displayed).

□ 큰 TCP 시간 차를 정렬, 확인한다(tcp.time_delta column).

   ○ 전문가 정보가 있다면 오류, 경고, 알림 목록을 확인한다.

   ○ '허용 가능한 지연'(예를 들어 TCP FIN 또는 RST 패킷 앞의 지연)을 고려한다. 149쪽의 "'정상' 또는 허용 가능한 지연에 집중하지 마라"를 참고한다.

□ TCP 핸드셰이크의 시간 차를 이용해 경로 대기시간(왕복 시간)을 측정한다. 171쪽의 '와이어샤크 실습 31. TCP 핸드셰이크를 이용한 왕복 시간 계산'을 참고한다.

   ○ 클라이언트 쪽 캡처: TCP SYN에서 SYN/ACK까지의 시간 차 측정

   ○ 서버 쪽 캡처: SYN/ACK에서 ACK까지의 시간 차 측정

   ○ 인프라쪽 캡처: SYN에서 ACK까지의 시간 차 측정[5]

□ 서버 응답 시간을 측정한다.

   ○ TCP 기반 애플리케이션: 요청에서 응답까지(요청에서 ACK까지가 아닌) 측정한다.

   ○ 와이어샤크 응답 시간 기능을 가능하면 사용한다(dns.time, smb.time, http.time 등). 한 예로, 179쪽의 '긴 DNS 응답 시간 찾기'를 참고한다.

□ 클라이언트 대기시간을 측정한다.

   ○ 클라이언트가 다음 요청을 하기까지 얼마나 걸렸는가?

   ○ '허용 가능한 지연'(예를 들어 HTTP GET 앞의 지연)을 고려한다. 149쪽의 "'정상' 또는 허용 가능한 지연에 집중하지 마라"를 참고한다.

---

5 이 트릭은 재스퍼 본거츠가 샤크페스트 컨퍼런스에서 발표한 것이다.

처리율 문제 찾기

- □ 골든 그래프를 작성한다('Bad TCP' 그래프 2가 있는 IO 그래프). 325쪽의 "처리율 감소와 TCP 문제의 상관관계 파악('골든 그래프')"를 참고한다.

- □ 처리율이 낮은 지점을 클릭해 추적 파일의 문제 위치로 이동한다.

- □ 처리율이 낮은 지점의 트래픽 특성을 살펴본다.

- □ 지연(tcp.time_delta 등) 탐지를 위해 고급 IO 그래프 사용을 고려한다. 329쪽의 '큰 시간 차 그래프(UDP 기반 애플리케이션)'와 331쪽의 '큰 TCP 시간 차 그래프(TCP 기반 애플리케이션)'를 참고한다.

기타 트래픽 특성 확인

- □ 파일 전송 중 패킷 크기를 확인한다(길이 칼럼).

- □ 우선순위 지정을 위한 IP DSCP를 확인한다.

- □ 802.11 재시도 비트 설정을 확인한다(wlan.fc.retry == 1).

- □ ICMP 메시지를 확인한다.

- □ IP 조각화를 확인한다.

TCP 기반 애플리케이션: TCP 연결 문제/능력 결정

- □ 성공하지 못한 TCP 핸드셰이크를 찾는다.

  - ○ SYN, 응답 없음(연결 차단, 패킷 손실)

  - ○ SYN, RST/ACK(연결 거부)

- □ TCP 핸드셰이크 옵션 영역을 검사한다.

  - ○ MSS 값을 확인한다.

  - ○ 윈도우 스케일링과 스케일링 비율을 확인한다.

  - ○ 선택적 확인 응답SACK을 체크한다.

  - ○ TCP 타임스탬프(특히 고속 링크의)를 확인한다.

TCP 기반 애플리케이션: TCP 문제 확인

- 전문가 정보 윈도우를 띄운다.
    - 오류, 경고, 알림 개수를 확인한다.
    - 각 항목의 영향을 고려한다.
- 계산된 윈도우 크기 필드 값(tcp.window_size)을 확인한다.
- 예상하지 못한 TCP RST를 검토한다.

UDP 기반 애플리케이션: 통신 문제 확인

- 성공하지 못한 요청을 찾는다.
    - 요청, 응답 없음
- 반복 요청을 찾는다.

애플리케이션 오류 발견

- 애플리케이션 오류 응답 코드를 필터링(예를 들면 sip.Status-Code >= 400) 한다.

2장

핵심 와이어샤크
문제 해결 작업 정복

2장에서 소개하는 문제 해결 작업들과 친숙해져보자. 앞으로 네트워크가 느려진 이유를 찾기 위해 반복해서 사용하게 될 것이다.

또한, 『와이어샤크 개론: 쉽고 빠른 네트워크 분석을 위한 와이어샤크 활용과 최적화』(에이콘, 2013)에 실린 작업들을 마스터해보자. 그 책에는 네트워크 분석 실력을 높여줄 43개의 실습이 실려 있다.

2장 메모

다음은 내가 트래픽을 캡처하거나 받은 추적 파일을 열 때마다 사용하는 기법들이다.

— 빠른 문제 발견을 위한 사용자 지정 프로파일을 만들어 사용한다.

— 패킷 목록 창(Packet List Pane)에 칼럼을 추가한다.

— 지연을 빠르게 확인할 수 있도록 시간 칼럼을 변경한다.

— 호스트 주소, 서브넷, 대화, 포트, 필드 존재 여부, 필드 값에 따라 필터링한다.

— 추적 파일에서 문제를 찾기 위해 와이어샤크의 전문가 정보를 사용한다.

— 개별 대화를 추출한다.

— 급격한 처리율 감소를 확인하기 위해 그래프를 작성한다.

— 추적 파일에서 문제들이 잘 드러나도록 컬러링 규칙을 만든다.

문제 해결 프로파일 작성

몇 가지 기본 컬러링 규칙과 전문가 알림을 제외하면, 와이어샤크가 심도 깊은 문제 해결에 특별히 최적화돼 있다고 보긴 어렵다. 하지만 와이어샤크는 찰흙 덩어리와 같아서, 약간만 노력하면 이상적인 문제 해결 도구로 빚어낼 수 있다.

부록 A에서 문제 해결 프로파일을 작성하는 단계별 지시사항을 소개한다. 와이어샤크의 달인이 아니더라도 15분만 투자하면 사용자 지정 프로세스를 따라 해볼 수 있다.

> 사용자 지정 프로파일을 직접 만들 시간이 없는 독자를 위해, 이 책의 보충 자료에 포함된 문제 해결 프로파일을 가져오기 위한 단계별 지시사항이 부록 A에 포함돼 있다.

새 프로파일을 만들 때까지는 와이어샤크의 기본 프로파일로 작업하게 된다. 현재 작업 중인 프로파일은 상태 바의 오른쪽 칼럼에 나타난다.

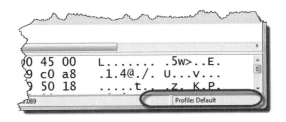

와이어샤크 실습 1. 문제 해결 프로파일 작성

와이어샤크의 버튼, 색 등을 사용자 지정하기 위해 프로파일을 작성할 수 있다. 필요에 따라 별도의 프로파일을 작성하는 것도 가능하다. 예를 들어 VoIP 프로파일, 무선랜 프로파일, 일반적인 문제 해결 프로파일을 각각 만들 수도 있다. 프로파일 간에는 필요할 때 빠르게 전환할 수 있다.

이번 실습에서는 '문제 해결 책 프로파일Troubleshooting Book Profile'을 만든다.

이 프로파일은 이 책의 여러 실습에서 수정하여 사용할 예정이다.

1단계: 상태 바의 Profile 칼럼을 오른쪽 클릭한다.

2단계: Configuration Profile(프로파일 환경 설정) 창에서 New를 선택한다.

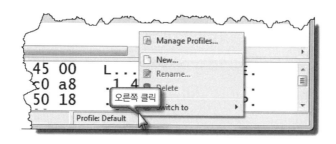

3단계: Create from 부분에서 화살표를 클릭하고 Global 섹션을 펼친 뒤 Classic을 선택한다. 이 프로파일이 가장 강렬한 색상을 사용한다.

4단계: Profile name 부분에 Troubleshooting Book Profile을 입력하고 OK를 클릭한다.

새 프로파일을 만들면 와이어샤크 상태 바에 Troubleshooting Book Profile로 작업 중인 것이 아래와 같이 표시된다.

이 책에 실린 실습들을 따라가며 Troubleshooting Book Profile에 여러 가지 기능과 사용자 설정 항목을 추가할 것이다.

382쪽의 'DIY: 자기만의 새 문제 해결 프로파일 만들기'를 참고해, 완전한 문제 해결 프로파일을 직접 만드는 법을 배울 수도 있다.

즉시 사용할 수 있도록 미리 정의된 프로파일을 다운로드 및 가져오기 하려면 380쪽의 '저자의 문제 해결 프로파일 가져오기'를 참고한다.

패킷 목록 창 칼럼 개선

기본적으로 패킷 목록 창은 No. (number), Time, Source, Destination, Protocol, Length, Info 칼럼을 가지고 있다.

빠른 분석을 위해 추가 패킷 정보를 보는 칼럼을 추가할 수 있다. 아래 예제에서는 각 TCP 대화에서 패킷 간 걸리는 시간을 보기 위해 5개의 칼럼을 추가했다.

- TCP Delta(tcp.time_delta)는 동일 TCP 대화 안에서 한 패킷의 종료시점부터 다음 패킷의 종료시점까지의 시간을 가리킨다.
- DNS Delta(dns.time)는 DNS 요청과 DNS 응답 사이의 시간을 가리킨다.
- HTTP Delta(http.time)는 HTTP 요청과 HTTP 응답 사이의 시간을 가리킨다.
- Stream Index(tcp.stream)는 TCP 대화 번호를 가리킨다.
- WinSize(tcp.window_size)는 계산된 TCP 윈도우 크기를 가리킨다.

이 칼럼들은 앞에서 설명한 것처럼 오른쪽 클릭으로 추가했다. 새 칼럼을 추가하는 가장 빠른 방법이기 때문이다.

다음 실습(및 이 책의 여러 실습)에서는 추적 파일에서 문제를 찾기 위해 패킷 목록 창에 중요한 칼럼들을 추가하고 정렬할 것이다.

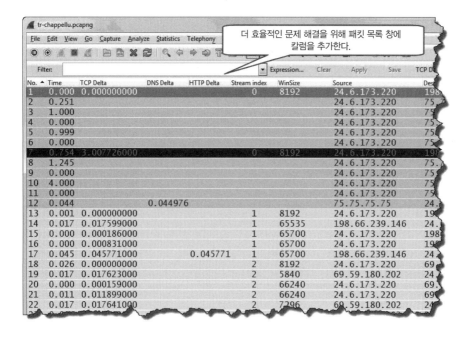

와이어샤크 실습 2. HTTP 지연을 찾기 위해 사용자 칼럼 사용

이 추적 파일은 윈도우 업데이트와 바이러스 탐지 파일 업데이트를 체크하는 사용자 컴퓨터가 주고 받은 트래픽을 포함하고 있다.

1단계: tr-httpdelta.pcapng를 연다.

2단계: 패킷 1-3은 TCP 핸드셰이크 패킷이다. 패킷 4는 minitri.flg 파일에 대한 HTTP GET 요청이다. 패킷 5는 GET 요청에 대한 ACK이며, 패킷 6는 HTTP 200 OK 응답이다.

패킷 목록 창에서 Packet 6를 선택한 다음, 패킷 상세 창에서 Hypertext Transfer Protocol 앞의 ⊞ 버튼을 클릭해 해당 섹션을 펼친다.

와이어샤크의 IP 체크섬 검사 기능을 사용(기본 설정 값)하면 이 책에서 사용된 많은 추적 파일들이 잘못된 IP 체크섬을 가지는 것으로 나타난다. 이 경우 패킷들이 검은색 배경에 붉은색 텍스트로 패킷 목록 창에 나타나고 패킷 상세 창의 Internet Protocol 줄에 붉은색으로 강조된다. 와이어샤크가 작업 오프로딩(task offloading)을 지원하는 호스트에서 트래픽을 캡처하고 있고, 나가는 패킷의 복사본을 얻은 다음에 체크섬을 계산하기 때문에 이와 같은 현상이 일어난다. 이러한 거짓 '잘못된 체크섬' 알림을 없애기 위해, 95쪽의 '와이어샤크 실습 10. 네트워크 문제 확인에 전문가 정보 사용'에서는 체크섬 검사를 비활성화할 것이다.

3단계: HTTP 섹션의 아래쪽으로 스크롤하여 [Time since request: 0.019036000 seconds] 줄에서 오른쪽 클릭한 다음, **Apply as Column**을 선택한다.

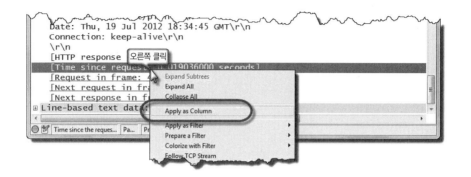

4단계: Info 칼럼 왼쪽에 새 **Time Since Request** 칼럼이 생긴다.

새 칼럼의 제목 부분에서 오른쪽 클릭한 다음 **Edit Column Details**를 선택한다. Title 부분에 HTTP Delta를 입력한 뒤 **OK**를 클릭한다.

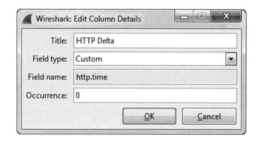

5단계: 새 HTTP Delta 칼럼 제목을 두 번 클릭해 데이터를 내림차순으로 정렬한다.

아래 그림에서 패킷 49의 HTTP 200 OK 응답 전에 2.807332초 지연이 발생한 것을 알 수 있다.

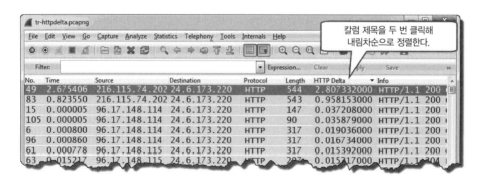

6단계: 잠시 동안 이 칼럼을 다시 볼 필요가 없으므로, HTTP Delta 칼럼 제목에서 오른쪽 클릭하고 Hide Column을 선택한다. 감춰진 칼럼을 복원하려면 언제든지 아무 칼럼 제목에서 오른쪽 클릭해 Displayed Columns를 선택하고 복원할 칼럼을 지정한다.

추적 파일을 다루다보면 칼럼을 추가하고 숨기는 작업을 여러 차례 하게 된다.

프로파일 칼럼 설정은 해당 프로파일의 preferences 파일에 저장된다. 이 파일을 찾으려면 Help ▶ About Wireshark ▶ Folders를 선택한 뒤 개인 설정 폴더로의 하이퍼링크를 선택한다.

프로파일 칼럼 설정은 User Interface: Columns라는 제목 아래에 있다. 각 칼럼 이름 다음에는 해당 변수 값(Time 칼럼 값은 %t, Source 칼럼 값은 %s 등)이 함께 나열된다. 사용자 지정 칼럼은 앞에 %Cus:가 붙는다.

```
####### User Interface: Columns ########

# Packet list hidden columns
# List all columns to hide in the packet list.
gui.column.hidden: %Cus:http.time:0:R

# Packet list column format
# Each pair of strings consists of a column title and its format
gui.column.format:
        "No.", "%m",
        "Time", "%t",
        "Source", "%s",
        "Destination", "%d",
        "Protocol", "%p",
        "Length", "%L",
        "HTTP Delta",
        "Info", "%i"
```

Time 칼럼 설정 변경

패킷이 캡처되는 순간 타임스탬프가 붙는다.[1] 기본적으로 와이어샤크는 Time 칼럼을 'Seconds Since Beginning of Capture'로 설정한다.

또한 패킷 타임스탬프의 정밀도precision와 상관없이, 해상도는 나노초ns로 설정한다.

와이어샤크 실습 3. 경로 대기시간 탐지를 위해 Time 칼럼 설정

이 추적 파일은 웹 브라우징 세션을 담고 있으며 클라이언트 쪽에서 캡처됐다. TCP 핸드셰이크의 처음 두 패킷(TCP SYN과 SYN/ACK) 사이의 시간을 측정하도록 기본 Time 칼럼 설정을 변경한다.

1단계: tr-australia.pcapng를 연다.

기본 Time 칼럼은 Seconds Since Beginning of Capture와 Automatic 정밀도로 설정돼 있다. 보여지는 패킷 사이의 시간 차를 빠르게 측정할 수 있도록 이 설정을 변경할 것이다.

이 시간 차를 이용해 클라이언트와 서버 사이 왕복 시간의 스냅샷을 얻을 수 있다. 클라이언트 쪽에서 캡처했다면 아래 그림과 같이 SYN과 SYN/ACK 사이의 시간 차를 측정한다.

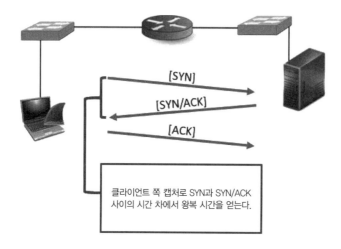

[SYN]

[SYN/ACK]

[ACK]

클라이언트 쪽 캡처로 SYN과 SYN/ACK
사이의 시간 차에서 왕복 시간을 얻는다.

---

1 더 정확하게 말하자면 패킷 수신 프로세스의 종료 시점에 타임스탬프가 붙는다.

서버 쪽에서 캡처했다면 아래 그림과 같이 SYN/ACK와 ACK 사이의 시간 차에서 왕복 시간을 측정한다.

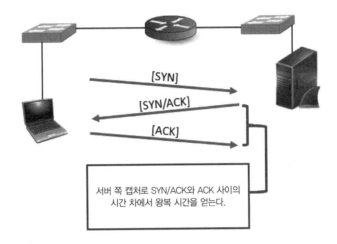

서버 쪽 캡처로 SYN/ACK와 ACK 사이의
시간 차에서 왕복 시간을 얻는다.

2단계: 추적 파일은 DNS 쿼리와 응답으로 시작한다. TCP 연결 설정은 패킷 3에서 시작한다. View ＞ Time Display Format ＞ Seconds Since Previous Displayed Packet을 선택한다.

3단계: 정밀도를 변경하기 위해 View ＞ Time Display Format ＞ Milliseconds: 0.123을 선택한다.

이제 서버까지 왕복 시간의 스냅샷을 얻기 위해 SYN(패킷 3)에서 SYN/ACK(패킷 4)까지의 시간을 살펴볼 수 있다. 왕복 시간은 192ms로 나타난다.

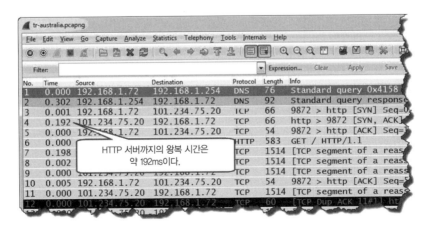

HTTP 서버까지의 왕복 시간은
약 192ms이다.

192ms는 왕복 시간으로 긴가 짧은가? 그 답은 경로의 정상 왕복 시간이 얼마인가에 따라 달라진다. 평소 43ms가 걸렸다면 192ms는 긴 왕복 시간이라고 할 수 있을 것이다.

지연이 크다면 어떤 조치를 취할 수 있을까? 지연이 네트워크 인프라 내부에서 발생한다면 이유가 있을 것이다. 예를 들어 과도하게 규칙이 많은 방화벽은 네트워크 응답 시간에 영향을 미칠 수 있다. 하지만 지연이 네트워크 인프라 밖(인터넷을 지나는 경로 등)에서 발생한다면, 별로 할 수 있는 일이 없을 것이다.

같은 추적 파일에서 DNS 요청에서 응답까지의 시간을 보고 DNS 응답 시간(302ms)을 확인할 수도 있지만, 와이어샤크는 DNS 응답 시간 필드(dns.time)를 이미 가지고 있다.

179쪽의 '긴 DNS 응답 시간 찾기'에서 와이어샤크의 DNS 응답 시간 값을 칼럼으로 추가하는 법을 설명한다.

호스트, 서브넷, 대화 필터링

트래픽을 서버 쪽 또는 네트워크 인프라 내부에서 캡처했다면, 추적 파일에 네트워크의 여러 호스트 간의 대화가 포함돼 있을 수 있다. 특정한 클라이언트와 서버 사이의 트래픽에만 관심이 있다면 호스트 주소, 서브넷 주소, 대화로 디스플레이 필터를 만들어 적용할 수 있다.

주소로 필터링하는 것은 자주 사용하게 될 기술이다. 다음 실습에서는 먼저 와이어샤크의 주소 확인 과정을 상세히 알아보고 cnn.com의 서브넷 주소로 필터링한다.

와이어샤크 실습 4. 단일 대화 추출 및 저장

1단계: tr-cnn.pcapng를 연다.

2단계: 이 추적 파일은 수많은 대화를 포함하고 있다. 이 중에서 로컬 클라이언트와 cnn.com 서버 사이의 대화만 추출할 것이다.

우선 와이어샤크가 추적 파일에서 얻은 이름 확인 정보를 살펴보자.

Statistics ▶ Show Address Resolution을 선택한다. cnn.com 도메인의 모든 서버가 157.166으로 시작하는 것을 볼 수 있다. OK를 클릭해 주소 확인 창을 닫는다.

3단계: 디스플레이 필터 영역에 `ip.addr==157.166.0.0/16`이라고 입력한다. **Apply** 를 클릭하면 상태 바에 360개의 패킷이 필터와 일치한다고 나타난다. cnn.com 서 버와의 모든 대화에 집중하고 싶다면 이 필터가 꼭 맞는다.

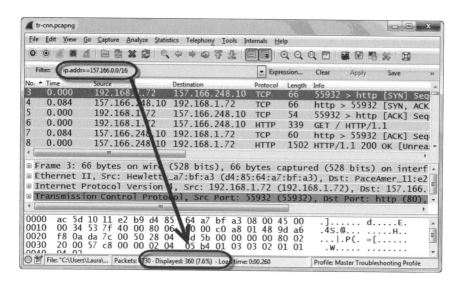

4단계: File > Export Specified Packets을 선택한다. 아래 그림과 같이 Displayed 라디오 버튼이 기본값으로 선택돼 있을 것이다. 파일 이름을 tr-cnntraffic.pcapng으로 지정 하고 Save를 클릭한다.

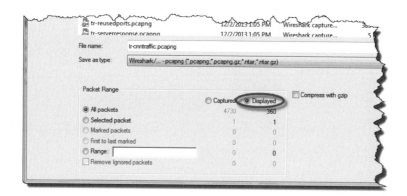

5단계: tr-cnn.pcapng 파일로 작업을 계속한다. 다음으로, 단일 대화에 디스플레이 필터를 적용하기 위해 오른쪽 클릭 방법을 사용한다.

패킷 목록 창에서 Packet 3을 오른쪽 클릭하고, Conversation Filter > TCP를 선택한다. 55개의 패킷이 이 필터에 일치할 것이다.

6단계: File > Export Specified Packets을 선택한다. 파일 이름을 tr-cnnconv1.pcapng로 정하고 Save를 클릭한다.

7단계: Clear 버튼을 클릭해 디스플레이 필터를 제거한다.

관련 없는 트래픽까지 담긴 큰 파일을 분석하는 것보다, 관심 있는 대화만을 별도의 추적 파일로 저장해서 작업하는 것이 종종 더 쉬운 방법이다.

포트 기반 애플리케이션 필터링

추적 파일에서 애플리케이션에 대한 디스플레이 필터를 정의하는 방법에는 두 가지가 있다. 애플리케이션 이름(와이어샤크가 알고 있는 경우)에 기반하는 방법과 사용하는 포트에 기반하는 방법이다.

애플리케이션이 UDP 기반이고 와이어샤크가 그 애플리케이션 이름에 기반한 필터링을 제공한다면, 애플리케이션 이름만으로 필터링이 가능하다. 예를 들어, `tftp` 필터는 모든 TFTP 트래픽을 보는 용도로 잘 동작한다.

애플리케이션이 TCP 기반이라면 애플리케이션 트래픽과 함께 TCP 오버헤드(예를 들면 TCP 핸드셰이크, ACK, 연결 세부 내용 등)를 보기 위해 포트 번호에 기반한 디스플레이 필터를 사용해야 한다. 예를 들어, `tcp.port==21` 필터는 TCP 핸드셰이크, ACK, TCP 연결 세부 내역 패킷 등 FTP 명령 채널 트래픽을 보여준다.

와이어샤크 실습 5. 포트 기반 트래픽 필터링

이 추적 파일은 OOo_3.3.0_Linux_x86_langpack-rpm_en-US.tar.gz라는 파일을 FTP로 다운로드하는 두 호스트의 트래픽을 포함한다. 192.168.1.119이 설정한 FTP 데이터 전송 연결을 보기 위해 포트 기반 필터를 사용한다.

1단계: tr-twohosts.pcapng를 연다.

2단계: 먼저 192.168.1.119와의 모든 트래픽을 필터링해보자. 디스플레이 필터 영역에 `ip.addr==192.168.1.119`를 입력하고 **Apply**를 클릭한다.
PASV 명령어(패킷 3,959)에 대한 응답을 찾는다. 패킷 상세 창의 **File Transfer Protocol(FTP)** 섹션을 펼치고 서버가 FTP 데이터 채널(포트 39,757)을 수신 대기할 포트 번호를 확인한다.

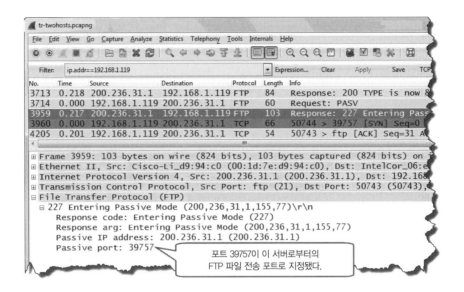

포트 39757이 이 서버로부터의
FTP 파일 전송 포트로 지정됐다.

3단계: 주소 디스플레이 필터를 `tcp.port==39757`로 바꾸고 **Apply**를 클릭한다. 상태
바로부터 28,020 패킷이 이 필터와 일치하는 것을 알 수 있다.

FTP 데이터 채널 트래픽과 TCP 핸드셰이크, ACK, TCP 연결 세부 내역 패킷을 포
트 기반 필터로 분석할 수 있음에 주의한다.

이 필터를 애플리케이션 이름에 기반한 디스플레이 필터와 비교해보자.

4단계: TCP 포트 필터를 `ftp-data`로 바꾸고 **Apply**를 클릭한다. 이제 TCP 핸드셰이
크, ACK, TCP 연결 세부 내역 패킷이 안 보이는 것을 알 수 있다.

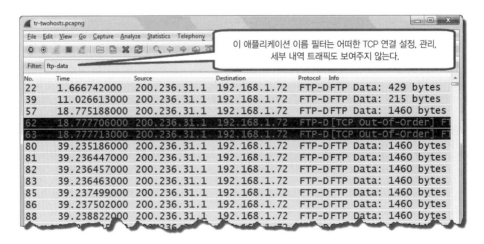

이 애플리케이션 이름 필터는 어떠한 TCP 연결 설정, 관리,
세부 내역 트래픽도 보여주지 않는다.

5단계: Clear 버튼을 클릭해 디스플레이 필터를 제거한다.

TCP 기반 애플리케이션의 네트워크 통신 문제를 해결할 때, TCP 문제를 제외하지 않아야 한다. 애플리케이션의 기본 TCP 연결이 어떻게 설정되고 유지됐는지 아는 것이 중요하다.

UDP 기반 애플리케이션은 전송 계층 오버헤드(예를 들면 연결 설정과 세부 내역 트래픽 등)가 없으므로, 애플리케이션 이름 디스플레이 필터를 사용해 해당 애플리케이션에 관련된 모든 트래픽을 볼 수 있다.

필드 존재 또는 필드 값 필터링

특정 필드 또는 필드 값을 가진 패킷을 확인하고 싶은 경우가 많이 있다.

예를 들면, `http.request.method` 디스플레이 필터는 `http.request.method` 필드의 존재 여부에 기반하여 모든 HTTP 클라이언트 요청 패킷을 보기 위해 사용될 수 있다. 이 필드는 HTTP 요청에서만 사용된다.

`dns.flags.rcode > 0` 디스플레이 필터는 `dns.flags.rcode` 필드 값에 기반해 DNS 오류 응답을 확인하는 데 사용 가능하다. `dns.flags.rcode` 필드가 디스플레이될 패킷에 반드시 존재해야 하고 그 값은 반드시 0보다 커야만 한다.

관심 있는 필드 이름을 알고 있는 경우, 디스플레이 필터 영역에 입력해 넣기만 하면 된다.

또는, 해당 필드가 포함된 패킷이 있다면 필드 위에서 오른쪽 클릭하고 **Apply as Filter**(디스플레이 필터 입력 필드에 삽입하고 즉시 적용) 또는 **Prepare a Filter**(디스플레이 필터 입력 필드에 삽입하지만 적용하지 않음)를 선택한다. **Prepare a Filter**는 필터 문법을 먼저 확인하고 필터를 편집하거나 복수 조건의 복합 필터에 추가하기 위해 사용할 수 있다. 오른쪽 클릭 방법은 항상 필드 값에 기반한 필터를 생성한다.

와이어샤크 실습 6. HTTP Request Method 필드 필터링으로 클라이언트 요청 보기

HTTP 클라이언트는 HTTP Request Method 필드에 GET, POST 등의 명령어를 전송한다. HTTP Request Method 필드를 포함하는 모든 패킷을 보여주는 필터를 만들어 보자.

1단계: tr-winsize.pcapng를 연다.

2단계: 패킷 4의 패킷 상세 창에서 Hypertext Transfer Protocol 섹션을 오른쪽 클릭하고, **Expand Subtrees**를 선택한다. **Request Method: GET** 줄을 클릭하면 상태 바에 이 필드의 이름(`http.request.method`)이 나타난다.

3단계: 디스플레이 필터 영역에 `http.request.method`를 입력하고 **Apply**를 클릭한다.

패킷 하나가 이 필터와 일치한다. 이 필터링 방법은 얼마나 많은 HTTP 요청이 서버로 전송되는지 확인하고 싶을 때 사용 가능하다. 필요하다면 특정 소스와 주고 받는 요청에만 집중할 수 있도록 필터에 IP 주소를 포함하여 확장할 수 있다. 예를 들면, ip.addr==10.1.1.1 && http.request.method 필터는 10.1.1.1과 주고 받는 모든 HTTP 요청을 보여준다. 10.1.1.1이 클라이언트라면 이 호스트로부터 보내지는 HTTP 요청만을 보게 된다.

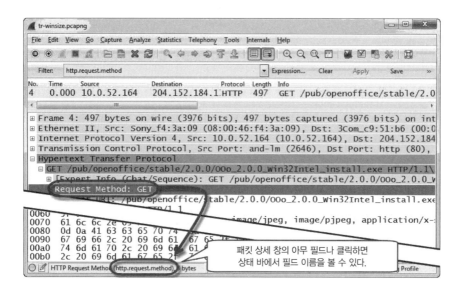

4단계: Clear 버튼을 클릭해 디스플레이 필터를 제거한다.

와이어샤크 실습 7. 윈도우 크기 필드 필터링으로 버퍼 문제 찾기

호스트가 보내는 모든 TCP 패킷은 사용 가능한 수신 버퍼 크기 정보를 윈도우 크기 필드에 가지고 있다. 윈도우 스케일링이 사용되고 있다면 윈도우 크기 필드 값에 스케일링 비율이 곱해진다.

> 포장된 순서번호 방어(PAWS, Protection Against Wrapped Sequence Numbers)와 TCP 윈도우 스케일링에 대해 더 알기 위해 RFC 1323 '고성능 TCP 확장(TCP Extensions for High Performance)'을 읽어보자. 윈도우 스케일링 문제는 종종 볼 수 있으므로 시간이 아깝지 않을 것이다.

버퍼 크기가 0으로 떨어지면(제로 윈도우 조건 발생) 호스트는 더 이상 데이터를 받을 수 없다. 어떤 경우에는 Window Size 값이 작아서 TCP 피어의 데이터 송신이 중지되기도 한다.

1단계: 앞의 실습 후 tr-winsize.pcapng를 닫았다면 다시 연다.

2단계: 패킷 상세 창에서 아무 TCP header를 펼친다. Calculated window size 필드에서 오른쪽 클릭하고 Prepare a Filter ▶ Selected를 선택한다.

3단계: 디스플레이 필터 값을 `tcp.window_size < 1000`으로 바꾸고 Apply를 클릭한다. 필터에는 패킷 374가 나타나고 클라이언트는 536바이트 수신 버퍼 크기를 알리고 있다. 즉, TCP 피어가 송신 큐에 넣은 데이터가 536바이트 이상이면 데이터 전송이 중지될 것이다.

작은 Window Size 값이 파일 전송 과정에 영향을 미치는지 살펴보자.

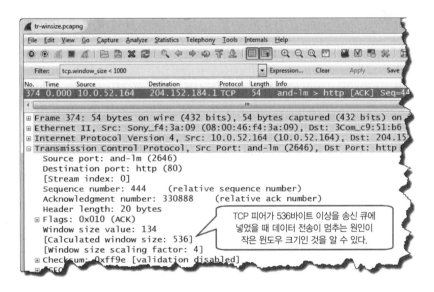

4단계: Clear 버튼을 클릭해 디스플레이 필터를 제거한다.

이 추적 파일에서 Window Update 패킷(패킷 375) 앞의 지연에 주목하자. 기본적으로 클라이언트에 사용 가능한 버퍼 크기가 536바이트뿐이므로 서버는 전체 크기 패킷을 전송할 수 없다.

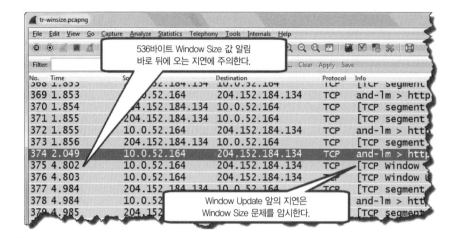

서버는 클라이언트의 버퍼 크기가 커지기를(Window Update 패킷) 기다릴 수밖에 없었다. Window Updates에 대한 추가 정보는 263쪽의 '윈도우 업데이트'에서 볼 수 있다.

Window Size는 몇 년 전부터 네트워크의 중요한 문제로 떠올랐다. 문제 해결 체크리스트를 사용하면 언제든지 Window Size 문제를 알아챌 수 있을 것이다. 65쪽의 'TCP 기반 애플리케이션: TCP 문제 확인'을 참고한다.

'정상' 트래픽 필터링(배제 필터)

문제가 발생한 부분에 집중하기 위해 정상 트래픽을 필터링해 배제하고 싶을 수 있다. 애플리케이션 이름에 기반한 트래픽 필터링을 하려면, 애플리케이션 디스플레이 필터 이름 앞에 느낌표(!)를 붙이면 된다.

예를 들어, 뷰에서 ARP를 제거하고 싶다면 !arp라고 입력한다.

필드 값에 기반해 트래픽을 제외하는 방법에는 두 가지가 있다. 첫 번째 방법은 ! 또는 not 연산자를 == 또는 eq와 함께 사용하는 것이다. 두 번째 방법은 != 또는 ne 연산자를 사용한다.

다음은 이 방법들이 사용되는 각각의 예다.

```
!ip.addr==10.10.10.10
http.request.method != "GET"
```

!와 ==을 사용할 때와 !=을 사용할 때

첫 번째 방법(!/not과 ==/eq)은 두 개의 필드와 일치하는 필드 이름(예를 들면 ip.addr, tcp.port, udp.port 등)으로 필터링할 때 사용한다.

두 번째 방법(!=/ne)은 한 개의 필드에만 일치하는 필드 이름(예를 들면 dns.flags. rcode 또는 tcp.dstport)을 참조할 때 사용한다.

디스플레이 필터의 옳은 예	디스플레이 필터의 틀린 예
!ip.addr==10.1.1.1	ip.addr != 10.1.1.1
!tcp.port==21	tcp.port != 21
!udp.port==53	udp.port != 53
dns.flags.rcode!=0	!dns.flags.rcode==0
tcp.dstport!=80	!tcp.dstport==80

한 가지 규칙만 기억하자. 필드 이름이 패킷에서 한 개의 필드와 일치할 때만 != 를 사용한다.

와이어샤크 실습 8. 애플리케이션과 프로토콜 필터링 제외

이 실습에서는 특정 애플리케이션과 프로토콜을 뷰에서 제거하는 법을 설명한다. 현재 네트워크에서 ARP, DNS, DHCP와 몇몇 TCP 기반 파일 전송 애플리케이션을 지원한다는 사실을 알고 있다. 네트워크의 나머지 트래픽을 확인하기 위해 이 트래픽들을 필터링하여 뷰에서 제외한다.

1단계: tr-general.pcapng를 연다.

2단계: 디스플레이 필터 영역에 `!tcp && !arp`를 입력하고 **Apply**를 클릭한다.

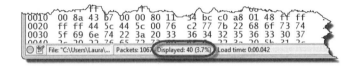

3단계: 40개의 패킷이 이 필터와 일치하고 있다. 이제 필터를 확장하여 DNS와 DHCP까지 뷰에서 제외하자(`&& !dns && !bootp` 추가[2]) (이 실습의 결과를 검토한 다음, 반드시 필터를 제거한다).

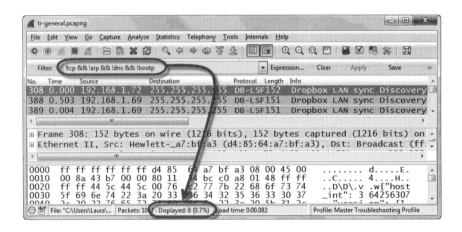

---

2 DHCP는 부트스트랩 프로토콜(BOOTP, Bootstrap Protocol)에 기반하므로 디스플레이 필터 문법도 dhcp가 아니라 bootp이다. 한편 DHCPv6 트래픽은 BOOTP와 연관이 없으므로 DHCPv6 트래픽 필터링은 dhcpv6 필터로 할 수 있다.

8개의 패킷이 보여진다. 이 패킷들로부터 네트워크상에 2개의 호스트가 드롭박스를 실행 중인 것을 알 수 있다. 두 호스트는 Dropbox LAN Sync Discovery Protocol 패킷을 브로드캐스트 주소(255.255.255.255)로 보내고 있다.

특정 트래픽을 필터링에는 제외시키는 프로세스는 특히 유휴 시간(키보드 앞에 사용자가 없을 때)의 트래픽을 분석할 때 유용하다. 유휴 시간 트래픽은 사용자 조작 없이 실행하는 백그라운드 프로세스를 알려주기 때문에 중요한 기준선이 된다. 기준선 작성에 대해 알아보려면 375쪽의 '너 빨리 문제 찾는 팁'을 참고한다.

필터 표현식 버튼 생성

필터 표현식Filter Expression 버튼은 디스플레이 필터에 기반한다. 필터 표현식 버튼은 자주 발생하는 네트워크 문제를 확인하기 위해, 트래픽에 디스플레이 필터를 즉시 적용하려는 목적으로 만들어 사용한다.

다음 실습에서는 SACK 또는 윈도우 스케일링 옵션이 누락된 TCP SYN, SYN/ACK 패킷을 즉시 확인하기 위해 버튼을 작성한다.

SACK와 윈도우 스케일링은 패킷 손실 후 재전송 수를 줄이거나(SACK) 수신 버퍼 공간을 65,535바이트 이상으로 늘려(윈도우 스케일링) TCP 성능을 개선하는 옵션이다.

와이어샤크 실습 9. 누락 TCP 기능 탐지 버튼 생성

1로 설정된 SYN 비트의 포함 필터와 SACK, 윈도우 스케일링 옵션의 배제 필터를 조합하여, 선택적 확인 응답SACK과 윈도우 스케일링 기능을 제공하지 않는 TCP 핸드셰이크 패킷을 바로 확인하는 버튼을 생성할 수 있다.

1단계: tr-smbjoindomain.pcapng를 연다.

2단계: 패킷 11은 추적 파일에서 첫 번째 SYN 패킷이다. 패킷 11의 TCP 헤더에서 오른쪽 클릭하고 **Expand Subtrees**를 선택한다. 필터를 먼저 작성한 다음, 필터를 필터 표현식 버튼으로 변환한다.

SYN: Set 줄을 오른쪽 클릭하고 **Prepare a Filter › Selected**를 선택한다. 와이어샤크가 필터의 첫 부분을 디스플레이 필터 영역에 채운다.

3단계: TCP Options 영역까지 스크롤해 내려간다. **TCP SACK Permitted Option: True** 줄을 클릭한다. 이 필드의 문법이 상태 바 영역에 나타난다(tcp.options.sack_perm).

우리는 이 값이 포함되지 않은 TCP 핸드셰이크 패킷에 관심이 있다. 아래 그림과 같이 `&& !tcp.options.sack_perm`을 입력해 필터를 확장한다.

4단계: 윈도우 스케일링 비율이 SYN 패킷에 누락됐는지 알아내기 위해 필터의 마지막 부분을 입력한다.

아래 그림과 같이 `|| ! tcp.options.wscale.multiplier`를 추가하고 옵션 부분을 괄호로 감싼다.

5단계: Save 버튼을 클릭하고 새 버튼의 이름을 TCP-HS로 지정한 뒤 OK를 클릭한다.

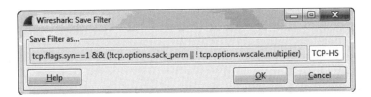

6단계: 방금 생성한 TCP-HS 버튼을 클릭한다.

패킷 38개가 TCP-HS 버튼 필터와 일치한다. 이 패킷들이 설정한 연결은 우리가 원하는 TCP 기능을 지원하지 않는다(이 실습의 결과를 검토한 다음, 반드시 필터를 제거한다).

필터 표현식 버튼을 수정, 재정렬, 삭제할 필요가 있다면 Edit ▸ Preferences ▸ Filter Expressions를 선택한다.

> 필터에서 &&와 ||을 조합할 때는 항상 괄호를 사용해 묶어야 한다. 괄호를 생략한 경우, 논리 OR 연산이 논리 AND 연산보다 먼저 평가되기 때문에 예상하지 못한 결과를 얻을 수도 있다.[3]
>
> 와이어샤크 1.10.x 버전에서 tcp.port==80 || dns && ip.src==192.168.1.72 필터는 (tcp.port==80 || dns) && ip.src==192.168.1.72으로 해석된다.
>
> 혹시 모든 TCP 포트 80 트래픽과 192.168.1.72로부터의 모든 DNS 트래픽에 관심 있는 것이라면, 괄호를 사용해서 지정해야 한다. 옳은 필터는 tcp.port==80 || (dns && ip.src==192.168.1.72)이다.
>
> tr-general.pcapng 추적 파일에 대해 아래 세 종류 디스플레이 필터의 결과를 비교해보자.
>
> ```
> tcp.port==80 || dns && ip.src==192.168.1.72      = ___ packets
> tcp.port==80 || (dns && ip.src==192.168.1.72)    = ___ packets
> (tcp.port==80 || dns) && ip.src==192.168.1.72    = ___ packets
> ```
>
> 처음과 마지막 필터는 195개의 패킷을, 가운데 필터는 417개의 패킷을 보여줄 것이다.

---

3 논리 AND 연산이 논리 OR 연산보다 먼저 평가된다고 가정하는 사람이 많기 때문에 와이어샤크의 추후 버전에서는 달라질 수 있다.

전문가 정보 실행과 탐색

와이어샤크의 전문가 정보Expert Infos는 네트워크 통신에 대한 기본 정보 획득과 패킷 주석 보기뿐 아니라 네트워크 문제를 재빨리 탐지하는 것을 도와준다.

전문가 정보의 정의는 해석기dissector에 포함돼 있다. 예를 들면, TCP 해석기(packet-tcp.c)는 TCP 재전송, 순서 바뀐 패킷, 제로 윈도우 조건의 특성을 정의한다. 와이어샤크가 어떻게 TCP 패킷을 정의하는지에 대한 상세 내용은 197쪽의 '와이어샤크 전문가 정보 시스템 개요'를 참고한다.

와이어샤크 실습 10. 네트워크 문제 확인에 전문가 정보 사용

이 실습에서는 전문가 정보 창을 띄우고 와이어샤크가 탐지한 네트워크 문제들을 확인한다.

1단계: tr-twohosts.pcapng를 연다.

2단계: 상태 바의 왼쪽 아래 모서리에 위치한 Expert Infos 버튼을 클릭한다.

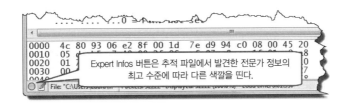

전문가 정보 창은 6개의 탭으로 구분된다.

- Errors: 체크섬 오류, 해석기 실패
- Warnings: 잠재적 문제 탐지
- Notes: 문제 증상, 일반적으로 복구 프로세스
- Chats: TCP 연결 오버헤드(핸드셰이크, 윈도우 업데이트, 연결 해제)
- Details: 오류, 경고, 알림, 대화 요약
- Packet Comments: 추적 파일의 모든 패킷 주석 목록

3단계: IPv4 체크섬 검사가 활성화됐다면 6,767개의 전문가 정보 오류('잘못된 IPv4 체크섬')가 보일 것이다.[4] 하지만 IPv4 체크섬 검사를 비활성화(권장 설정)하면 전문가 정보 오류가 보이지 않게 된다. IPv4 체크섬 검사를 비활성화하려면, 와이어샤크 패킷 상세 창의 Internet Protocol Version 4 줄에서 오른쪽 클릭하고 Protocol Preferences 를 선택 후에 Validate IPv4 checksum if possible 설정을 비활성화한다. 이제 다시 전문가 정보 창으로 돌아가자.

Warnings 탭을 클릭한다.

특정 전문가 정보 알림이 태그된 패킷들을 보려면 각 섹션 앞에 붙은 ⊞를 클릭한다. 패킷을 클릭하면 추적 파일에서의 해당 위치로 점프한다.

이 추적 파일의 456곳에 잠재적인 패킷 손실이 존재한다. 패킷 손실은 처리율에 영향을 미치므로, 이는 성능 문제의 원인이 될 가능성이 있다. 패킷 손실에 대해 더 자세히 알아보려면 199쪽의 '캡처되지 않은 이전 세그먼트'를 참고한다.

순서 바뀐 패킷은 통신 중에 알아챌 만한 지연을 일으키지 않을 수도 있다. 상세 내용에 대해서는 218쪽의 '순서 바뀐 패킷'을 참고한다.

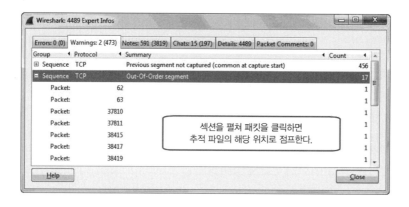

4단계: Notes 탭을 클릭한다. 중복 ACK는 손실된 패킷을 요청하기 위해 수신자가 보내온 것이다. 이 목록을 스크롤해 내려가면 손실된 패킷을 요청하기 위해 수신자가 589개의 중복 ACK를 보낸 것을 알 수 있다. 중복 ACK의 높은 비율은 경로 대기시간이 매우 큰 경로 또는 짧은 연결 중단이 원인일 수 있다.

중복 ACK 분석에 대한 자세한 정보는 211쪽의 '중복 ACK'를 참고한다.

---

4 이 '잘못된 IPv4 체크섬' 알림은 작업 오프로딩(task offloading)을 사용 중인 호스트(192.168.1.72)에서 캡처했기 때문에 생긴 것이다. IPv4 체크섬은 와이어샤크가 패킷 복사본을 얻은 다음에 네트워크 인터페이스 카드에서 계산되기 때문이다.

Count 칼럼 제목을 두 번 클릭해 데이터를 내림차순으로 정렬하면, 이 추적 파일에 1,000개 이상의 재전송이 있는 것을 볼 수 있다. 패킷 손실(과 그에 따른 재전송)이 통신을 어렵게 하는 것이 분명해 보인다.

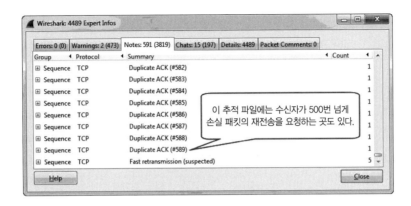

5단계: Close를 클릭해 전문가 정보 창을 닫는다.

전문가 정보 창을 검토하는 내용이 문제 해결 체크리스트의 165쪽 'TCP 기반 애플리케이션: TCP 문제 확인'에 들어있다. 전문가 정보 창은 통신 문제를 찾고 추적 파일의 해당 지점으로 점프하는 빠른 방법을 제공한다.

2부, '증상 기반 문제 해결'에서는 전문가 정보 항목에 기반해 수많은 필터와 필터 표현식 버튼을 작성한다.

해석기 동작 변경(Preference 설정)

와이어샤크의 미리 정의된 환경 설정 중에는 문제 해결에 적절하지 않은 것들도 있다. 예를 들면 Allow subdissector to reassemble TCP streams는 기본적으로 활성화돼 있지만, HTTP 응답 시간(http.time) 측정처럼 비활성화돼야 할 때가 많이 있다.

이 책에 실린 많은 실습에서 더 효율적인 문제 해결을 위해 TCP 환경 설정을 변경하고 있다. 다음 실습에서는 Allow subdissector to reassemble TCP streams 환경 설정이 각각 활성화 또는 비활성화된 경우의 결과를 비교한다. 이 TCP 환경 설정을 빠르게 바꾸기 위해 오른쪽 클릭 방법을 사용할 것이다.

와이어샤크 실습 11. HTTP 응답 시간 측정을 위해 TCP 해석기 재조립 설정 변경

이번 실습에서는 Allow subdissector to reassemble TCP streams 환경 설정이 패킷 목록 창의 트래픽 출력에 미치는 효과를 살펴본다. 또한 이 설정이 HTTP 응답 시간 측정에 사용되는 http.time 값에 어떻게 영향을 미치는가를 보게 된다.

1단계: tr-youtubebad.pcapng를 연다. 이 추적 파일의 시작 부분에서 TCP 핸드셰이크(패킷 1-3)를 볼 수 있다. 패킷 4는 클라이언트로가 보낸 HTTP GET 요청이다. 패킷 5는 서버가 보낸 ACK이며 패킷 6는 서버가 보낸 HTTP 200 OK 응답이다. 안타깝게도 Allow subdissector to reassemble TCP streams 환경 설정이 활성화돼 있기 때문에 패킷 6의 Info 칼럼에서 응답 코드를 볼 수 없다. 응답 코드는 요청 항목의 마지막 바이트가 담긴 패킷 29,259에서야 볼 수 있다.

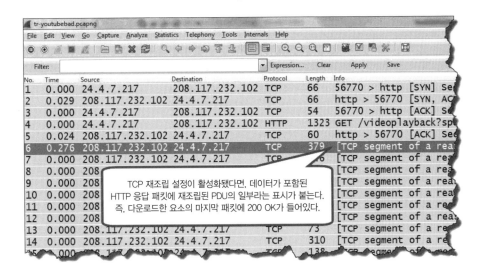

2단계: 패킷 4의 패킷 상세 창에서, Hypertext Transfer Protocol 제목을 오른쪽 클릭하고 Expand Subtrees를 선택한다.

응답 패킷으로의 하이퍼링크가 HTTP 섹션의 맨 아래쪽에 나타난다. 하이퍼링크를 더블클릭해서 패킷 29,259로 점프한다.

```
⊞ Frame 4: 1323 bytes on wire (10584 bits), 1323 bytes captured (10584 bit
⊞ Ethernet II, Src: Hewlett-_a7:bf:a3 (d4:85:64:a7:bf:a3), Dst: Cadant_31:
⊞ Internet Protocol Version 4, Src: 24.4.7.217 (24.4.7.217), Dst: 208.117
⊞ Transmission Control Protocol, Src Port: 56770 (56770), Dst Port: http
⊟ Hypertext Transfer Protocol
  ⊟ [truncated] GET /videoplayback?sparams=id%2Cexpire%2Cip%2Cipbits%2Citag
    ⊟ [[truncated] Expert Info (Chat/Sequence): GET /videoplayback?sparams=
        [Message [truncated]: GET /videoplayback?sparams=id%2Cexpire%2Cip%2C
        [Severity level: Chat]
        [Group: Sequence]
      Request Method: GET
      Request URI [truncated]: /videoplayback?sparams=id%2Cexpire%2Cip%2Ci
      Request Version: HTTP/1.1
    Host: v16.lscache8.c.youtube.com\r\n
    User-Agent: Mozilla/5.0 (Windows; U; Windows NT 6.1; en-US; rv:1.9.2.15
    Accept: text/html,application/xhtml+xml,application/xml;q=0.9,*/*;q=0.
    Accept-Language: en-us,en;q=0.5\r\n
    Accept-Encoding: gzip,deflate\r\n
    Accept-Charset: ISO-8859-1,utf-8;q=0.7,*;q=0.7\r\n
    Keep-Alive: 115\r\n
    Connection: keep-alive\r\n
    [truncated] Cookie: VISITOR_INFO1_LIVE=xU-BqDEfmck; use_hitbox=72c46ff
    \r\n
    [Full request URI [truncated]: http://v16.lscache8.c.youtube.com/video
    [HTTP request 1/1]
    [Response in frame: 29259]
```

하이퍼링크를 사용해
응답 패킷으로 빠르게 이동한다.

3단계: 패킷 29,259 HTTP 헤더의 맨 아래쪽으로 스크롤한다. `Time Since Request(http.time)` 필드를 보면 HTTP 응답 시간이 276초 정도인 것을 알 수 있다.

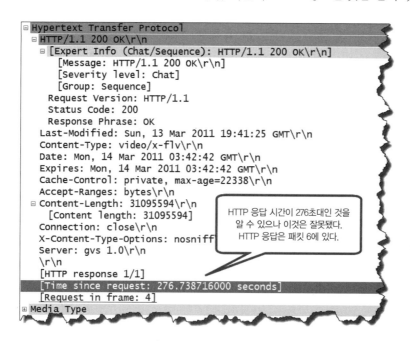

이것은 잘못된 결과다. HTTP 응답 시간은 HTTP 요청 패킷으로부터 HTTP 응답 패킷(200 OK 응답을 포함한)까지로 측정된다. 하지만 와이어샤크는 Allow subdissector to reassemble TCP streams 환경 설정이 활성화된 경우 다운로드의 마지막 패킷을 응답 패킷으로 표시한다.

4단계: 실제 HTTP 응답 시간을 찾아보자. 아무 패킷의 패킷 상세 창에서 TCP header를 오른쪽 클릭하고 Protocol Preferences를 선택한다. Allow subdissector to reassemble TCP streams 환경 설정을 토글해 비활성화한다.

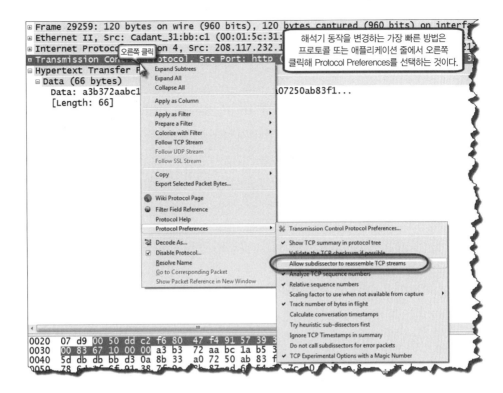

해석기 동작을 변경하는 가장 빠른 방법은 프로토콜 또는 애플리케이션 줄에서 오른쪽 클릭해 Protocol Preferences를 선택하는 것이다.

5단계: 이제 Go to First Packet 버튼⬆을 클릭한다. 패킷 6에 200 OK 응답이 포함된 것을 볼 수 있다.

패킷 6의 HTTP 응답 시간 값을 살펴보자. 300ms를 약간 넘는 수치다.

이 값은 앞에서 본 Allow subdissector to reassemble TCP streams 환경 설정이 활성화된 경우의 276초와는 매우 큰 차이가 있다.

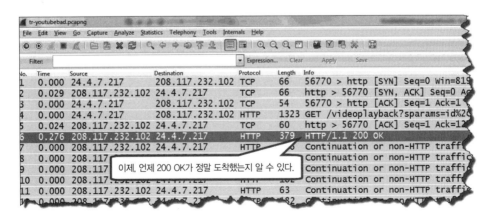

이제, 언제 200 OK가 정말 도착했는지 알 수 있다.

Allow subdissector to reassemble TCP streams는 와이어샤크의 가장 불만스러운 설정 중 하나다. 아마도 분석 작업 중 대부분은 이 설정을 비활성화해야 할 것이다. 하지만 HTTP 또는 SMB 객체를 내보내기 할 계획이라면, File ▸ Export Objects를 선택하기 전에 이 설정을 반드시 활성화해야만 한다.

```
⊞ Frame 6: 379 bytes on wire (3032 bits), 379 bytes captured (3032 bits) on
⊞ Ethernet II, Src: Cadant_31:bb:c1 (00:01:5c:31:bb:c1), Dst: Hewlett-_a7:b
⊞ Internet Protocol Version 4, Src: 208.117.232.102 (208.117.232.102), Dst:
⊞ Transmission Control Protocol, Src Port: http (80), Dst Port: 56770 (5677
⊟ Hypertext Transfer Protocol
  ⊟ HTTP/1.1 200 OK\r\n
    ⊟ [Expert Info (Chat/Sequence): HTTP/1.1 200 OK\r\n]
        [Message: HTTP/1.1 200 OK\r\n]
        [Severity level: Chat]
        [Group: Sequence]
     Request Version: HTTP/1.1
     Status Code: 200
     Response Phrase: OK
   Last-Modified: Sun, 13 Mar 2011 19:41:25 GMT\r\n
   Content-Type: video/x-flv\r\n
   Date: Mon, 14 Mar 2011 03:42:42 GMT\r\n
   Expires: Mon, 14 Mar 2011 03:42:42 GMT\r\n
   Cache-Control: private, max-age=22338\r\n
   Accept-Ranges: bytes\r\n
  ⊟ Content-Length: 31095594\r\n
     [Content length: 31095594]
   Connection: close\r\n
   X-Content-Type-Options: nosniff\r\n
   Server: gvs 1.0\r\n
   \r\n
   [HTTP response 1/1]
   [Time since request: 0.301284000 seconds]
   [Request in frame: 4]
```

실제 HTTP 응답 시간은 301ms 정도였다.

어떤 와이어샤크 환경 설정을 바꿀 수 있고, 그것이 패킷 뷰에 어떤 영향을 미치게 되는지 학습하는 것이 중요하다. 사용 가능한 환경 설정을 확인하는 가장 좋은 방법은 패킷 상세 창의 프로토콜을 오른쪽 클릭하고 Protocol Preferences를 선택하는 것이다.

다음 실습에서는 대화의 개수에 따라 추적 파일의 최다 대화자를 찾는다.

최다 대화자 찾기

하드웨어 주소, 네트워크 주소, 포트 번호로 가장 활동적인 대화를 찾기 위해 대화창을 사용한다. 대화를 필터링하거나, 대화에서 특정 패킷을 찾거나, 또는 임시로 대화에 색상을 지정하기 위해 오른쪽 클릭을 사용할 수 있다.

와이어샤크 실습 12. 가장 활동적인 대화 찾기(바이트 수)

이번 실습에서는 송수신 바이트 수를 기준으로 최다 대화자를 찾기 위해 대화 창을 사용한다.

1단계: tr-general.pcapng를 연다.

2단계: Statistics ▶ Conversations를 선택한다. 각 탭은 이 추적 파일에서 볼 수 있는 종류별 대화의 개수를 나타낸다.

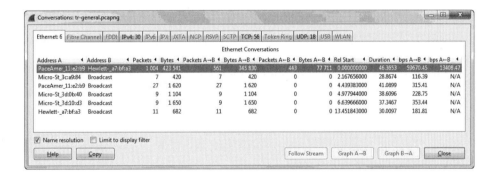

3단계: 우리는 이 추적 파일에서 가장 활동적인 TCP 대화(바이트 기준)에 관심이 있다. TCP 탭을 클릭하고 Bytes 칼럼 제목을 두 번 클릭해서 내림차순으로 정렬한다. 포트 32313의 192.168.1.72과 포트 80(http)의 192.87.106.229 사이의 대화가 가장 활동적인 것을 알 수 있다.

4단계: 가장 활동적인 TCP 대화를 오른쪽 클릭하고 Apply as Filter ▶ Selected A←▶B를 선택한다. 와이어샤크가 필터를 적용하고 이 대화에 속한 123개의 패킷을 보여준다.

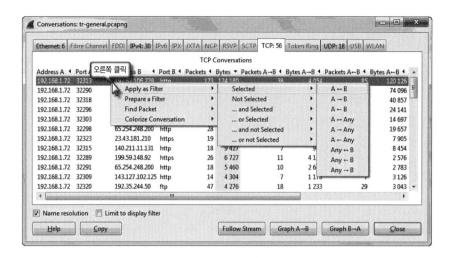

5단계: 마치려면 Clear를 클릭해 디스플레이 필터를 제거하고, 대화 창으로 돌아가
Close를 클릭한다.

지금 배운 기술은 익혀둘 만하다. 수백 또는 수천 개의 대화가 들어있는 커다란
추적 파일을 처리할 때, 대화 창에서 활동적인 애플리케이션과 호스트를 확인하고
즉시 필터를 만들어 특정 대화 트래픽에 집중할 수 있다.

기본 IO 그래프 작성

모든 트래픽의 처리율 수준을 보거나 (디스플레이 필터를 거친) 일부 트래픽을 보기 위해 기본 IO 그래프를 사용할 수 있다. 성능 문제가 발생한 경우 처리율의 급격한 감소 여부를 확인하기 위해 IO 그래프를 그려보는 것을 고려할 만하다. 처리율 감소가 여러 번 발생했다면, 문제 해결 작업의 우선순위 지정에 IO 그래프가 도움이 될 수 있다.

와이어샤크 실습 13. IO 그래프에서 처리율 문제 빠르게 찾기

이 추적 파일은 단일 TCP 대화를 담고 있다. HTTP 클라이언트가 큰 파일을 웹 서버에서 다운로드한다.

1단계: tr-winsize.pcapng를 연다.

2단계: Statistics ➤ IO Graph를 선택한다. 와이어샤크는 기본값으로 초당 패킷율(tick 당 패킷수, 기본 tick은 1초)로 나타낸다. 다운로드 과정에서 두 개의 문제 지점이 발견된다. 첫 번째 문제가 두 번째 문제보다 더 심각한 듯하고, 모두 검토가 필요하다.

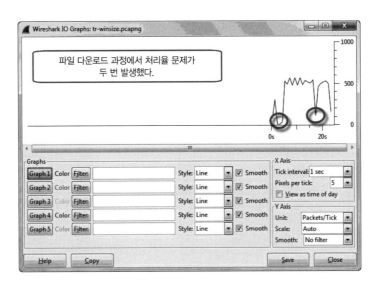

3단계: 그래프의 첫 번째 처리율 감소 부분을 클릭한다. 문제를 더 자세히 알아볼 수 있도록 추적 파일의 해당 지점으로 와이어샤크가 점프한다.

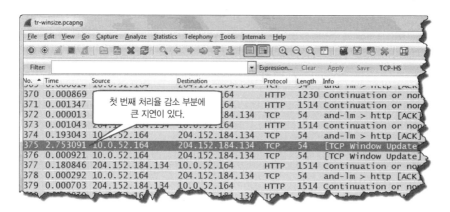

Time 칼럼을 Seconds Since Previous Displayed Packet(View ▶ Time Display Format) 으로 설정했다면, 약 2.75초의 지연을 볼 수 있다. 이 설정에 대해서는 76쪽의 '와 이어샤크 실습 3. 경로 대기시간 탐지를 위해 Time 칼럼 설정'에서 다룬 바 있다. 패킷 375는 TCP Window Update 패킷으로 표시돼 있다. 지연이 클라이언트 (10.0.52.164)의 윈도우 크기 값과 관련 있을 수 있다는 뜻이다. 이 문제에 대해서는 355쪽의 '윈도우 크기 문제 그래프'를 참고한다.

4단계: IO 그래프로 돌아가자. 그래프의 두 번째 문제 지점을 클릭한다. 파일 다운로 드 과정 중 이 지점에서 어떤 일이 일어나고 있는지 와이어샤크에서 확인한다.

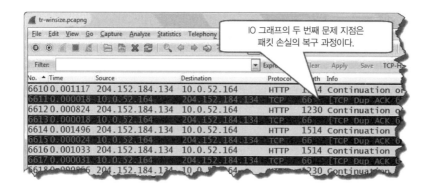

클라이언트는 패킷 손실을 복구하는 과정 중에 있는 것으로 보인다. 이에 대한 더 자세한 정보는 211쪽의 '중복 ACK'를 참고한다(IO 그래프에서 Close를 클릭하는 것을 잊지 말자).

컬러링 규칙 추가

컬러링 규칙은 패킷 목록 창에서 재빨리 패킷을 확인하는 데 사용된다. 와이어샤크는 기본 컬러링 규칙을 가지고 있는데, 필요하다면 직접 편집, 불러오기, 내보내기하거나 임시로 비활성화할 수도 있다.

컬러링 규칙은 여러분의 구성 폴더에 위치한 colorfilters라는 텍스트 파일에 저장된다. Help ▶ About Wireshark ▶ Folders를 통해 이 폴더를 찾을 수 있다.

와이어샤크는 DNS 오류에 대한 전문가 정보 경고를 가지고 있지 않으므로, 다음 실습에서는 DNS 오류를 강조하기 위해 '아주 못난' 컬러링 규칙을 만들 것이다. 281쪽의 'DNS 오류 탐지'에서는 DNS 오류를 탐지하기 위한 필터 표현식 버튼도 작성한다.

와이어샤크 실습 14. DNS 오류를 강조하기 위한 컬러링 규칙 작성

1단계: tr-chappellu.pcapng를 연다.

2단계: 먼저 모든 DNS 트래픽에 대해 필터를 적용한다. 디스플레이 필터 영역에 dns를 입력하고 Apply를 클릭한다.

43개의 패킷이 이 필터와 일치한다.

DNS에 문제가 있음을 바로 눈치챌 수 있을 것이다. 클라이언트가 두 개의 DNS 서버(75.75.75.75와 75.75.76.76)에 www.chappellU.com의 해석을 답변(패킷 12)으로 받기까지 무려 아홉 번이나 요청했다. 아쉽지만 여러 DNS 요청에서 동일 트랜잭션 ID이 반복 사용되는 이런 반복 요청에 대해 컬러링 규칙을 만들 수는 없다.

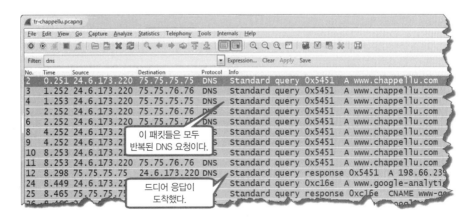

3단계: 패킷 12의 패킷 상세 창에서 Domain Name System(query) 섹션을 오른쪽 클릭한다. Expand Subtrees를 선택한다.

Flags 섹션 내부의 Reply code 필드에 주목한다. 이 필드가 0이면 DNS 응답이 성공한 것이다. 이 필드에 다른 값이 들어있다면 DNS 오류가 있음을 의미한다.

이 정보를 이용해 '아주 못난' 컬러링 규칙을 만들 것이다.

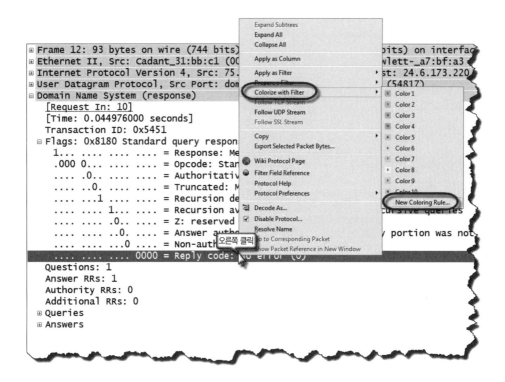

4단계: Reply code 필드에서 오른쪽 클릭하고 Colorize with Filter ➤ New Coloring Rule을 선택한다.

5단계: 새 컬러링 규칙의 이름으로 DNS Errors를 입력한다. String 값을 `dns.flags.rcode > 0`으로 변경한다.[5]

---

5 dns.flags.rcode != 0라는 필터를 쓸 수도 있지만, != 연산자가 예상치 못한 결과를 낼 수도 있다는 뜻으로 와이어샤크가 배경을 노란색으로 바꾼다. 패킷에 dns.flags.rcode 필드가 하나밖에 없기 때문에 !=을 사용해도 사실 문제는 없다. 하지만 노란색 배경을 피하기 위해 dns.flags.rcode > 0을 사용하고 !=는 사용하지 않기로 한다.

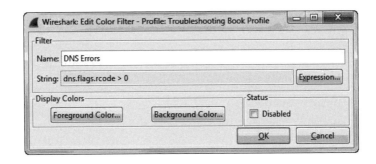

6단계: Background Color 버튼을 클릭하고 Color name 필드에 orange라고 입력한다. 다른 탭으로 이동하는 순간, 와이어샤크가 'orange'라는 단어를 16진수 값 #FFA500로 바꾸고 색상 미리 보기 영역에 새 색상을 보여준다. OK를 클릭해 배경 색상 창을 닫고, 또 OK를 클릭해 Edit Color Filter 창을 닫는다.

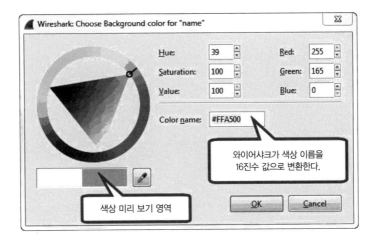

새 컬러링 규칙이 색상 필터 목록의 맨 위에 나타난다. 패킷들은 이 목록의 순서에 따라 차례로 처리된다. 일반적으로 DNS 패킷은 (패킷의 Frame 섹션에 보이는 것처럼) UDP 컬러링 규칙에 일치한다.

이제 DNS 오류가 오렌지색 배경으로 나타날 것이다.

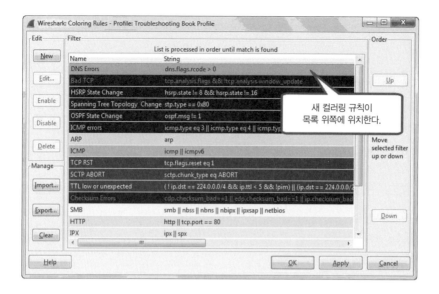

7단계: OK를 클릭해 Coloring Rules 창을 닫는다.

8단계: dns 필터를 그대로 둔 채, 패킷을 스크롤해 내려가서 이 추적 파일에 담긴 두 번의 DNS 오류를 확인한다. 패킷 83과 84가 새 오렌지색 컬러링 규칙에 따라 표시된다.

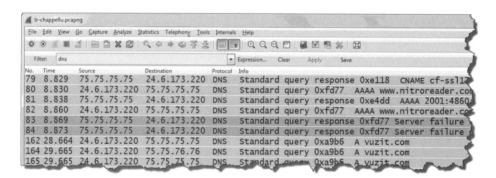

9단계: 패킷 83의 패킷 상세 창에서 Frame 섹션을 펼친다. 방금 작성한 컬러링 규칙이 Coloring Rule Name과 Coloring Rule String 영역에 보일 것이다. 이번 실습 단계의 결과를 검토한 뒤 디스플레이 필터를 삭제하는 것을 잊지 않도록 한다.

```
Frame 83: 400 bytes on wire (3200 bits), 400 bytes captured (3200 bits)
   Interface id: 0
   Encapsulation type: Ethernet (1)
   Arrival Time: Oct 24, 2012 15:13:37.608733000 Pacific Daylight Time
   [Time shift for this packet: 0.000000000 seconds]
   Epoch Time: 1351116817.608733000 seconds
   [Time delta from previous captured frame: 0.008743000 seconds]
   [Time delta from previous displayed frame: 0.008743000 seconds]
   [Time since reference or first frame: 8.869124000 seconds]
   Frame Number: 83
   Frame Length: 400 bytes (3200 bits)
   Capture Length: 400 bytes (3200 bits)
   [Frame is marked: False]
   [Frame is ignored: False]
   [Protocols in frame: eth:ip:udp:dns]
   [Coloring Rule Name: DNS Errors]
   [Coloring Rule String: dns.flags.rcode > 0]
Ethernet II, Src: Cadant_31:bb:c1 (00:01:5c:31:bb:c1), Dst: Hewlett-_a
Internet Protocol Version 4, Src: 75.75.75.75 (75.75.75.75), Dst: 24.6
User Datagram Protocol, Src Port: domain (53), Dst Port: 56007 (56007)
Domain Name System (response)
   [Request In: 82]
```

> 패킷에 적용된 컬러링 규칙은 각 패킷의 Frame 섹션에서 볼 수 있다.

10단계: (옵션) 컬러링 규칙을 비활성화하려면, 메인 툴바의 Coloring Rules 버튼을 클릭하고 DNS Errors 컬러링 규칙을 선택한 다음 Disable을 클릭한다. 와이어샤크는 비활성화된 컬러링 규칙에 취소 선을 표시하고 더 이상 트래픽에 적용하지 않는다. OK를 클릭해 Coloring Rules 창을 닫는다.

컬러링 규칙은 특정한 트래픽에 대해 주의를 환기시킨다. 하지만 필터 표현식 버튼으로 문제를 더 빨리 발견할 수 있다. 앞으로 이 책에서는 문제를 빨리 탐지하기 위해 컬러링 규칙보다는 필터 표현식 버튼을 작성할 것이다.

3장

적절한 캡처 기법 사용

트래픽을 적절히 캡처하는 것은 네트워크 성능 문제의 원인을 파악할 때 그 핵심 단계라고 할 수 있다.

추적 파일을 분석하기 전 유효성 검사 단계에서 다음 사항을 고려한다.

- 왕복 시간을 측정해야 하면 캡처 위치를 고려한다.
- 캡처 과정 중에 폐기된 패킷 때문에 네트워크 문제 분석이 부정확해질 수 있다. 과도하게 트래픽이 몰리는 스위치에 주의한다.
- 무선랜 트래픽은 캡처가 까다로울 수 있다. 802.11 헤더뿐만 아니라 관리, 제어, 데이터 트래픽 모두 캡처해야 한다.
- 추적 파일이 너무 크면 와이어샤크가 동작을 멈추거나 매우 느려질 수 있으므로, 추적 파일을 100MB 이하로 유지한다. 필요 시 Editcap을 사용해 큰 파일을 파일 집합으로 나눌 수 있다.
- 캡처 필터는 가능하면 사용하지 마라. 디스플레이 필터는 아낌없이 사용하라.

3장 메모

트래픽 캡처에 매우 많은 옵션을 사용할 수 있다. 문제 발생 지점과 네트워크 종류에 따라 최적의 옵션을 결정한다.

- 클라이언트와 서버에 가까운 곳 또는 인프라 내부에서부터 캡처를 시작한다.

- Tap, 스위치 포트 스패닝을 고려한다. 또는 대상에서 와이어샤크를 실행한다.

- 트래픽이 많은 링크를 작업할때는 파일 집합으로 캡처한다.

- 무선랜에서는 반드시 802.11 헤더뿐만 아니라 관리, 제어, 데이터 트래픽까지 캡처한다. 가능하면 Radiotap이나 PPI 헤더를 앞에 붙인다.

- 캡처 필터를 사용한다(반드시 필요할때만).

캡처 위치 선정 팁

정확한 위치에서 캡처하면 성능 문제를 해결할 때 시간을 아끼고 방해요소를 줄일 수 있다.

불평하는 사용자에 가깝게 캡처하면 그 사용자의 관점에서 트래픽을 얻을 수 있다. 서버까지의 왕복 시간과 패킷 손실률, 클라이언트가 받은 오류 응답을 확인할 수 있다.

불평하는 사용자에 가깝게 캡처하면 다음과 같은 장점이 있다.

- 로컬 호스트의 관점에서 대상까지의 왕복 시간을 얻는다.
- 로컬 호스트의 관점에서 서비스 응답 시간(HTTP, DNS, SMB 응답 시간 등)을 얻는다.
- 로컬 호스트의 관점에 기반한 TCP 핸드셰이크 구성을 얻는다.
- 클라이언트가 패킷 손실, 순서 바뀐 패킷, 또는 다른 TCP 오류를 겪는지 알 수 있다.
- 문제와 관련 없이 네트워크의 다른 호스트들과 주고 받는 트래픽의 캡처를 피한다.

클라이언트 쪽에서 캡처할 수 없다면 서버 쪽에서 캡처하는 것을 고려한다. 마찬 가지로 TCP 기반 애플리케이션의 왕복 시간과 서비스 응답 시간을 얻을 수 있다. 또한 TCP 핸드셰이크 특성을 알 수도 있다.

서버에 가까운 곳에서 캡처한다면, 문제가 되는 사용자 컴퓨터의 트래픽에 집중 하기 위해 캡처 필터를 적용할 수도 있다. 127쪽의 '필요 시 캡처 필터 사용'을 참 고한다.

스위치 네트워크의 캡처 옵션

요즘엔 거의 모든 네트워크 클라이언트가 스위치를 통해 네트워크에 연결된다. 스위치는 기본적으로 네 가지 종류의 패킷을 전달하는 역할만 한다.

- 브로드캐스트
- 멀티캐스트[1]
- 사용자 하드웨어 주소로의 트래픽
- 알려지지 않은 하드웨어 주소로의 트래픽[2]

따라서 와이어샤크 실행 중인 시스템을 아래 그림처럼 스위치 포트에 바로 연결하면 다른 사용자의 트래픽을 관찰할 수 없다.

클라이언트와 업스트림 스위치(궁극적으로는 원격 호스트) 사이의 트래픽을 캡처하려면, (a) 와이어샤크 또는 다른 캡처 도구를 사용자 컴퓨터에 설치하거나 (b) 스위치가 여러분의 분석기 포트에 트래픽 복사본을 보내게 하거나 (c) 클라이언트와 스위치 사이에 끼어들어 트래픽의 복사본을 얻어야 한다.

---

1 스위치는 기본적으로 멀티캐스트 트래픽을 모든 포트로 전달하려 한다. 단, (a) 멀티캐스트 전달이 차단 설정됐거나 (b) 멀티캐스트 플러드(flood)를 탐지하고 이를 차단하도록 설정됐거나 (c) IGMP(Internet Group Management Protocol, 인터넷 그룹 관리 프로토콜) 스누핑(snooping)을 사용해 스위치 포트가 특정 멀티캐스트 그룹의 멤버와 연결이 안 된 것을 확인한 경우는 예외다.

2 로컬 하드웨어 주소를 확인하는 ARP 프로토콜이 있기 때문에 '알려지지 않은 하드웨어 주소'로의 트래픽이 네트워크에 있어서는 안 된다.

사용자 컴퓨터에 와이어샤크(또는 다른 캡처 도구) 설치

이 방법은 할 수만 있다면 아주 좋은 옵션이다. 사용자의 관점(궁극적으로 가장 중요한 관점인)에서 모든 트래픽을 얻을 수 있기 때문이다. 물론 단점도 있다. 우리는 원하지 않지만, 사용자가 와이어샤크에 대해 알게 될 수 있기 때문이다. "저기요, ICMP가 뭔가요?"와 같은 질문에 응답할 필요가 없다면 더 좋을 것이다.

스위치 포트 스패닝

사용자 시스템에 패킷 캡처 도구를 설치할 수 없다면, 남은 옵션은 대개 스위치가 트래픽 복사본을 여러분의 분석기 포트로 보내도록 하는 방법(스패닝, spanning)뿐이다. 스위치가 스패닝을 지원한다면, 아래 그림에 보는 것처럼 트래픽을 사용자 스위치 포트로부터 여러분의 분석기 포트로 보내도록 설정할 수 있다.

스위치 포트 스패닝은 사용 가능하다면 단순한 해결책이 될 수 있다. 하지만 모든 스위치가 이 기능을 지원하지는 않기 때문에 현실적으로 최고의 옵션은 아니다. 또한, 사용자의 호스트로부터 손상된 프레임이 온다면, 스위치가 이를 스패닝 포트로 전달하지 않는 단점도 있다.

> 스위치 포트 스패닝을 할 때, 스위치 포트에 트래픽이 넘치지(oversubscribe) 않도록 주의한다. 이 현상은 와이어샤크 시스템이 연결된 링크가 감당할 수 없을 정도로 많은 트래픽을 스패닝하려 할 때 발생한다. 스위치는 감당할 수 없는 패킷을 폐기하고 추적 파일은 불완전해질 것이다(이때 전문가 정보 창에서 '미도착 세그먼트 확인 응답'을 볼 수도 있다). 와이어샤크를 1Gb 스위치 포트에 연결하고, 전이중(full-duplex) 트래픽을 다른 1Gb 스위치 포트로 스패닝할 때(송신 + 수신 트래픽 = 2Gb) 어떤 일이 생길지 생각해보자. 와이어샤크가 연결된 스위치 포트는 1Gb 트래픽만 처리할 수 있으므로, 그 이상의 패킷은 스위치가 폐기할 것이다.

TAP 사용

바로 이럴 때 TAP~Test Access Port~이 아주 유용하다. TAP은 흐르는 모든 트래픽(손상된 패킷을 포함한)을 복사해서 모니터 포트로 전달하는 단순한 장비다.

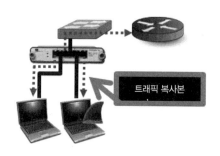

트래픽 복사본

　TAP은 굉장하다! 네트워크에 신속히 TAP하는 법을 배우고 서버실에 TAP을 설치하자.[3] 시중에는 다양한 TAP 장비가 나와 있다. 전이중 네트워크의 양방향 트래픽을 단일 케이블로 합쳐 보내는 집합적~aggregating~ TAP[4]을 고른다.

최후의 선택: 허브

허브는 반이중~half-duplex~ 장비(왕복 1차선 도로를 생각하라)다. 허브밖에 사용할 수 없는 경우에는, 사용자 시스템과 스위치 사이의 전이중 링크를 반이중 링크로 바꿔 놓는다. 네트워크 통신은 형편없이 느려지겠지만 사용자는 아마 눈치 못 챌 수도 있다.[5]

---

3 서버 쪽 통신을 살펴보고 싶을 때 고객 서버에 TAP이 설치돼 있다면 축복과도 같은 일이다.

4 나라면 비집합적(non-aggregating) TAP을 절대 고려하지 않을 것이다. 캡처하기 위해 두 개의 캡처 장비가 연결돼야 하기 때문이다. 이와 같은 구성은 두 장비의 타임스탬프 정확도에 의존하는데, 분리된 추적 파일을 양방향 스트림으로 정확히 재조립하는 것은 매우 어려운 일이다.

5 우리는 사무실에 허브 한 세트를 보관하고 있다. 요즘엔 허브를 찾기가 제법 어렵기 때문이다. 이베이에서는 아직 구할 수 있으니 만약을 위해 하나 사두는 것도 좋겠다.

높은 트래픽률 링크의 캡처

인프라 내부의 트래픽률이 높은 링크를 캡처한다면, 와이어샤크를 사용하지 않는다.

와이어샤크는 캡처 능력이 없는 GUI 도구다. 와이어샤크는 캡처를 위해 dumpcap을 호출한다. 와이어샤크에서 캡처를 실행하는 것은 실은 dumpcap에서 패킷을 받으면서 그래픽 인터페이스 도구를 지켜보는 것이다. 와이어샤크는 빠른 링크의 속도를 따라가지 못할 수도 있다.

상태 바에 "Dropped:"라는 레이블이 보이면 캡처를 중단한다. 이것은 와이어샤크가 아마도 트래픽률을 따라가지 못해 패킷을 폐기했음을 의미한다.

높은 트래픽률 링크에서 작업할 때 다음과 같은 여러 캡처 방법을 고려해야 한다.

- 가능하면 먼저 클라이언트 쪽에서 캡처한다. 트래픽률이 스위치에 과부하를 걸기 어렵기 때문에 어떤 문제인지, 다음에 캡처할 곳은 어디인지 알기에 충분한 정보를 얻을 수 있다.

- dumpcap, tcpdump와 같은 커맨드라인 캡처 도구를 사용해 캡처한다. 캡처 도구 dumpcap은 와이어샤크 프로그램 파일 디렉토리에 포함돼 있다. 와이어샤크 프로그램 파일 디렉토리를 찾으려면 Help ❯ About Wireshark ❯ Folders 를 선택한다.

- Editcap을 사용해 큰 캡처 파일을 작은 파일의 집합으로 나눈다. Editcap은 패킷 수와 시간(초)으로만 파일을 나눌 수 있기 때문에, 먼저 capinfos <file name>으로 현재 파일 크기, 패킷 개수, 파일 시간(초)을 확인한다. 시도할 패킷 개수 또는 초를 예상하고, 가능하면 파일 크기를 100MB로 제한한다.

- 추적 파일이 크지만 나누고 싶지 않은 경우에는 Cascade Pilot으로 파일을 열어 분석한다. 관심을 끄는 트래픽을 분리하고, 추가 분석을 위해 해당 부분을 와이어샤크로 '내보내기export'한다.

- 아래 사진의 Cascade Shark Appliance와 같이 고성능 네트워크용으로 설계된 캡처 장비를 사용한다.[6]

---

6 샤크페스트 2013 중에 와이어샤크 웹 사이트가 DoS 공격을 받았다. 그날 아침 와이어샤크의 새 버전을 배포하고 있었기 때문에, 와이어샤크 사이트의 정상적인 트래픽 또한 많은 상황이었다. 마침 제럴드 콤즈가 서버와의 모든 트래픽을 캡처하기 위해 Cascade Shark Appliance 장비를 가지고 있었다. 바로 이럴 때가 Cascade Shark Appliance 장비의 이상적인 사용 예라고 할 수 있다.

무선 캡처 옵션 고려

무선랜 트래픽 캡처에는 몇 가지 옵션이 있다. 먼저 기본 무선랜 어댑터로 트래픽 캡처를 시도해본다. 무선랜 어댑터의 캡처 능력이 제한적이라면 아래 소개할 다른 옵션들을 고려해본다.

기본 어댑터 기능 확인

기본 무선랜 어댑터가 무선랜 관리, 제어 트래픽을 캡처하고 802.11 헤더까지 넘겨 준다면 운이 좋다고 할 수 있다. 기본 어댑터가 모니터 모드로 캡처할 수 있다면 어떤 네트워크로부터의 트래픽도 볼 수 있다.

와이어샤크 실습 15. 기본 무선랜 어댑터 캡처 기능 테스트

1단계: 와이어샤크를 실행하고 메인 툴바의 Interface List 버튼 을 클릭한다.

2단계: 기본 무선랜 어댑터의 체크박스를 선택하고 Start를 클릭한다.

3단계: 브라우저 창에서 www.wireshark.org를 방문한다. 와이어샤크로 돌아가서 캡처한 패킷을 검토한다. 기본 어댑터가 네트워크 캡처에 적합하다면, 무선랜 관리 및 제어 트래픽(비콘 패킷, 탐색 요청/응답 패킷 등)을 볼 수 있을 것이다.

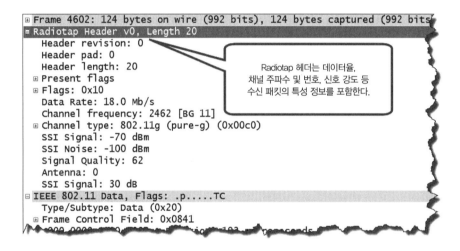

```
⊞ Frame 4599: 148 bytes on wire (1184 bits), 148 bytes captured (1184 bits
⊞ Radiotap Header v0, Length 20
⊟ IEEE 802.11 Probe Request, Flags: ........C
    Type/Subtype: Probe Request (0x0..)
  ⊞ Frame Control Field: 0x4000                    무선랜 관리 및 제어, 데이터 프레임을
    .000 0000 0000 0000 = Duration: 0 microse       캡처하려고 한다.
    Receiver address: Broadcast (ff:ff:ff:ff:ff:ff)
    Destination address: Broadcast (ff:ff:ff:ff:ff:ff)
    Transmitter address: Apple_98:26:c0 (60:fa:cd:98:26:c0)
    Source address: Apple_98:26:c0 (60:fa:cd:98:26:c0)
    BSS Id: Broadcast (ff:ff:ff:ff:ff:ff)
    Fragment number: 0
    Sequence number: 478
  ⊞ Frame check sequence: 0x09e00bbe [correct]
⊞ IEEE 802.11 wireless LAN management frame
```

또한, 데이터 패킷에서 802.11 헤더를 볼 수 있을 것이다. 어댑터가 802.11 헤더를
제거한다면 중요한 정보를 잃게 된다. 와이어샤크는 이더넷 헤더를 붙일 것이다.

```
⊞ Frame 4602: 124 bytes on wire (992 bits), 124 bytes captured (992 bits
⊟ Radiotap Header v0, Length 20
    Header revision: 0
    Header pad: 0
    Header length: 20                          Radiotap 헤더는 데이터율,
  ⊞ Present flags                           채널 주파수 및 번호, 신호 강도 등
  ⊞ Flags: 0x10                            수신 패킷의 특성 정보를 포함한다.
    Data Rate: 18.0 Mb/s
    Channel frequency: 2462 [BG 11]
  ⊞ Channel type: 802.11g (pure-g) (0x00c0)
    SSI Signal: -70 dBm
    SSI Noise: -100 dBm
    Signal Quality: 62
    Antenna: 0
    SSI Signal: 30 dB
⊟ IEEE 802.11 Data, Flags: .p.....TC
    Type/Subtype: Data (0x20)
  ⊞ Frame Control Field: 0x0841
```

이와 같은 트래픽 종류와 특성을 볼 수 없다면 다른 무선랜 캡처 솔루션을 고려한
다. wiki.wireshark.org/CaptureSetup/WLAN를 방문해 다른 무선랜 캡처 옵션을
찾아본다.

4단계: 메인 툴바의 Stop Capture 버튼을 클릭한다.

AirPcap 어댑터 사용

AirPcap 어댑터는 윈도우 호스트의 무선랜 캡처를 위해 만들어졌다. 이 USB 어댑터는 모니터 모드로 동작한다. 이 어댑터는 어떤 무선랜에도 참가하지 않으므로 무선랜 통신용으로 사용될 수는 없다. 단지 캡처를 위해서만 사용된다.

AirPcap 어댑터는 모든 무선랜 관리, 제어, 데이터 프레임을 캡처할 수 있다. 또한 트래픽에 Radiotap 또는 PPI 헤더를 붙일 수 있다. 시스템에 여러 개의 AirPcap 어댑터를 연결하면, 각 어댑터가 서로 다른 채널을 수신하도록 구성하고 AirPcap 집계 드라이버로 모든 트래픽을 동시에 캡처할 수도 있다.

AirPcap 어댑터 사용시, 와이어샤크에서 어댑터를 구성하기 위해 View › Wireless Toolbar를 선택한다. AirPcap은 AirPcap 제어판에서도 구성 가능하다.

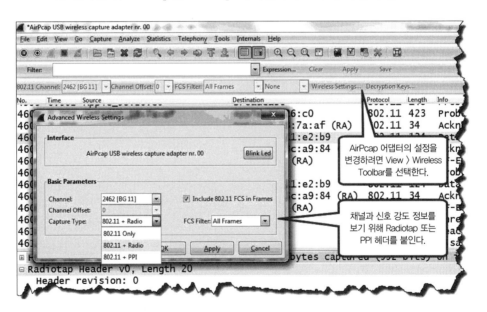

안 보이는 문제를 해결할 수는 없기 때문에 무선랜 작업 시 AirPcap 어댑터가 제값을 한다고 할 수 있다. AirPcap 어댑터에 대해 더 자세히 알려면 www.riverbed.com을 방문한다. 또한 269쪽의 '무선랜 문제 탐지 팁'을 참고한다.

높은 트래픽률일 때 파일 집합으로 캡처

트래픽이 많은 상황이거나 일시적인 문제를 캡처할 때 파일 집합_{File Set}으로 캡처하는 것은 중요한 작업이다(또한, 368쪽의 '일시적 문제의 원인 발견 팁'을 참고한다). 파일 크기를 최대 100MB로 유지하는 것이 좋다.

파일 집합은 파일 이름으로 연결된 추적 파일들의 그룹이다. 예를 들면, 다음 세 파일은 하나의 파일 집합에 속한 것으로 볼 수 있다.

- sw1-slowftpup_00001_20131222102734.pcapng

- sw1-slowftpup_00002_20131222103004.pcapng

- sw1-slowftpup_00003_201312221 03259.pcapng

파일 이름은 어간_{語幹}, 파일 번호, 날짜, 타임스탬프, 확장자로 생성된다.

File ﹥ File Set ﹥ List files를 사용하면 파일 집합을 쉽게 다룰 수 있다. 다음 실습에서는 파일 집합으로 캡처하고 캡처한 추적 파일을 열어 작업하도록 와이어샤크를 구성할 것이다.

와이어샤크 실습 16. 파일 집합 캡처 및 작업

이번 실습에서는 파일 집합으로 캡처하고 파일 3개까지만 캡처하도록 자동 멈춤_{autostop} 조건을 사용한다. 자동 멈춤 조건을 정하지 않는다면, 링 버퍼_{ring buffer} 값을 정의하는 것도 좋다. 더 자세한 정보를 원한다면 368쪽의 '일시적 문제의 원인 발견 팁'을 참고한다.

1단계: 메인 툴바의 Capture Options 버튼⦿을 클릭한다.

2단계: Capture Options 창에서 다음과 같이 설정한다.

파일 집합의 경로와 파일 이름을 입력한다.

Use Multiple Files를 활성화한다.

Next file every를 1minute(s)로 설정한다.

Stop capture after를 3file(s)로 설정한다.

Start를 클릭한다.

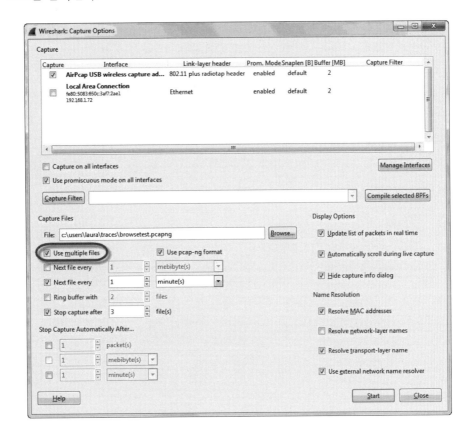

3단계: 브라우저를 열어 여러 웹 사이트를 방문한다.

적어도 3분 이상 브라우징한 다음, 와이어샤크로 돌아간다. 캡처 과정이 자동으로 3분 후에 멈췄을 것이다. 세 번째 파일이 와이어샤크에 보여진다.

4단계: 파일 집합에서 다음 파일로 이동하려면, File ▶ File Set ▶ List Files를 선택하고, 목록에서 파일을 선택한다. 와이어샤크가 해당 파일을 로드할 것이다. 파일 탐색 작업을 마친 후, 파일 집합 창(File Set window)에서 Close를 클릭한다.

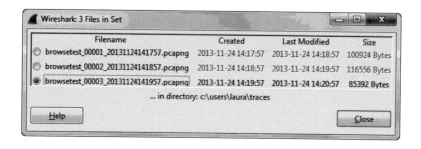

디스플레이 필터를 먼저 어느 파일에 적용한 다음, 파일 목록의 다른 파일을 클릭하는 방법으로 파일 집합에 포함된 특정 패킷을 쉽게 찾을 수 있다. 파일을 각각 열더라도 디스플레이 필터는 그대로 남아있다.

링 버퍼 기능의 사용법을 익히려면 368쪽의 '일시적 문제의 원인 발견 팁'을 참고한다.

필요 시 캡처 필터 사용

캡처 필터는 반드시 살펴봐야 하는 트래픽을 줄인다. 하지만 캡처 필터를 너무 광범위하게 적용하면 추적 파일에서 문제의 조짐까지 제거될 수 있다.

예를 들어, 느린 웹 브라우징 세션의 문제를 해결하는 작업을 생각해보자. 포트 80 트래픽에 캡처 필터를 적용하면, 여러 TCP 웹 연결 앞의 DNS 이름 확인 과정을 볼 수 없다. DNS 이름 확인 절차가 문제였다면? 뷰View에서 DNS 트래픽을 제거했기 때문에 놓칠 수밖에 없을 것이다.

> 캡처 필터는 가능하면 사용하지 마라. 디스플레이 필터는 아낌없이 사용하라.

와이어샤크 실습 17. MAC 주소 필터 생성 및 적용

이번 실습에서는 MAC 주소에 기반하여 캡처 필터를 생성하고 사용한다. 사용 중인 프로토콜이나 포트 번호에 관계없이 여러분 컴퓨터의 모든 트래픽을 볼 수 있게 된다.

1단계: 호스트의 맥 주소를 ipconfig 또는 ifconfig으로 얻는다.[7]

2단계: 메인 툴바의 Capture Options 버튼◉을 클릭한다.

3단계: `ether host xx:xx:xx:xx:xx:xx`를 입력한다(x 표시를 실제 맥 주소로 치환한다). Use multiple files의 체크를 해제하고 Start를 클릭한다.

이 필터를 재사용할 가능성이 있다면 Capture Filter 버튼을 클릭한다. New를 클릭하고 필터 이름을 MyMac으로 지정한 뒤 OK를 클릭한다. 나중에 이 캡처 필터를 적용하려면, Capture Filter 버튼을 클릭하고 목록에서 선택하기만 하면 된다.

---

7   이 도구들에 친숙하지 않다면 ipconfig와 ifconfig를 온라인에서 검색해, 커맨드 프롬프트에서 실행하는 과정을 단계별로 설명하는 리소스를 찾아본다.

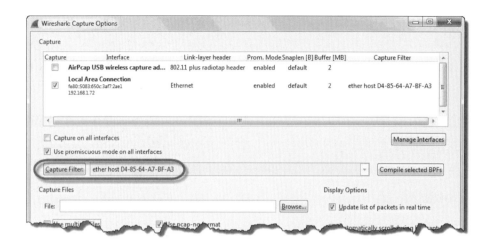

4단계: 브라우저 창을 열어 www.wireshark.org를 방문한다.

5단계: 와이어샤크로 돌아가서 메인 툴바의 Stop Capture 버튼■을 클릭한다.

6단계: 추적 파일은 방금 전 여러분의 브라우징 세션으로부터 www.wireshark.org 까지의 HTTP 트래픽을 가지고 있을 것이다.

재미 삼아, 디스플레이 필터 영역에 `frame contains "X-Slogan"`를 입력하고 Apply를 클릭해본다. 패킷 상세 창에서 Hypertext Transfer Protocol 섹션을 펼치고 X-Slogan 줄을 찾아보자.[8]

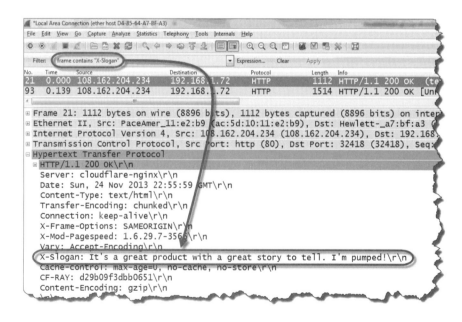

---

8 X-Slogan 값은 자주 바뀌므로 트래픽을 다시 캡처해 다른 X-Slogan 값을 찾아보자.

명시적으로 캡처 필터를 제거하지 않으면, 와이어샤크는 다음 번 캡처를 시작할 때 동일한 캡처 필터를 사용한다. 실습 결과의 검토를 마친 후 반드시 디스플레이 필터를 초기화한다.

가장 많이 사용되는 캡처 필터들은 주소, 애플리케이션 이름, 포트 번호를 기준으로 한다. 와이어샤크 캡처 필터링에 대해 더 자세히 알아보려면 wiki.wireshark.org/CaptureFilters를 방문한다.

2부
증상 기반 문제 해결

이 책의 개요를 작성하면서 나는 문제를 전부 적은 다음, 그 원인들에 대해 하나하나 설명해보곤 했다. 하지만 현실에서 우리는 문제 자체를 알지 못한다. 단지 추적 파일에 들어있는 증상만 볼 수 있을 뿐이다. 증상으로부터 출발해 가능한 원인으로 나아가야 한다.

다시 한 번 얘기하자면, 어디서 문제가 생겼는지는 와이어샤크가 언제나 알려줄 수 있지만 왜 그런 문제가 생겼는지는 알려줄 수 없다.

예를 들어, 경로상의 어느 스위치가 패킷을 폐기하고 있는 것을 와이어샤크로 확인할 수는 있지만 왜 그 스위치가 패킷을 폐기하는지는 알 수 없다.

여러분의 역할이 트래픽 캡처와 분석만이라면, 네트워크 문제의 원인을 조사하는 클라이언트, 서버, 인프라 팀의 구성원들과 협업하는 것이 중요하다. 문제 해결 여부를 검증하기 위해 매번 수정 후에 트래픽을 캡처한다.

여러분의 역할이 트래픽 캡처와 분석이고 네트워크 클라이언트, 서버, 인프라까지 책임지고 있다면, 네트워크 호스트, 프로토콜, 애플리케이션에 어떤 수정이라도 시험하기 전과 그 후에 각각 추적 파일을 캡처할 필요가 있다. 새 추적 파일들은 수정 검증에 사용될 수 있고, 또한 새로운 기준선으로 기능할 수도 있다.

이 책의 2부에서는 네트워크 문제에서 흔하게 볼 수 있는 여러 증상들을 살펴보고 문제의 가능한 원인까지 추적해본다. 많은 가능한 원인들 중에서도 종종 추가 캡처나 다른 테스트를 통해 배제돼야 할 것들이 있다.

네트워크 트래픽의 증상에 기반해, 원인을 최대한 추적해보자.

4장

확인 문제

모든 분석 프로세스의 첫 단계는 호스트가 통신 가능하고 그 트래픽이 추적 파일에서 관찰 가능한지 확인하는 것이다.

호스트가 네트워크에서 통신하고 있지 않다면, TCP, UDP나 애플리케이션 문제까지 살펴봤자 아무 소용이 없다.

호스트가 통신을 못하는 데는 여러 이유가 있다. 먼저 클라이언트 문제를 살펴보고 그다음 서버 문제로 넘어가겠다.

4장 메모

지연, 애플리케이션 오류 응답을 찾아보기 전에, 기본 TCP/IP 확인 프로세스가 정상적으로 동작하는지 확인할 필요가 있다.

— 이 장의 TCP/IP 확인 플로우 차트를 참고한다.

— 호스트가 통신하지 못한다면 어느 단계에서 실패했는지 확인한다.

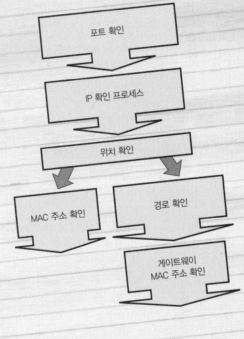

침묵은 금이 아니다: 대상 호스트 트래픽 확인

불평하는 사용자 컴퓨터로의 트래픽을 볼 수 없다면 트래픽에 기반한 문제를 해결할 수 없다. 침묵하는 이유를 알기 위해 클라이언트의 컴퓨터를 들여다보기 전에, 먼저 캡처 과정이 정확한지 확실히 할 필요가 있다. 또한 문제가 어디서 발생하는지 알기 위해 TCP/IP 확인 프로세스를 잘 생각해보자.

캡처 과정 확인

먼저, 캡처 장비와 과정에 아무 문제가 없어야 해야 한다. 트래픽을 전혀 볼 수 없다면 캡처 과정 중에 뭔가 잘못됐을 수 있다.

다음의 가능한 문제를 고려해보자.

- 와이어샤크에 캡처 필터가 있지만 불평하는 사용자 트래픽이 캡처 필터와 일치하지 않았다.
- TAP을 사용한다면 TAP 장비에 네트워크 케이블을 꽂지 않았을 수 있다.
- 무선랜을 캡처한다면 틀린 채널을 캡처하고 있을 수 있다.
- 추적 파일에 너무 트래픽이 많아, 관찰하려는 호스트로의 패킷을 놓쳤다.
- 스위치 포트를 스패닝하고 있다면, 스위치가 분석기 포트로 트래픽을 스패닝하지 못하고 있다.

캡처한 트래픽이 너무 많다면, 디스플레이 필터를 이용해 불평하는 사용자 컴퓨터로의 트래픽이 추적 파일에 포함됐는지 확인해본다.

- 예제 MAC 주소 디스플레이 필터: `eth.addr==d4:85:64:a7:bf:a3`

- 예제 IPv4 주소 디스플레이 필터: `ip.addr==192.168.1.72`

- 예제 IPv6 주소 디스플레이 필터: `ipv6.addr==2002:1806:addc::1806:addc`

캡처 과정이 정상적으로 동작하는 것이 확실하다면, 이제 확인 프로세스를 조사해볼 차례다.

TCP/IP 확인 플로우 차트

다음 확인 플로우 차트를 통해 앞으로 보게 될 다양한 문제를 살펴보자. TCP/IP 네트워크에서 다른 호스트와 통신하기 위해 패킷을 생성할 때, 모든 애플리케이션은 아래의 기본적인 확인 과정을 거쳐야만 한다.

그림에서 ⓉⓍ 표시는 해당 단계가 트래픽을 생성할 수 있음을 뜻한다.

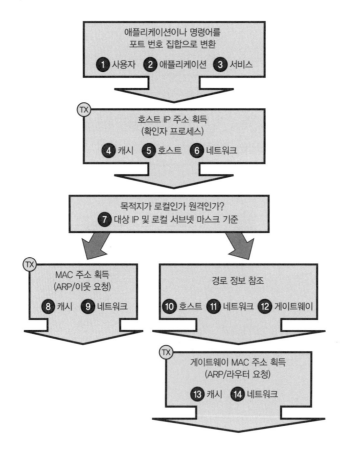

클라이언트가 TCP 핸드셰이크 패킷을 네트워크로 보내기 전에 반드시 일어나는 일들을 간단히 검토해보자.

포트 확인

❶ 사용자가 포트 번호를 지정할 수 있다(예를 들면 http://www.chappellU.com:81).

❷ 애플리케이션이 코드 안에 포트 번호를 정의할 수 있다.

❸ 애플리케이션이 포트 번호 확인을 위해 로컬 services 파일을 참고할 수 있다.

이름 확인

❹ 정보를 찾기 위해 로컬 캐시를 검사한다.

❺ 로컬 hosts 파일에서 정보를 찾는다.

❻ 네트워크에 이름 확인 요청(DNS 쿼리 등)을 전송한다.

위치 확인: 로컬 또는 원격

❼ 대상 주소를 로컬 호스트 서브넷 마스크와 비교한다.

MAC 주소 확인: 로컬 대상

❽ 대상 MAC 주소를 찾기 위해 로컬 캐시를 조사한다.

❾ ARP 요청(IPv4) 또는 이웃 요청(IPv6)을 전송한다.

경로 확인

❿ 대상 호스트까지의 최적 경로를 찾기 위해 로컬 캐시를 조사한다.

⓫ 대상 네트워크까지의 최적 경로를 찾기 위해 로컬 캐시를 조사한다.

⓬ 로컬 구성에서 기본 게이트웨이를 찾는다.

MAC 주소 확인: 원격 대상

❸ 대상 MAC 주소를 찾기 위해 로컬 캐시를 조사한다.

❹ ARP 요청(IPv4) 또는 라우터 요청(IPv6)을 전송한다.

확인 문제로 침묵한 클라이언트

여러분의 캡처 기법이 정확하다고 확신한다면, 호스트가 왜 통신하지 않는지 밝힐 필요가 있다. 한 가지 가능성은 TCP/IP 확인 과정 중의 어느 하나가 실패하는 것이다. 예를 들어 클라이언트가 포트 정보를 확인할 수 없다면, 클라이언트는 이름 확인 단계로 넘어가지 못하고 TCP/IP 확인 과정도 종료된다.

이름 확인 문제

클라이언트가 (캐시나 로컬 호스트 파일에서) 대상의 IP 주소를 찾지 못하는 경우, 클라이언트는 이 정보를 얻기 위해 DNS 쿼리를 전송한다.

물어볼 DNS 서버를 모르는 경우, 클라이언트가 DNS 쿼리를 보낼 수 없으므로 확인 과정은 종료된다.

클라이언트가 DNS 쿼리를 보내고 응답받지 못하거나 DNS 오류 응답을 받게 되면 클라이언트는 대상과 통신할 수 없다.

경로 확인 문제

클라이언트가 호스트 또는 네트워크까지의 경로를 알지 못하고 로컬 네트워크를 벗어날 게이트웨이(라우터)가 없다면, 원격의 대상으로 어떤 패킷도 보낼 수 없다. 어떤 호스트는 라우터를 찾기 위해 ICMP 라우터 요청 메시지를 보낸다. 클라이언트가 라우터를 발견할 수 있게, 로컬 라우터가 ICMP 라우터 광고 메시지를 보내도록 구성됐기를 기대한다.

MAC 주소 확인 문제

로컬 대상 또는 로컬 라우터의 MAC 주소를 해석할 수 없는 경우에도 클라이언트가 침묵하게 된다. '와이어샤크 실습 19. 로컬 주소 해석 문제 발견'에서 이 증상을 살펴본다.

클라이언트가 통신하지 않으면, 첫 단계로 클라이언트의 네트워크 구성을 조사한다. 다음 두 실습에서 네트워크 구성 문제의 증상을 확인한다.

와이어샤크 실습 18. 이름 확인 문제 식별

호스트 액세스를 위해 네트워크 이름(www.wireshark.org 등)을 사용한다면, 이름 확인 단계를 성공적으로 종료해야 대상의 로컬 또는 원격 여부를 결정하는 단계로 넘어갈 수 있다.

이번 실습에서는 이름 확인 문제를 간단히 살펴본다. 이 책의 뒷부분에서, 이름 확인 문제를 빠르게 탐지할 수 있는 필터 표현식 버튼을 만들 것이다.

1단계: tr-nameresolution.pcapng를 연다.

2단계: 디스플레이 필터 영역에 dns를 입력하고 Apply를 클릭한다.

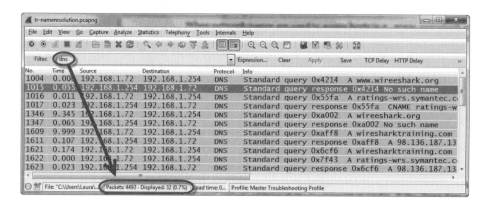

32개의 패킷이 이 필터와 일치하는 것을 상태 바에서 볼 수 있다. 이 정도 패킷 개수면 살펴볼 만하다.

Info 칼럼을 살펴보면 이름 확인 과정에서 실패한 No Such Name 응답 몇 개를 볼 수 있다. DNS 문제 또는 사용자 문제(이 추적 파일의 URL 입력 오류 등) 때문일 수 있다.

'와이어샤크 실습 14. DNS 오류를 강조하기 위한 컬러링 규칙 작성'에서 DNS 오류에 대한 컬러링 규칙을 만들었다. 이 책의 뒷부분에서 이 오류 응답만 보여주는 필터 표현식 버튼을 생성할 것이다. 실습 결과를 검토한 후에는 디스플레이 필터를 반드시 제거한다.

와이어샤크 실습 19. 로컬 주소 확인 문제 발견

로컬 대상이나 로컬 라우터로 패킷을 보내기 전에, 로컬 대상이나 로컬 라우터의 MAC 주소를 획득해야만 한다. 캐시에 MAC 주소 정보가 없다면, 클라이언트는 IPv4 네트워크의 주소 확인 프로토콜ARP, Address Resolution Protocol 요청 또는 IPv6 네트워크의 ICMP 이웃 요청/ICMP 라우터 요청을 보낸다.

로컬 대상의 MAC 주소 획득 시도 중 아무런 응답을 받지 못하면, 클라이언트는 대상으로 패킷을 보낼 수 없다.

1단계: tr-localresolution.pcapng를 연다.

2단계: 이 추적 파일을 훑어보며 192.168.1.45의 MAC 주소를 찾는 ARP 요청들을 살펴보자.

아무 응답이 없는 것을 알 수 있다.

MAC 주소 확인 과정이 성공하지 못하면, 192.168.1.72는 192.168.1.45와 통신할 수 없다.

이 ARP 트래픽으로부터 192.168.1.72이 192.168.1.45와 통신하기 위해 어떤 애플리케이션을 실행하고 있는지 알 수 없다. 우리가 192.168.1.45의 하드웨어 주소를 확인할 수 없다는 것만 알 뿐이다. 현재 192.168.1.45가 동작 중이지 않을 수 있고, IP 주소가 틀렸을 수도 있다. 이 패킷들만 봐서는 알 수 없다.

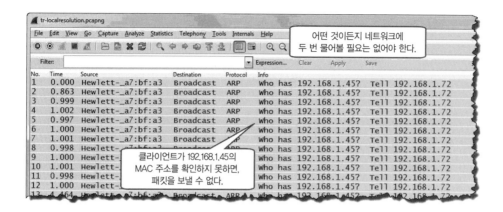

다음으로 서버 응답을 받지 못할 때 발생 가능한 네트워크 문제를 살펴본다.

서버 응답 부재 분석

클라이언트가 네트워크에서 통신하는 것을 확인했다면, 서버 응답을 찾아볼 차례다. 단순히 서버가 클라이언트에 응답하지 않는다면 대기시간, 버퍼 크기 이슈 등의 문제를 해결할 이유가 없다.

와이어샤크 실습 20. TCP 연결 요청 무응답

서버가 TCP 연결 시도에 응답하지 않는 여러 가지 이유가 있다.

TCP 핸드셰이크 요청 패킷(SYN)이 서버에 도달하지 않았을 수 있다. SYN 패킷이 사라졌거나 경로 위의 방화벽이 SYN 패킷을 폐기했거나 또는 서버의 호스트 기반 방화벽이 포트 액세스를 차단했을 수도 있다.

또는, SYN/ACK 응답이 클라이언트에 도달하지 않을 수도 있다. SYN/ACK 패킷이 경로상에서 사라졌거나 방화벽이 SYN/ACK를 차단해 핸드셰이크 완료를 방해할 수도 있다.

클라이언트 쪽 캡처에서 SYN/ACK를 볼 수 없다면, 서버 쪽에서 캡처해 SYN/ACK가 실제로 보내졌는지 확인한다. SYN/ACK가 보내졌다면, 이제 경로 위의 어느 연결 장치가 패킷을 폐기했다는 결론을 내릴 수 있다. SYN/ACK가 폐기되는 곳을 찾을 때까지 캡처 지점을 클라이언트에 가까운 쪽으로 반복해서 이동한다.

1단계: tr-noserver.pcapng를 연다.

2단계: 이 추적 파일을 훑어본다. 이 파일에는 192.168.1.72에서 192.168.1.66으로의 SYN 패킷만 들어있다. 그 중 어떤 SYN 패킷도 SYN/ACK 응답을 받지 못했다. 패킷 1의 TCP 헤더를 펼친다. [Stream index: 0] 줄에서 오른쪽 클릭하고 Apply as Column을 선택한다. 와이어샤크는 개별 연결 시도에 대해 소스/목적지 주소와 소스/목적지 포트 번호를 기준으로 구분된 TCP 스트림을 각각 할당한다. 이 추적 파일에는 6개의 개별 연결 시도(TCP 스트림 인덱스 0에서 5까지)가 있다.

3단계: 아무 패킷의 **TCP Source Port** 필드에서 오른쪽 클릭하고 **Apply as Column**을 선택한다.

클라이언트가 이 연결에 많은 포트를 할당해 놓은 것을 볼 수 있다. 하지만 클라이언트 포트들이 연속적이지는 않다. 클라이언트가 어떤 연결은 다른 장치로 할당했고, 해당 패킷들은 이 추적 파일에 캡처되지 않았기 때문일 것이다.

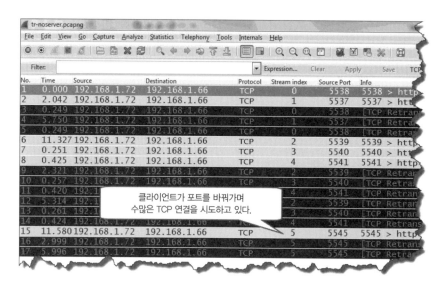

클라이언트가 포트를 바꿔가며 수많은 TCP 연결을 시도하고 있다.

4단계: 이 SYN 패킷 중 일부는 HTTP 컬러링 규칙에 일치하는 반면, 다른 일부는 Bad TCP 컬러링 규칙에 일치한다. 재전송 SYN 패킷이기 때문이다.

와이어샤크는 각 연결 시도를 추적해 어떤 SYN 패킷이 다시 전송됐는지 자동으로 확인한다.

Time 칼럼을 Seconds Since Previous Displayed Packet으로 설정했다면 TCP 백오프 backoff 프로세스를 볼 수 있다.

Source Port 칼럼 제목에서 오른쪽 클릭하고 Hide Column을 선택한다. 나중에 다시 이 칼럼을 보고 싶다면, 아무 칼럼 제목에서 오른쪽 클릭하고 Displayed Columns를 선택한 후 해당 칼럼을 목록에서 선택한다.

TCP 핸드셰이크가 성공한 뒤에도 서버 응답 문제를 겪을 수 있다. 다음 와이어샤크 실습에서 그 문제를 살펴보자.

와이어샤크 실습 21. 서비스 요청 무응답

이번 실습에서는 서비스 요청에 응답하지 않는 서버로의 트래픽을 분석하기 위해 단일 대화를 추출한다.

1단계: tr-serverresponse.pcapng를 연다.

2단계: 이 추적 파일을 훑어보고 트래픽 패턴에 익숙해지자. 24.6.173.220과 50.62.146.230 사이의 트래픽을 구별하는 데 Stream Index 칼럼이 도움이 될 것이다.

오른쪽 클릭 방법으로 대화 하나를 추출해보자.

패킷 목록 창의 **Packet 1**에서 오른쪽 클릭하고 Conversation Filter **›** TCP를 선택한다.

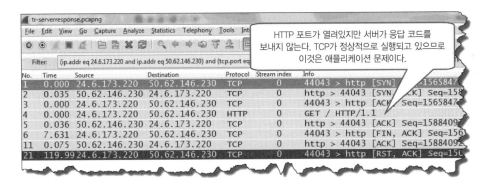

이 대화를 분석해보자.

1. 패킷 1-3에서 TCP 핸드셰이크가 정상적으로 종료하는 것을 볼 수 있다.

2. 패킷 4에서 클라이언트가 "/"(웹사이트 루트 디렉토리의 기본 파일)를 요청한다.

3. 패킷 5는 서버로부터의 확인 응답이다. 이 패킷은 확인 응답 288을 포함하며, 이는 서버가 287번까지의 모든 순서번호를 수신했고 다음 288번을 예상하고 있다는 뜻이다. 즉 서버가 요청을 받은 것으로 보인다.

4. 요청받은 기본 페이지를 보내거나 리디렉션하는 대신, 서버가 침묵한다.

5. TCP가 GET 요청을 재전송하지 않는다. 클라이언트가 그 요청에 대해 ACK를 받았기 때문이다.

6. 클라이언트의 브라우저가 시간 초과로 약 8초 후 FIN/ACK를 보낸다. 클라이언트는 서버로의 정보 전송을 마치고 묵시적 접속 종료를 시작한다. 이때 클라이언트는 FIN-WAIT-1 상태다.[1]

7. 서버가 ACK를 보낸다. 클라이언트는 이제 FIN-WAIT-2 상태다. 서버가 FIN을 보내 서버 쪽 연결을 끝내기 시작할 것으로 예상했으나, 그렇게 되지 않았다.

8. 클라이언트는 약 120초를 대기한 후, RST/ACK를 보내어 연결을 포기한다.

각 연결이 동일한 패턴을 거치고 있다. 이것은 단순히 네트워크 통신의 순간적인 결함이나 서버 실행 서비스의 일회성 문제가 아니다.

이 추적 파일에서 TCP는 정상적으로 기능하는 것으로 보인다. 증상들로부터 서버 쪽 애플리케이션이 실패한 것을 알 수 있다.

---

1 FIN 대기 상태에 대해 더 자세히 알려면 RFC 793, '전송 제어 프로토콜(TCP, Transmission Control Protocol)' (Section 3.5. 연결 종료(Closing a Connection))를 참고한다.

5장

시간 문제 해결

"시간이 돈이다." – 벤자민 프랭클린

추적 파일에서 시간 값에 항상 주의해야 한다. 어떤 애플리케이션이 동일한 요청을 수없이 반복하다가 포기하고 다음 요청으로 넘어가는 현상을 보게 될 수도 있다. 트래픽이 엉망으로 보일 것이고 여러분은 성급히 판단해 이것이 성능 문제의 원인이라고 선언할 지도 모른다.

손가락질하기 전에[1], 이 현상이 정말 성능에 영향을 미쳤는지 확인하기 위해 애플리케이션이 사용한 시간을 살펴보자. 전체 과정에 2ms가 걸렸을 뿐이라면, 정말 이것이 사용자 불평의 원인인지는 의심스럽다.

트래픽의 지연에는 두 가지 기본적인 종류가 있다.

- 중요하지 않은 지연(사용자 경험에 영향을 미치지 않는)
- 중요한 지연(IT 부서 전화벨이 울리게 만드는 지연)

5장에서는 이 두 가지의 지연을 먼저 구분하고, UDP 트래픽 지연, TCP 트래픽 지연, 경로 지연, 애플리케이션 지연, 클라이언트 지연, 서버 지연을 감지하기 위한 다양한 방법을 제공한다.

---

1 네트워크 문제가 발생해 서로 비난하는 상황에서, 유일하게 중요한 것은 프로토콜 분석가의 지적이라고 나는 항상 말해왔다. 패킷은 거짓말하지 않는다.

5장 메모

사용자가 "네트워크가 느려요"라고 불평하면 나는 추적 파일에서 지연을 찾는다.

어떤 종류의 지연은 문제되지 않는다는 점을 항상 명심한다.

— 어떤 지연이 '정상'인지 확실히 안다.

— 정상적인 지연을 고치려고 시간을 보내지 않는다.

— 지연을 쉽게 찾기 위해 시간 차(delta time) 칼럼을 추가, 정렬한다.

— TCP 대화의 시간 차를 보기 위해 TCP의 Calculate Conversation Timestamp 설정을 사용한다.

— 와이어샤크의 응답 시간 필드(http.time 및 dns.time 등)에 기반한 칼럼을 추가 한다.

'정상' 또는 허용 가능한 지연에 집중하지 마라

이상하게 들릴지 모르겠지만, 추적 파일에서 어떤 지연들은 무시돼야 한다. 예를 들어, TCP RST 패킷 앞의 지연은 사용자가 알아채기 어렵다. 아마도 사용자는 다른 창으로 돌아가고 애플리케이션은 서버 연결을 종료했을 것이다. 이 과정은 사용자에게 투명하며 경보를 울릴 이유가 아니다.

아래에서는 '정상'으로 간주될 수 있는 다양한 지연과 허용 가능한 지연에 대해 설명한다.

DNS 쿼리 전 지연

DNS 쿼리는 대개 사용자가 대상으로 가려는 요청을 할 때 일어난다. 예를 들어, 웹 페이지를 브라우징하기 위해 URL을 입력하고 엔터를 누를 때 (캐시나 로컬 hosts 파일에 IP 주소를 가지고 있지 않다면) DNS 쿼리가 일어난다. 사용자가 웹 페이지에서 흥미로운 링크를 보고 클릭하면 역시 DNS 쿼리가 일어난다. 두 가지 쿼리 모두, 사용자가 다음에 방문할 페이지를 결정하는 선행 지연이 있다.

아래 그림은 tr-delays.pcapng에서 두 번의 급격한 시간 증가를 보이고 있다. 패킷 29 앞의 지연은 연결 시간 제한에 의한 것이다. 패킷 32(DNS 쿼리) 앞의 지연은 사용자가 즉시 www.wireshark.org의 하이퍼링크를 클릭하지 않았기 때문이다.

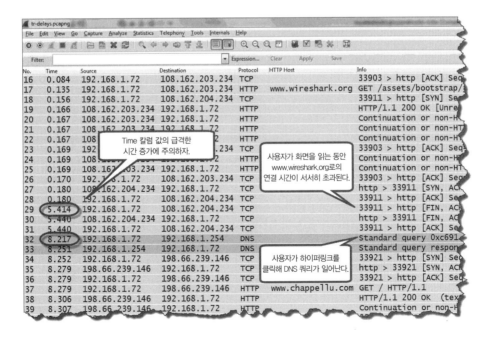

TCP FIN 또는 RST 패킷 전 지연

애플리케이션은 미리 정해진 시간만큼 기다린 후 또는 작업 종료 후에 TCP FIN 또는 RST 패킷을 보내 연결을 종료한다. 사용자는 연결이 종료되는 것을 알지 못한다.

클라이언트가 서버에 요청 보내기 전 지연

대다수 애플리케이션은 양식 채우기, Submit 버튼 누르기, 웹 페이지의 다음 링크를 클릭하기 등의 사용자 상호작용을 필요로 한다. 사용자 상호작용이 클라이언트 요청율request rate에 영향이 없다면 클라이언트 지연에만 집중한다.

Keep-Alive 또는 제로 윈도우 프로브 전 지연

Keep-Alive와 제로 윈도우 프로브Zero Window Probe, 이 두 가지 패킷 종류는 수신측 버퍼 공간이 더 있는지 확인하기 위해 제로 윈도우 상황에서 전송된다. Keep-Alive 나 제로 윈도우 프로브가 아니라 제로 윈도우 상황이 문제다. 이 증상은 수신 버퍼 문제를 의미한다. 더 자세한 정보를 원하면 239쪽의 'Keep Alive와 Keep Alive ACK'와 260쪽의 '제로 윈도우 프로브와 제로 윈도우 프로브 ACK'를 참고한다.

또한 호스트는 TCP 연결을 유지하기 위해 주기적으로 Keep-Alive를 보낼 수 있다. 이 패킷들 앞에는 큰 지연이 있을 수도 있지만, 사용자가 해당 애플리케이션에서 활발히 작업하는 상태가 아니기 때문에 지연을 알아차릴 수 없다.

TCP FIN 또는 RST 앞에 오는 TLS 암호화된 경고 전 지연

애플리케이션이 최종적으로 암호화된 연결을 끝내기 위해 TLS 암호화된 경고TLS Encrypted Alert를 전송할 때, Close 명령을 볼 수 없다. 암호화된 경고 패킷이 FIN 또는 RST 프로세스 바로 앞에 도착하면 그것이 Close 명령이라고 가정해야 한다. 애플리케이션 활동 시간 초과의 결과로 FIN 또는 RST가 전송된다.

주기적 연결 패킷 전 지연

애플리케이션이 자신의 Keep-Alive 프로세스를 직접 정의하는 것도 가능하다. TCP의 Keep-Alive 패킷 구조를 사용하지 않을 수도 있다. 애플리케이션은 연결 상태를 유지하기 위해 자신만의 Keep-Alive 패킷 종류를 정의할 수 있다. 이 과정은 최종 사용자에게 투명하다.

정말 중요한 지연을 살펴라

최종 사용자 경험에 영향을 주는 지연을 찾아내는 것이 중요하다. 또한 '느리다'는 단어가 상대적이라는 사실을 깨닫는 것도 중요하다. 어떤 상황에서는 2초 지연이 최종 사용자 모르게 넘어가지만, 또 어떤 상황에서는 200ms의 지연도 느껴진다.

네트워크에서 '정상' 지연시간이 어느 정도인지 알면 비정상적으로 큰 지연시간을 식별할 수 있다.

다음은 검토해야 할 지연과 그 잠재적 원인의 목록이다.

서버의 SYN/ACK 응답 전 지연

클라이언트 쪽에서 트래픽을 캡처한다면, TCP 핸드셰이크의 SYN와 SYN/ACK 사이 시간을 호스트 간 왕복 시간 계산에 사용할 수 있다. 하지만 이것은 왕복 시간의 스냅샷일 뿐이다. SYN/ACK 앞의 큰 지연은 호스트 사이 긴 왕복 시간을 의미한다.

클라이언트 쪽 캡처 시 왕복 시간 계산에 대해 자세히 알려면 162쪽 'TCP 대화의 지연 탐지'의 실습을 참고한다.

클라이언트의 3방향 TCP 핸드셰이크 종료 전 지연

서버 쪽에서 트래픽을 캡처한다면, SYN/ACK와 TCP 핸드셰이크를 종료하는 클라이언트의 ACK 사이 시간을 호스트 간 왕복 시간 계산에 사용할 수 있다. 하지만 이것도 역시 왕복 시간의 스냅샷일 뿐이다. SYN/ACK와 TCP 핸드셰이크의 최종 ACK 사이의 큰 지연은 호스트 사이 긴 왕복 시간을 의미한다.

서버 쪽 캡처 시 왕복 시간 계산에 대해 자세히 알려면 162쪽 'TCP 대화의 지연 탐지'의 실습을 참고한다.

서버 응답 전송 전 지연

서버가 클라이언트의 요청에 대해 재빨리 ACK를 보냈지만 서버 응답 전에 긴 지연이 있었던 것으로 추적 파일에서 밝혀지면, 서버의 문제로 여기게 된다. 서버가 요청에 응답하기까지 너무 느린 것이다. 이것은 경로 대기시간의 문제가 아니다.

ACK가 제 시간에 도착했기 때문이다. 왜 서버가 느린지 생각해볼 필요가 있다. 아마도 서버가 다른 서버에게 (예를 들면 계층 구조에서) 정보를 요청해야 할 수 있다. 서버의 처리 능력이 낮아 요청 개수를 따라가지 못할 수도 있고, 어쩌면 서버가 공격받고 있을 수도 있다.

추적 파일 tr-http-pcaprnet101.pcapng에서 패킷 18의 클라이언트 GET 요청 (GET /home) 다음에 서버 ACK가 (17ms 이내에) 따라오는 것을 볼 수 있다. 그다음, 요청받은 데이터가 서버 쪽으로 흐르기 시작할 때까지 약 1.8초의 지연을 볼 수 있다. 추적 파일은 클라이언트 쪽에서 캡처됐다. 호스트 간 왕복 시간은 허용 가능한 수준이지만 서버 응답 시간은 그렇지 않다.

데이터 스트림의 다음 패킷 전 지연

우리는 파일 다운로드나 업로드 프로세스 중에 데이터가 끊임없이 흐르는 것을 보고 싶어한다. 데이터 스트림 중간의 갑작스러운 지연은 송신자가 다른 처리로 바빠졌거나 계층 구성에서 시간 지연이 발생하는 것을 의미할 수 있다. 또는 높은 우선순위 트래픽을 위해 경로상의 장치가 버퍼링하고 있을 수도 있다.

이 상황은 수신자의 수신 버퍼 공간이 부족해 생길 수도 있다. 수신자의 수신 버퍼 공간이 충분하지 않다면, 송신자는 데이터 전송을 계속하기 전에 윈도우 업데이트를 기다려야 한다.

배한상 님은 데이터 스트림 중간에서 TCP Nagle 알고리즘과 지연 ACK가 어떻게 갑작스러운 지연을 일으키는지 보였다. bit.ly/delayedack의 동영상을 참고하라.

TCP 피어로부터의 ACK 전 지연

송신 데이터가 ACK를 받기 전에 생기는 지연은 경로 대기시간 또는 지연 ACK 기능 때문에 발생할 수 있다. 지연 ACK 타이머는 대개 200ms로 설정되므로, 지연 ACK가 사용 중인지 탐지하려면 200ms 시간 값을 살펴보는 것이 적절하다.

윈도우 업데이트 전 지연

윈도우 업데이트 전에 큰 지연이 있다면, 패킷의 계산된 윈도우 크기 필드(tcp.window_size)에 주의를 기울인다. 윈도우 크기가 전체 크기의 데이터 세그먼트를 담기에 너무 작다면, 사용자는 패킷을 보내기 전에 윈도우 업데이트를 기다려야 한다. 이 '작은 윈도우 크기' 문제에는 전문가 정보 경고가 없으므로, 계산된 윈도우 크기 값이 작은지 조심해야 한다.

다음 절에서는 UDP와 TCP 트래픽에 대한 와이어샤크의 다양한 시간 측정값을 검토한다.

- 시간 차(frame.time_delta)
- 표시 시간 차(frame.time_delta_displayed와 Delta time displayed)
- TCP 시간 차(tcp.time_delta)

추가로, 문제 해결에서 사용되는 여러 애플리케이션 응답 시간 측정값을 살펴본다.

- DNS 응답 시간(dns.time)
- HTTP 응답 시간(http.time)
- SMB 응답 시간(smb.time)

UDP 대화 지연 탐지

디스플레이 필터 값

```
frame.time_delta
frame.time_delta_displayed
Delta time displayed(미리 정의된 칼럼)
```

사용자 데이터그램 프로토콜UDP, User Datagram Protocol은 매우 단순한 8바이트 헤더를 가진 비연결형 트랜스포트 프로토콜이다. TCP와 달리 UDP는 순서 확인이나 응답 확인 기능이 없다. UDP 대화에서 지연을 탐색하기 위해, 두 가지 시간 필드(time_ delta와 frame.time_delta_displayed)를 사용할 수 있다.[1]

와이어샤크는 DNS(dns.time)와 같이 UDP 위에서 동작하는 여러 애플리케이션에 대해 애플리케이션 응답 시간 측정값을 제공한다. 느린 응답을 식별하기 위해, 가능하면 이 응답 시간 측정값을 사용한다.

UDP 지연 탐지 방법

UDP는 연결지향적이지 않으므로 요청과 응답 사이의 지연을 측정한다. 아래 실습들에서는 UDP 기반 애플리케이션의 지연을 탐지하기 위해 UDP 대화 통계와 두 가지 시간 필드 칼럼을 검토할 것이다.

와이어샤크 실습 22. UDP 대화 통계 확인 및 UDP 대화 필터링

패킷률, 초당 비트율(bps), 대화 지속 시간 등의 기본 UDP 대화 통계를 얻기 위해 대화 창을 사용한다.

1단계: tr-voip-extensions.pcapng를 연다.

2단계: Statistics ▶ Conversation을 선택한다.

3단계: UDP 탭을 클릭한다. 포트 이름보다 포트 번호를 선호한다면 Name Resolution 옵션을 체크 해제한다.

---

1 칼럼의 frame.time_delta_displayed 값 계산 시 생기는 와이어샤크 1.10.x의 버그 때문에, 환경 설정(Preferences) 창과 미리 정의된 Delta time displayed 칼럼을 이용해 표시 시간 차 칼럼을 생성할 것이다.

4단계: 주소 A/포트 A에서 주소 B/포트 B로의 트래픽 흐름 기준으로 UDP 대화를 정렬하려면, bps A → B 칼럼 제목을 두 번 클릭한다. 192.168.5.11/포트 25436와 192.158.5.10/포트 8000 사이의 대화가 가장 위에 나열된다.

5단계: 이 대화는 Bytes 칼럼 값 기준으로도 가장 활발한 UDP 대화인 것으로 보인다. 이 대화의 줄에서 오른쪽 클릭하고 Apply as Filter 〉 Selected 〉 A ↔ B를 선택한다.

> frame.time_delta_displayed를 사용하기 전에 'displayed' 집합을 가지도록 UDP 대화로 필터링한다. frame.time_delta를 사용하기 전에, UDP 대화로 필터링하고 별도의 추적 파일로 저장하는 것을 고려한다. UDP 대화가 섞여 있으면 단일 대화의 지연을 찾기가 더 어렵다.

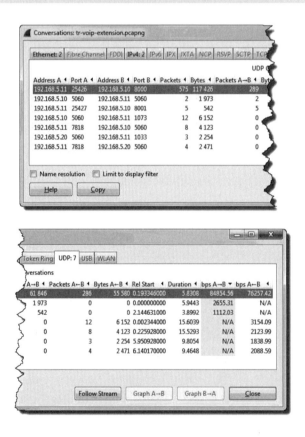

6단계: File 〉 Export Specified Packets를 선택하고 새 파일의 이름을 udpconv1.pcapng 로 한다. 완료 후 디스플레이 필터를 삭제하고 대화 창을 닫는다.

개별 대화를 필터링해 단일 대화 추적 파일로 각각 내보내면, 관계없는 트래픽을 뷰에서 제거하는 데 도움이 된다. 새 단일 대화 추적 파일을 열면, 와이어샤크의 통계가 해당 트래픽 집합에만 관련 있게 돼 성능 문제를 식별하기 쉬워진다.

와이어샤크 실습 23. 시간 차 칼럼 추가 및 정렬

기본 Time 칼럼 설정은 캡처 시작 이후의 시간Seconds Since Beginning of Capture이다. 대개는 Time 칼럼 설정이 시간 차를 표시할 때 지연을 찾기 더 쉽다. 시간 차 칼럼을 내림차순으로 정렬하면 추적 파일에서 가장 큰 지연을 볼 수 있다. 이번 실습에서는 큰 시간 차를 찾기 위해 한 패킷의 끝에서 다음 패킷의 끝까지의 시간을 보여주는 frame.time_delta 칼럼을 생성할 것이다.

1단계: tr-malaysianairlines.pcapng를 연다.

2단계: 아무 패킷에서나 Frame 섹션을 펼친다.

3단계: Time delta from previous captured frame 줄에서 오른쪽 클릭해 Apply as Column을 선택한다. 이제 frame.time_delta 칼럼이 생성된다.

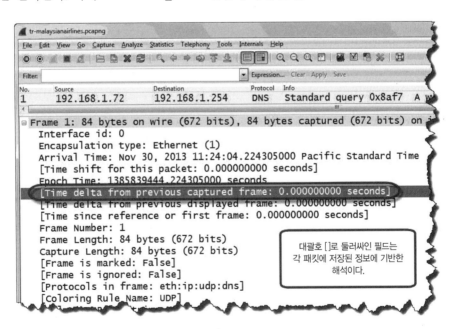

4단계: 새 칼럼이 Info 칼럼 왼쪽에 나타난다. 새 칼럼을 클릭하고 기존 Time 칼럼의 오른쪽으로 드래그한다.

5단계: 칼럼 이름을 짧게 하려면, 칼럼 제목에서 오른쪽 클릭하고 Edit Column Details 를 선택한다. Title을 Delta로 변경하고 OK를 클릭한다.

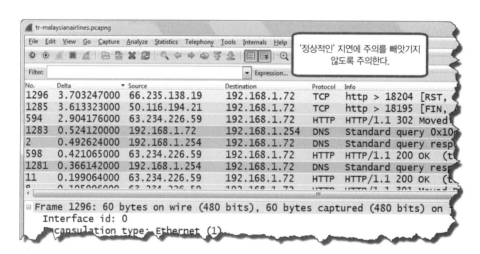

6단계: 새 Delta 칼럼 제목을 두 번 클릭해 내림차순으로 정렬한다. 필요하다면 Go To First Packet 버튼█을 클릭해 정렬된 목록의 맨 위로 이동한다. 패킷 간 지연이 가장 큰 패킷이 목록의 최상단에 위치해 있다(주의: 아래 그림에서는 Time과 Length 칼럼을 오른쪽 클릭하고 Hide Column을 선택해 숨겼다).

이 추적 파일에는 수많은 '정상'적인 지연이 있다. DNS 쿼리, TCP RST 패킷, TCP FIN 패킷 전 지연에는 신경 쓸 필요가 없다. DNS와 HTTP 응답 전 지연에는 관심을 가져야 한다.

다음 실습에서는 DNS 응답 지연을 찾기 위해 디스플레이 필터와 `frame.time_delta_displayed`를 사용한다.

칼럼을 만든 뒤, 칼럼 넓이를 간단히 재설정하려면 Resize All Columns 버튼을 클릭한다.

와이어샤크 실습 24. 표시 시간 차 칼럼 추가 및 정렬

필터를 적용할 때, 표시된 패킷 간의 지연을 보기 위해 Delta Displayed 시간 칼럼을 사용할 수 있다. 앞의 실습에서 추적 파일의 DNS와 HTTP 패킷을 찾았다. 이제 새 시간 칼럼을 만들어 DNS 트래픽만의 시간 차를 보일 것이다.

와이어샤크 1.10.x는 frame.time_delta_displayed 값 계산에 버그가 있다. 이 버그를 피하기 위해 와이어샤크의 환경 설정 창과 미리 정의된 Delta time displayed 칼럼을 이용해 표시 시간 차 칼럼을 생성할 것이다.

1단계: tr-malaysianairlines.pcapng를 연다. 이 파일이 이전 실습에서 아직 열려있다면, No. 칼럼 제목을 한 번 클릭해 프레임 번호로 정렬한다.

2단계: 메인 툴바의 Preferences 버튼 을 클릭하고 Columns를 선택한다.

3단계: Add 버튼을 클릭한다. Field Type 드롭다운 목록에서 Delta time displayed를 선택한다. 칼럼 이름을 클릭하고 그 값을 New Column에서 Delta Displayed로 변경한다.

4단계: Delta Displayed 칼럼을 Source 칼럼 위로 드래그한다. OK를 클릭한다. 원한다면 새 칼럼 제목을 오른쪽 클릭해 왼쪽 정렬을 설정할 수 있다.

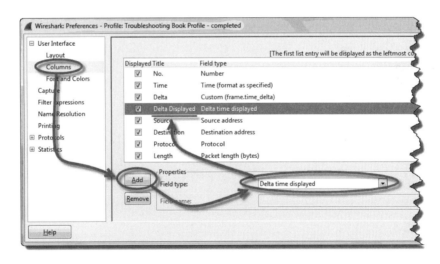

frame.time_delta_displayed 계산 버그가 수정되면, 간단히 패킷 Frame 섹션의 Time delta from previous displayed frame 줄을 오른쪽 클릭하고 Apply as Column를 선택하면 된다.

5단계: 이제 DNS 트래픽 필터를 적용해보자. 디스플레이 필터 영역에 dns를 입력하고 Apply를 클릭한다.

6단계: 새 Delta Displayed 칼럼을 두 번 클릭해 내림차순으로 정렬한다. DNS 쿼리 전의 지연에는 관심 없지만, DNS 쿼리 응답 전 지연에는 관심이 있다.

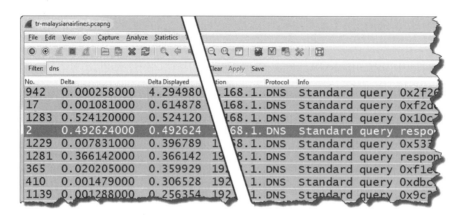

이 추적 파일에는 특별히 '느린' 두 개의 DNS 응답(패킷 2와 패킷 1281)이 존재한다. 이런 지연은 로컬 DNS 서버가 캐시에 없는 이름에 대한 데이터를 얻기 위해 재귀 쿼리할 때 생길 수 있다.

다음 실습에서는 frame.time_delta_displayed 필터 값을 이용해 UDP 지연 그래프를 그린다.

와이어샤크 실습 25. UDP 지연 그래프

와이어샤크의 고급 IO 그래프에 필터와 frame.time_delta_displayed의 최댓값 참조를 사용해 추적 파일의 지연 그래프를 작성할 수 있다.

1단계: tr-queuing.pcapng를 연다.

2단계: Statistics ▶ IO Graph를 선택한다.

3단계: Y Axis Unit 영역에서 Advanced...를 선택한다.

4단계: 이 추적 파일은 2초 미만의 트래픽을 가지고 있다. X Axis Tick Interval 영역에서 0.01sec를 선택한다.

5단계: Graph 1의 Calc 옵션에 MAX(*)를 선택하고 Calc 영역에 `frame.time_delta_displayed`를 입력한다.

6단계: Graph 1 버튼을 클릭해 결과를 그래프로 그린다.

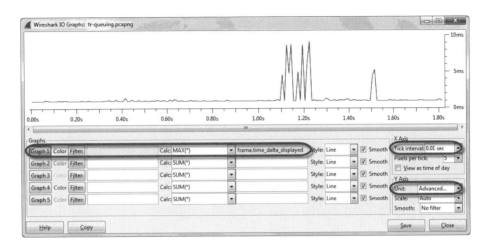

추적 파일의 약 1.2초 지점에서 시간 차의 급격한 증가를 관찰할 수 있다. 그래프에서 이 점을 클릭하면 와이어샤크는 추적 파일의 해당 지점으로 점프하고 추적 파일에 대한 추가 분석이 가능하다.

TCP 기반 트래픽을 포함한 추적 파일을 작업하고 있다면, Graph 1 버튼을 클릭하기 전에 Graph 1 필터 영역에 `udp`를 입력한다.

실습을 종료하면 IO 그래프를 반드시 닫는다.

TCP 대화의 지연 탐지

디스플레이 필터 값

tcp.time_delta

TCP는 연결지향적이며 순서 확인과 응답 확인 기능을 제공한다. 와이어샤크는 각각 구분된 TCP 대화에 0부터 시작하는 TCP 스트림 인덱스(tcp.stream) 값을 붙인다. 아래 그림에서 이 추적 파일의 첫 번째 TCP 대화에 속한 패킷을 볼 수 있다.

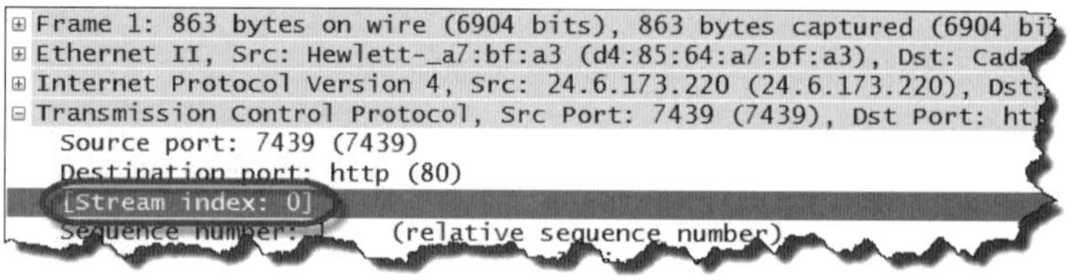

'스트림'은 기본적으로 TCP 대화다. TCP 통신에서는 특정 TCP 스트림 안에서 지연을 찾을 수 있다. 먼저 와이어샤크가 각 TCP 대화 내부에서 시간을 추적하는 기능을 활성화해야 한다.

TCP 환경 설정: 대화 타임스탬프 계산

와이어샤크는 TCP 기반 통신에서의 문제를 쉽게 탐지할 수 있는 다양한 TCP 환경 설정을 가지고 있다. 그 중 하나가 대화 타임스탬프 계산Calculate conversation timestamps 이다.

TCP 환경 설정을 변경하려면 패킷 상세 창의 TCP 헤더를 오른쪽 클릭하거나, Preferences 버튼 ❀을 클릭해 Protocols를 펼치고 TCP를 선택한다.

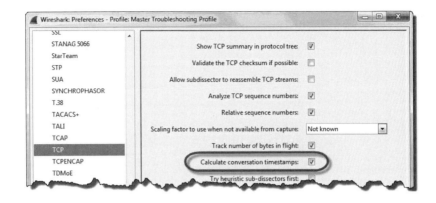

대화 타임스탬프 계산 설정을 활성화하면 TCP 헤더의 끝 부분에 두 가지 추가적인 시간 필드가 보인다.

- 현재 TCP 스트림의 첫 프레임으로부터의 시간(tcp.time_relative)
- 현재 TCP 스트림의 이전 프레임으로부터의 시간(tcp.time_delta)

```
⊞ Frame 1: 863 bytes on wire (6904 bits), 863 bytes captured (6904 bits) on inte
⊞ Ethernet II, Src: Hewlett-_a7:bf:a3 (d4:85:64:a7:bf:a3), Dst: Cadant_31:bb:c1
⊞ Internet Protocol Version 4, Src: 24.6.173.220 (24.6.173.220), Dst: 74.125.224
⊟ Transmission Control Protocol, Src Port: 7439 (7439), Dst Port: http (80), Seq
     Source port: 7439 (7439)
     Destination port: http (80)
     [Stream index: 0]
     Sequence number: 1      (relative sequence number)
     [Next sequence number: 810      (relative sequence number)]
     Acknowledgment number: 1      (relative ack number)
     Header length: 20 bytes
  ⊞ Flags: 0x018 (PSH, ACK)
     Window size value: 16391
     [Calculated window size: 16391]
     [Window size scaling factor: -1 (unknown)]
  ⊞ Checksum: 0xf434 [validation disabled]
  ⊞ [SEQ/ACK analysis]
  ⊟ [Timestamps]
     [Time since first frame in this TCP stream: 0.000000000 seconds]
     [Time since previous frame in this TCP stream: 0.000000000 seconds]
⊞ Hypertext Transfer Protocol
```

두 가지 시간 필드 중에서 tcp.time_delta가 문제 해결에 특히 유용하다. 기본 시간 차 값과는 달리, 이 시간 값은 TCP 대화('스트림')의 한 패킷의 끝으로부터 동일 TCP 대화의 다음 패킷의 끝까지의 시간을 추적한다.

이번 실습에서는 먼저 TCP 대화 통계를 얻고, tcp.stream 필드를 사용해 TCP 대화를 필터링한다.

와이어샤크 실습 26. TCP 대화 통계 확인

큰 추적 파일에서 가장 활발한 TCP 대화를 찾고 싶다면 대화 창에서 필터를 적용한다.

1단계: tr-chappellu.pcapng를 연다.

2단계: Statistics > Conversations를 선택하고 TCP 탭을 선택한다. 모든 칼럼을 보려면 윈도우를 늘려야 할 수도 있다.

3단계: Bytes 칼럼 제목을 두 번 클릭해 내림차순으로 정렬한다.

4단계: 맨 위 항목을 오른쪽 클릭하고 Apply as Filter > Selected > A ↔ B를 선택한다.

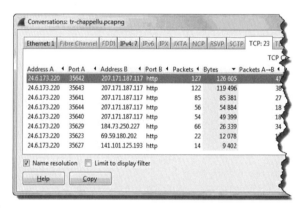

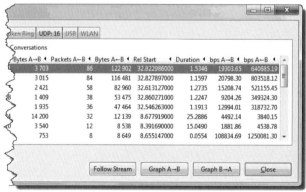

와이어샤크는 소스/목적지 주소와 소스/목적지 포트 필드를 기준으로 필터를 생성한다.

5단계: 완료 후 Clear를 클릭해 필터를 제거한다.

많은 TCP 대화가 들어있는 추적 파일을 작업하고 있다면, 이 방법을 사용해 가장 활발한 대화를 찾고 필터를 쉽게 적용할 수 있다. 이것은 TCP 대화를 필터링하는 한 가지 방법이다. 다음 실습에서는 또 다른 방법으로, `tcp.stream` 필드를 사용해 대화를 필터링한다.

와이어샤크 실습 27. 스트림 인덱스 필드에 의한 TCP 대화 필터링

TCP 대화를 필터링하는 방법에는 여러 가지가 있다.

- 대화 창의 특정 대화를 오른쪽 클릭하고 Apply as Filter ▸ Selected ▸ [방향]을 선택한다.
- 패킷 목록 창에서 TCP 패킷을 오른쪽 클릭하고 Conversation Filter ▸ TCP를 선택한다.
- `tcp.stream==[숫자]`로 필터를 적용한다.

이번 실습에서는 오른쪽 클릭 방법으로 `tcp.stream` 필드에 기반한 필터 만들기를 연습한다.

1단계: tr-chappellu.pcapng를 연다.

2단계: 패킷 59의 TCP 헤더를 펼친다.

3단계: TCP 헤더의 [Stream index: 7] 필드를 오른쪽 클릭한다. Apply as Filter ▸ Selected를 선택한다.

와이어샤크가 `tcp.stream==7`의 필터를 만들어 추적 파일에 적용한다. 와이어샤크의 상태 바에 패킷 66개(트래픽의 9.1%)가 이 필터와 일치하는 것으로 나타난다. 이 TCP 대화를 별도의 추적 파일로 저장하려면 File ▸ Export Specified Packets를 선택하고 파일 이름을 지정한다. 와이어샤크가 표시된 패킷만을 자동으로 저장한다.

4단계: 완료 후 Clear를 클릭해 필터를 제거한다.

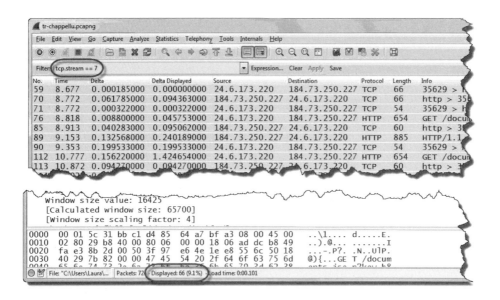

와이어샤크 실습 28. TCP 스트림 인덱스 칼럼 추가

추적 파일에 수많은 TCP 대화가 들어있을 수 있다. TCP 스트림 인덱스 값 기준으로 칼럼을 만들면 이들 대화를 구분하기 쉽다.

1단계: tr-chappellu.pcapng를 연다.

2단계: TCP 스트림 인덱스 칼럼(143쪽의 '와이어샤크 실습 20. TCP 연결 요청 무응답'에서 만든)을 숨겼다면, 아무 칼럼에서나 오른쪽 클릭하고 **Displayed Columns**을 선택한 후 숨긴 Stream index 칼럼을 선택한다.

3단계: Stream index 칼럼을 한 번 클릭해 추적 파일을 대화순으로 정렬한다. 추적 파일의 끝으로 이동해보면 23개의 TCP 대화(와이어샤크의 TCP 스트림 번호가 0부터 시작하는 점을 기억하자)가 있음을 쉽게 확인할 수 있다.

와이어샤크 실습 29. TCP 시간 차 칼럼 추가 및 정렬

`tcp.time_delta` 칼럼을 추가하려면 대화 타임스탬프 계산 환경 설정을 활성화해야만 한다(162쪽의 'TCP 환경 설정: 대화 타임스탬프 계산' 참고). 이 칼럼은 TCP 스트림의 한 패킷의 끝으로부터 동일 TCP 스트림의 다음 패킷의 끝까지의 시간을 표시한다.

여러 TCP 대화가 아무리 복잡하게 뒤섞여 있더라도, `tcp.time_delta` 칼럼을 대화 안에서의 지연을 찾을 때 사용할 수 있다.

1단계: tr-chappellu.pcapng를 연다.

2단계: 패킷 1의 TCP header를 전부 펼친다. TCP 헤더의 아무 곳에서나 오른쪽 클릭하고 Protocol Preferences를 선택한다. Calculate conversation timestamps가 활성화된 것을 확인한다.

3단계: TCP 헤더 끝의 Time since previous frame in this TCP stream 필드([Timestamps] 섹션 아래)를 오른쪽 클릭한다. Apply as Column을 선택한다.

4단계: 새 칼럼이 Info 칼럼의 왼편에 나타난다. 새 칼럼을 기존 Delta Displayed 칼럼 오른쪽으로 드래그한다.

5단계: 칼럼 이름을 줄이려면, 칼럼 제목을 오른쪽 클릭하고 Edit Column Details를 선택한다. Title을 TCP Delta로 변경하고 OK를 클릭한다.

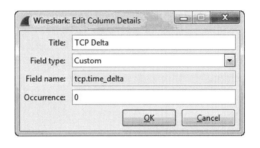

6단계: 새로 만든 TCP Delta 칼럼의 제목을 두 번 클릭해 내림차순으로 정렬한다. 이 TCP 대화에서 가장 지연이 큰 패킷들이 목록의 맨 위에 나타난다.

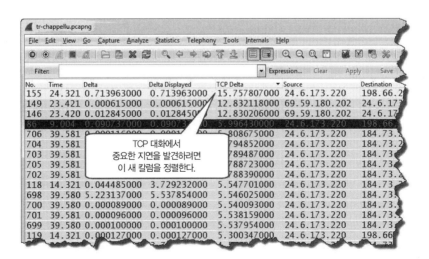

디스플레이 필터를 적용하지 않았으므로, Delta 칼럼과 Delta Displayed 칼럼의 시간 값들은 동일하다.

7단계: 이 통신의 어느 부분에서 지연이 생겼는지 확인하기 위해 패킷들을 스크롤해 내려간다. TCP FIN 패킷 앞에 수많은 지연이 있지만, 이러한 지연은 사용자가 알아챌 수 없다. 재전송 앞에도 지연이 많이 있다. 몇몇 TCP 연결 시도가 성공적이지 않았던 것 같다.

추가적으로, 앞에 0.5초 지연이 있는 HTTP 응답이 많이 있다. 이 지연들은 합산돼 사용자가 알아차릴 수 있다.

   어떤 지연은 '정상'으로 간주되며 알아차릴 수 없다는 점을 기억한다. 149쪽의 "'정상' 또는 허용 가능한 지연에 집중하지 마라"를 참고한다.

> TCP Delta 칼럼은 TCP 기반 애플리케이션의 문제를 해결할 때 추가해야 하는 핵심 칼럼이다. 네트워크에서 TCP 기반 애플리케이션 성능 문제의 원인을 찾을 때 내가 사용하는 첫 단계 중 하나이기도 하다.

와이어샤크 실습 30. 'TCP Delay' 버튼 추가

새 tcp.time_delta 칼럼을 정렬하여 TCP 대화에서 가장 긴 지연을 찾았다. 이제 더 효율적으로 지연을 찾기 위해 TCP Delay 버튼(필터 표현식 버튼)을 생성해보자.

   이 버튼을 클릭하면 주목할 만한 지연 다음에 오는 TCP 패킷을 보게 된다(필요에 맞게 시간을 조절할 필요가 있다). '정상'이거나 알기 어려운 지연 다음에 오는 패킷은 무시한다.

1단계: tr-chappellu.pcapng를 연다.

2단계: 디스플레이 필터 영역에 아래의 필터를 입력한다.

```
tcp.time_delta > 1
```

3단계: 디스플레이 필터 툴바에서 Save 버튼을 클릭한다. 레이블에 TCP Delay를 입력하고 OK를 클릭해 새 버튼을 저장한다.

추적 파일에서 찾으려는 모든 네트워크 문제에 대해 필터 표현식 버튼을 생성한다. 이 책의 실습에서, 다양한 지연과 오류 응답에 대해 버튼을 생성할 것이다. 필터 표현식 버튼은 프로파일의 preferences 파일에 저장된다. 이 preferences 파일은 평범한 텍스트 파일이므로 텍스트 에디터로 편집 가능하다.

4단계: 새 TCP Delay 버튼을 클릭한다. 37개의 패킷이 필터에 일치할 것이다. 목록에 수많은 TCP FIN 패킷들이 들어있는 것에 주의하자. 이것은 우리가 신경 쓰지 않는 지연이다. 사용자에게 투명한 지연이기 때문이다.

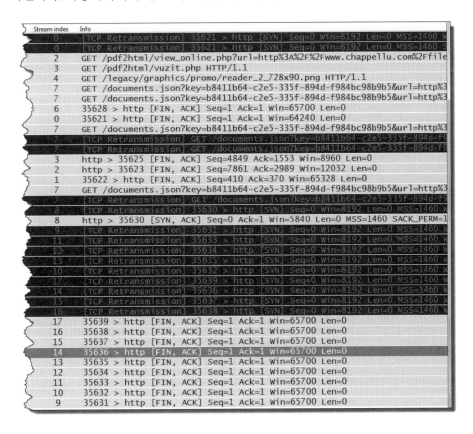

5단계: Edit ▶ Preferences ▶ Filter Expressions를 선택하거나 메인 툴바의 **Edit Preferences** 버튼을 클릭한다. FIN 또는 RST 비트가 설정되지 않은 패킷에 집중하기 위해 TCP Delay 필터 표현식 버튼을 수정한다.

```
tcp.time_delta > 1 && tcp.flags.fin==0 && tcp.flags.reset==0
```

편집한 필터 표현식 버튼을 저장하기 위해 **OK**를 클릭한다.[2]

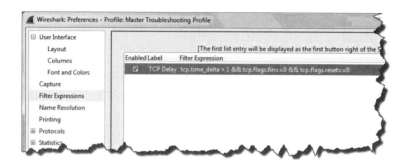

6단계: TCP Delay 버튼을 다시 클릭한다. 단지 23개의 패킷만 표시될 것이다. TCP FIN과 RST 패킷을 제외했기 때문이다.

TCP Delay 버튼에서 HTTP GET 요청을 제거하는 것을 고려해보자. 이 때의 지연은 종종 웹 사이트에서 사용자가 다음 링크를 클릭하지 않았을 때 생겨나기 때문이다. HTTP GET 요청을 제거하기 위해 다음 문자열을 필터의 끝 부분에 추가한다.

```
&& !http.request.method=="GET"
```

이 문자열을 추가하면 필터 표현식 버튼은 다음 식을 포함하게 된다.

```
tcp.time_delta > 1 && tcp.flags.fin==0 && tcp.flags.reset==0 && !http.request.
method=="GET"
```

실습 결과의 검토가 끝나면 디스플레이 필터를 반드시 초기화한다.

가장 큰 TCP Delta 지연은 약 6초 정도다. 이것은 SYN 재전송 패킷이다. 클라이언트와 184.73.250.227 사이에 12개의 SYN 재전송이 있다. RTT가 1.28957초이므로, 표시되고 있는 서버로부터의 SYN/ACK는 한 개다.

---

2 와이어샤크가 편집 내용을 저장 못한다면, OK를 클릭하기 전에 필터 표현식 수정 영역의 빈 공간을 클릭해본다. 와이어샤크 편집 모드에서 빠져 나와 변경 내용을 저장할 수 있게 될 것이다.

이 추적 파일에는 몇몇 지연이, 재전송 패킷이기 때문에 Bad TCP 컬러링 규칙으로 표시된 GET 요청 앞에 존재한다. 이와 같은 GET 요청을 뷰에서 제외하면 이 패킷들의 문제는 보이지 않게 된다. 문제해결 체크리스트에서 본 것처럼, 전문자 정보 오류, 경고, 알림을 확인한다면 이런 재전송을 발견할 것이므로 걱정할 필요가 없다.

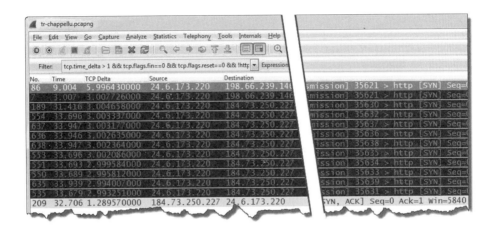

위 그림은 Delta와 Delta Displayed 칼럼을 숨긴 상태다.

여러 추적 파일을 분석해 가면서, 이 TCP Delay 필터 표현식을 세밀하게 조정해 다른 '정상'적이거나 알기 어려운 지연의 오탐false positive을 제거한다.

이 책에서 우리는 네트워크 성능 문제의 원인을 찾기 위해 이 칼럼을 숨기고 표시하는 것을 반복할 것이다.

와이어샤크 실습 31. TCP 핸드셰이크를 이용한 왕복 시간 계산

성능 문제의 원인이 경로 대기시간인지 확인하는 것이 중요하다. 예를 들어, TCP 대화의 다른 모든 것이 정상적으로 동작하고 왕복 시간RTT, Round Trip Time만 매우 큰 값일 때, 파일 전송 프로세스가 매우 느리게 보일 것이다.

TCP 핸드셰이크 패킷의 tcp.time_delta 값에서 대략적인 RTT 값을 파악할 수 있다.

예를 들어, 클라이언트 쪽에서 캡처한다면, 클라이언트의 TCP SYN 패킷과 서버
의 TCP SYN/ACK 응답 사이의 `tcp.time_delta` 값을 살펴본다.

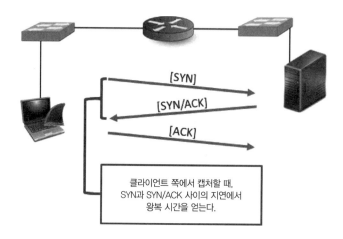

클라이언트 쪽에서 캡처할 때,
SYN과 SYN/ACK 사이의 지연에서
왕복 시간을 얻는다.

서버 쪽에서 캡처한다면, 서버의 TCP SYN/ACK 패킷과 클라이언트의 TCP
ACK 응답 사이의 `tcp.time_delta` 값을 확인한다.

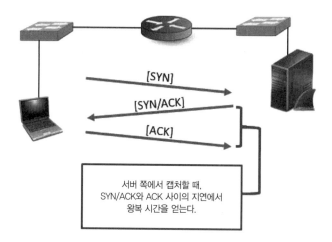

서버 쪽에서 캡처할 때,
SYN/ACK와 ACK 사이의 지연에서
왕복 시간을 얻는다.

인프라 내부에서 캡처한다면, 핸드셰이크의 TCP SYN와 ACK 패킷 사이의 시간
차를 합산한다.

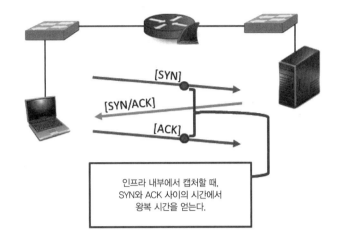

인프라 내부에서 캡처할 때,
SYN와 ACK 사이의 시간에서
왕복 시간을 얻는다.

이 과정을 쉽게 할 수 있도록, 패킷들에 대한 필터와 필터 표현식 버튼을 생성할 수 있다.

SYN과 SYN/ACK 패킷 필터(TCP 핸드셰이크의 패킷 1과 2)

이번엔 아주 간단히 만들 수 있는 필터와 필터 표현식 버튼이다. 기본적으로 이 필터는 TCP SYN 비트가 1로 설정된 것을 이용한다.

`tcp.flags.syn==1`

TCP 핸드셰이크의 첫 두 패킷을 캡처하려면 이 필터만 있으면 된다.

1단계: tr-cnn.pcapng를 연다.

2단계: 디스플레이 필터 영역에 `tcp.flags.syn==1`을 입력하고 **Apply**를 클릭한다.

3단계: **TCP Delta** 칼럼 제목을 두 번 클릭해 내림차순으로 정렬한다. 우리는 SYN/ACK 패킷 앞의 지연에 관심이 있다. 패킷 세 개가 재전송으로 표시된 것에서 연결 수립 시 문제가 있는 것을 알 수 있다. 이 추적 파일의 여러 서버로의 RTT 값들을 대략적으로 파악할 수도 있다.

실습 결과의 검토가 끝나면 디스플레이 필터를 반드시 초기화한다.

SYN/ACK와 ACK 패킷 필터(TCP 핸드셰이크의 패킷 2와 3)

SYN/ACK 패킷은 디스플레이 필터로 찾기 쉽지만, ACK(핸드셰이크의 세 번째 패킷)는 약간 까다롭다.

핸드셰이크의 두 번째 패킷인 SYN/ACK를 탐지하려면, 다음 조건을 필터링한다.

`(tcp.flags.syn==1 && tcp.flags.ack==1)`[3]

핸드셰이크의 세 번째 패킷을 탐지하는 것은 어렵다. 세 번째 핸드셰이크 패킷이 가질 수 있는 특징들은 다음과 같다.

- `tcp.seq==1` (필수) TCP 순서번호 1 (상대적 순서번호)
- `tcp.ack==1` (필수) TCP 응답 확인 번호 1 (상대적 응답 확인 번호)
- `tcp.len > 0` (옵션) 핸드셰이크의 3번째 패킷 데이터 존재
- `tcp.push==1` (옵션) PUSH 비트 1로 설정

최선의 방법은 '넓게 그물을 던진' 다음에, 오탐을 뷰에서 무시(또는 제거)하는 것이다. 핸드셰이크의 세 번째 패킷을 캡처하기 위해 아래의 필터로 시작해보자.

`(tcp.seq==1 && tcp.ack==1)`

SYN/ACK 패킷 필터에 추가하면 다음 식을 얻는다.

`(tcp.flags.syn==1 && tcp.flags.ack==1) || (tcp.seq==1 && tcp.ack==1)`

SYN과 ACK 패킷 필터(TCP 핸드셰이크의 패킷 1과 3)

앞에서 작성한 식들을 조합하면, 아래 식으로 필터링할 수 있다.

`(tcp.flags.syn==1) || (tcp.seq==1 && tcp.ack==1)`

---

3 곧 다른 디스플레이 필터 문자열에 추가할 것이기 때문에 전체 문자열을 괄호로 감쌌다.

와이어샤크 실습 32. 디스플레이 필터로 RTT 계산

TCP 핸드셰이크의 첫 번째 두 패킷에 대해 필터를 테스트해보고, 그 다음에 TCP 핸드셰이크의 마지막 두 패킷에 대해 필터를 테스트해보자.

1단계: tr-chappellu.pcapng를 연다.

2단계: 디스플레이 필터 영역에서 `tcp.flags.syn==1`를 입력하고 **Apply**를 클릭한다.

58개의 패킷이 이 필터와 일치한다. 첫 번째 두 패킷은 클라이언트 포트 35,621에서 온다. 패킷 3과 4는 새 TCP 연결의 첫 두 패킷이다. 포트 35,622로부터의 TCP SYN에서 SYN/ACK까지의 RTT가 약 17ms인 것을 **TCP Delta** 칼럼에서 알 수 있다. 이 추적 파일은 클라이언트 쪽에서 캡처됐지만, TCP 핸드셰이크의 두 번째와 세 번째 패킷을 찾는 연습에도 사용할 것이다. 이 패킷들은 서버 쪽에서 캡처할 때 RTT를 확인하기 위해 사용한다.

3단계: 디스플레이 필터 영역에서 아래의 필터를 입력한다.

```
(tcp.flags.syn==1 && tcp.flags.ack==1) || (tcp.seq==1 && tcp.ack==1)
```

Apply를 클릭하고 결과를 검토해보자. 69개의 패킷이 이 필터와 일치한다. 하지만 우리가 관심 없는 패킷이 상당수 존재한다.

예를 들어, 패킷 14와 15는 TCP 핸드셰이크의 두 번째와 세 번째 패킷이지만 패킷 16은 핸드셰이크 후에 온 첫 번째 HTTP 명령이다. 우리의 필터가 이 패킷을 보여주는 이유는 상대적 순서번호(`tcp.seq`)가 1이고 상대적 응답 확인 번호(`tcp.ack`)가 1이기 때문이다. 뷰에서 이 패킷을 제거하기 위해 필터에 `&& tcp.len==0`을 추가한다.

패킷 698에서 706까지는 FIN 패킷이다. 이 FIN 패킷들도 상대적 순서번호와 상대적 응답 확인 번호 때문에 표시된다. 뷰에서 이 패킷을 제거하기 위해 필터에 `tcp.flags.fin==0`을 추가한다.

4단계: 다음 두 가지 조건을 추가해서 필터를 개선하자.

```
(tcp.flags.syn==1 && tcp.flags.ack==1) || (tcp.seq==1 && tcp.ack==1) &&
tcp.len==0 && tcp.flags.fin==0
```

Apply를 클릭한다. 이제 추적 파일에서 핸드셰이크의 SYN/ACK와 ACK 패킷만 보일 것이다. TCP Delta 칼럼은 각 TCP 대화에서 이 패킷들 사이의 시간을 표시한다.

5단계: 계속하기 전에 **Clear**를 클릭해 필터를 제거한다.

두 필터(핸드셰이크의 첫 두 패킷을 위한 필터와 두 번째, 세 번째 패킷을 위한 필터) 표현식 버튼을 저장하고, TCP HS1-2와 TCP HS2-3로 이름을 붙인다. 이런 필터 표현식 버튼은 긴 경로 대기시간을 쉽게 보기 위해 사용할 수 있다.

다음으로, 추적 파일의 TCP 지연을 탐지하기 위해 고급 IO 그래프를 작성한다.

와이어샤크 실습 33. TCP 지연 그래프

추적 파일에서 TCP 대화 지연을 찾을 때, `tcp.time_delta`의 최댓값을 그래프로 보기 위해 와이어샤크의 Advanced IO 그래프를 사용할 수 있다.

1단계: tr-chappellu.pcapng를 연다.

2단계: Statistics ▶ IO Graph를 선택한다.

3단계: Y Axis Unit 영역에서 **Advanced...**를 선택한다.

4단계: Graph 1의 Calc 옵션에 **MAX(*)**를 선택하고 Calc 영역에 `tcp.time_delta`를 입력한다. 처음에는 필터 없이 진행한다.

5단계: Graph 1 버튼을 클릭해 결과 그래프를 본다.

그래프에서 추적 파일의 25초쯤에 RTT 값이 급증하는 곳이 있는 것을 볼 수 있다.

그래프의 고점에서 클릭하면 와이어샤크는 메인 와이어샤크 창의 해당 패킷으로 점프한다. TCP Delta 칼럼의 값(15.757807초)에 주목한다.

해당 패킷(패킷 155)은 TCP FIN 패킷이며 신경 쓸 필요가 없는 지연이다. 더 쓸모 있는 그래프를 그리기 위해, 허용 가능한 지연을 뷰에서 제거하는 필터를 추가한다.

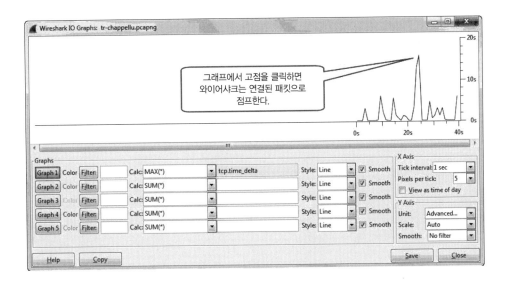

6단계: Graph 1의 필터 영역에 다음 필터를 입력한다.

```
tcp.time_delta > 1 && tcp.flags.fin==0 && tcp.flags.reset==0 && !http.
request.method=="GET"
```

이 필터는 '와이어샤크 실습 30. 'TCP Delay' 버튼 추가'에서 생성한 것과 동일한 디스플레이 필터다.

이 필터를 사용하려면 **Graph 1** 버튼을 다시 클릭한다.

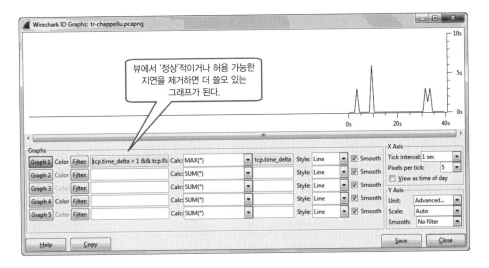

뷰에서 많은 오탐을 제거했기 때문에 새 그래프는 적은 수의 문제를 보여준다. 그래프에서 가장 큰 지연 지점을 클릭하면 와이어샤크는 패킷 86으로 점프한다(실습을 종료한 후 IO 그래프로 돌아와서 창을 닫는다).

이 그래프를 생성할 때 다른 결과를 얻었다면, TCP 대화 타임스탬프 계산(TCP Calculate conversation timestamps) 환경 설정이 활성화됐는지 확인한다(162쪽의 'TCP 환경 설정: 대화 타임스탬프 계산' 참고).

또한 TCP 스트림 재조립에 해석기 사용(Allow subdissector to reassemble TCP streams) 환경 설정이 비활성화됐는지도 확인한다(98쪽의 '와이어샤크 실습 11. HTTP 응답 시간 측정을 위해 TCP 해석기 재조립 설정 변경' 참고).

패킷 86은 이 TCP 스트림에서 앞 패킷(TCP SYN 패킷) 이후 약 6초만에 도착한 TCP SYN 재전송 패킷이다. 연결 요청이 응답받지 못하고 있는 것을 볼 수 있다.

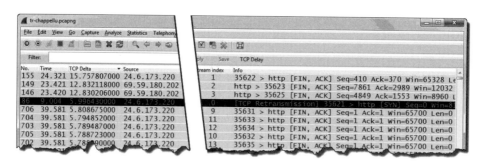

네트워크 성능 문제 해결에서 항상 시간에 주의하자. 20ms 지연은 최종 사용자가 체감하기 어렵다. 20초 지연은 체감할 것이다. 문제 해결의 우선순위를 지정해서 가장 큰 지연을 먼저 없애자. 그 점이 대다수 사용자가 가장 고맙게 생각하는 부분이다.[4]

---

4 비록 직접 감사한다고 말하지는 않겠지만. (한숨)

긴 DNS 응답 시간 찾기

디스플레이 필터 값

dns.time

DNS_{Domain Name Service}(도메인 이름 서비스)는 주로 네트워크 이름(www.wireshark.org 등)을 네트워크 주소(IPv4 또는 IPv6)로 변환하기 위해 사용된다.

HTTP를 비롯한 많은 애플리케이션이 실행 중에 사용자(또는 웹 페이지 요소)가 네트워크 이름을 참조할 때 DNS 쿼리를 실행한다.

DNS는 UDP 또는 TCP 위에서 실행 가능한 요청/응답 프로토콜이다. 일반적인 이름 질의는 UDP 위에서 동작하고 영역 전송_{zone transfer}은 TCP 위에서 동작한다.

와이어샤크 실습 34. dns.time 칼럼 추가 및 정렬로 DNS 응답 시간 찾기

dns.time 칼럼을 생성하고 정렬하기 위해, 앞에서 TCP Delta 칼럼을 생성하고 정렬했던 과정을 그대로 따른다.

1단계: tr-dns-slow.pcapng를 연다.

2단계: dns.time 필드는 DNS 응답 패킷에만 존재한다. 첫 번째 DNS 응답 패킷은 패킷 3(표준 쿼리 응답)이다. 이 패킷을 사용해 dns.time 칼럼을 만들겠다.
패킷 3의 Domain Name System(response) 섹션을 펼친다.

3단계: [Time: 0.107083000 seconds] 줄에서 오른쪽 클릭하고 Apply as Column을 클릭한다. 새 **dns.time** 칼럼이 **Time**이라는 제목과 함께 나타난다.

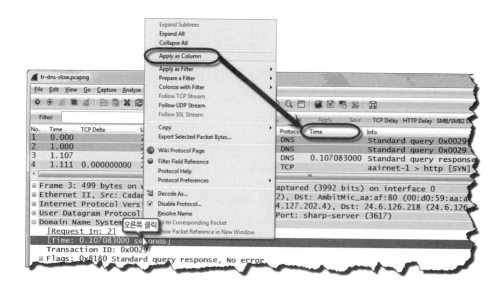

4단계: 새로 만든 칼럼이 Info 칼럼 왼편에 나타난다. 클릭하고 기존 TCP Delta 칼럼의 오른편으로 드래그한다.

5단계: 새 칼럼의 이름을 변경하려면, 칼럼 제목을 오른쪽 클릭하고 Edit Column Details를 선택한다. Title을 DNS Delta로 변경하고 OK를 클릭한다.

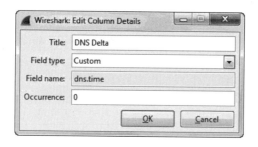

6단계: DNS Delta 칼럼의 제목을 두 번 클릭해 내림차순으로 정렬한다. 지연이 큰 DNS 응답 패킷이 목록의 맨 위부터 나타난다.

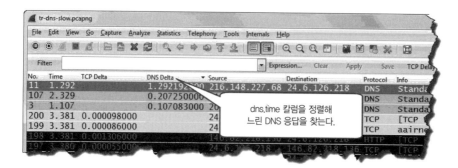

180

이 추적 파일에서, 패킷 11 앞에 1.3초 정도의 큰 지연이 있다.

다시 한 번 얘기하자면, 어디서 문제가 생겼는지는 와이어샤크가 언제든지 알려줄 수 있지만 왜 그런 문제가 생겼는지 항상 알려줄 수는 없다. DNS 서버가 왜 느린지 더 조사해봐야 할 것이다.

와이어샤크 실습 35. 긴 DNS 응답 시간 탐지 버튼 생성

이번 실습에서는 1초보다 긴 DNS 응답 시간을 탐지하기 위한 버튼을 생성한다.

1단계: tr-dns-slow.pcapng를 연다.

2단계: 디스플레이 필터 영역에 `dns.time > 1`를 입력하고 **Save**를 클릭한다.

3단계: 버튼 이름을 **DNS Delay**로 지정하고 **OK**를 클릭한다.

4단계: 새로 만든 **DNS Delay** 버튼을 클릭한다. 패킷 11이 이 필터에 일치하는 유일한 패킷이다. 동작한다! 가장 큰 DNS 지연시간을 아주 쉽게 찾았다. 결과를 검토한 뒤 디스플레이 필터를 초기화한다.

이 버튼의 설정 값을 상황에 맞게 변경할 수 있음을 기억하자. 예를 들어, DNS 응답 시간이 대개 20ms보다 작다면 이 버튼의 값을 100ms로 설정할 수도 있다.

와이어샤크 실습 36. DNS 응답 시간 그래프

추적 파일의 DNS 지연을 강조하기 위해 그래프를 생성한다.

1단계: tr-dns-slow.pcapng를 연다.

2단계: Statistics ▶ IO Graph를 선택한다.

3단계: Y Axis Unit 영역에서 Advanced...를 선택한다.

4단계: Graph 1의 Calc 옵션에 MAX(*)를 선택하고 Calc 영역에 `dns.time`를 입력한다.

5단계: Graph 1 버튼을 클릭해 결과 그래프를 본다. 결과를 검토한 후 그래프를 닫는다.

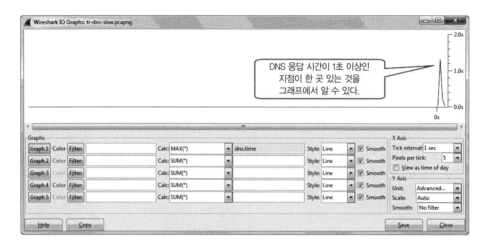

다시 말하자면, 이 그래프를 그릴 필요가 없을 수도 있다. `dns.time` 칼럼을 정렬해서 지연을 찾는 것이 더 쉽기 때문이다.

긴 HTTP 응답 시간 찾기

디스플레이 필터 값

```
http.time
```

긴 HTTP 응답 시간은 웹 서버에 연결 또는 서비스 요청이 폭주하거나 클라이언트 요청에 답하기 위해 다른 서버에 질의해야 할 때 생길 수 있다.

HTTP 응답 시간을 측정할 때, 서비스 요청(HTTP GET 요청 등)과 응답(HTTP 200 OK 등) 사이의 시간 차를 관찰한다. HTTP 응답 시간 필드는 `http.time`라는 이름을 가지고 있다.

와이어샤크의 TCP 스트림 재조립에 해석기 사용Allow subdissector to reassemble TCP streams 환경 설정은 HTTP 응답 시간을 평가할 때 그 결과를 바꿀 수도 있다.

TCP 스트림 재조립에 해석기 사용을 활성화(Wireshark 1.10의 기본 값)하면, 와이어샤크는 HTTP 요청으로부터 응답의 최종 데이터 패킷까지의 시간을 측정한다. 어떤 요소를 다운로드하기까지의 시간에 관심이 있다면 이 TCP 환경 설정을 활성화한다. 서버가 요청에 얼마나 빨리 응답하는지 알고 싶다면 이 설정을 비활성화한다.

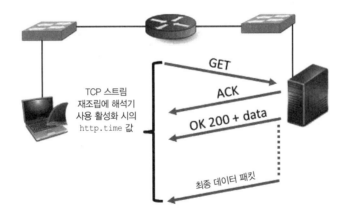

TCP 스트림 재조립에 해석기 사용을 비활성화하면, 와이어샤크는 HTTP 요청으로부터 실제 응답 패킷까지의 시간을 측정한다.

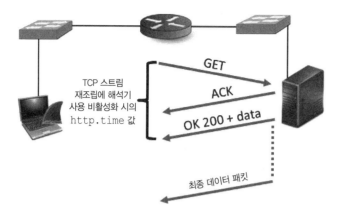

이 TCP 환경 설정을 바꾸는 데 두 가지 방법을 사용할 수 있다. 오른쪽 클릭 방법과 Preferences 창 방법이다. 이번 실습에서는 두 가지 방법 모두 검토한다.

와이어샤크 실습 37. TCP 스트림 재조립에 해석기 사용 환경 설정 비활성화

와이어샤크 실습 11에서 이 설정을 이미 비활성화해봤을 수도 있다. 그랬다면 이번 실습은 쉽게 넘길 수 있을 것이다. 이 설정이 와이어샤크의 HTTP 응답 시간 계산에 영향을 미치기 때문에 비활성화하는 방법을 검토해야만 한다.

1단계: tr-http-pcaprnet101.pcapng를 연다.

2단계: 오른쪽 클릭 방법으로 설정하려면, 패킷 5의 패킷 상세 창에서 TCP header를 오른쪽 클릭한다. Protocol Preferences를 선택하고 Allow subdissector to reassemble TCP streams를 체크 해제한다.

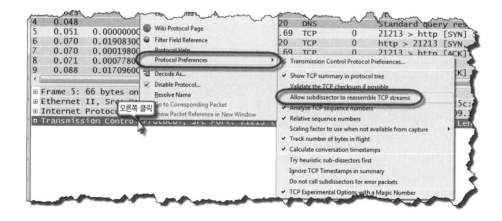

3단계: 새 설정을 확인하기 위해 Preferences 창 방법을 사용한다. Edit ❯
Preferences ⌘ ❯ (+) Protocols ❯ TCP를 선택한다.

또는 메인 툴바의 **Edit Preferences** 버튼을 클릭하고 **(+)** Protocols ❯ TCP를 선택한다.

2단계에서 이미 이 설정을 비활성화한 것을 확인할 수 있다.

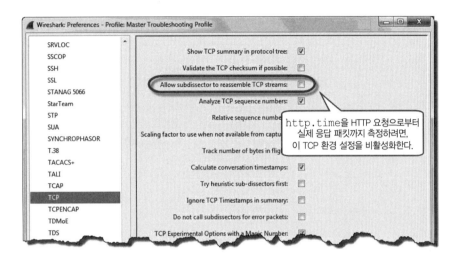

> 나는 새 프로파일을 생성할 때 항상 TCP 스트림 재조립에 해석기 사용 환경 설정을 비활성화한다. 데이
> 터 스트림을 재조립하거나 HTTPS 트래픽을 분석할 때만 활성화한다.

와이어샤크 실습 38. HTTP 응답 시간 칼럼 추가 및 정렬로 HTTP 응답 시간 찾기

http.time 칼럼을 생성하고 정렬하기 위해, 앞에서 TCP Delta 칼럼을 생성하고 정
렬했던 과정을 그대로 따른다.

1단계: tr-http-pcaprnet101.pcapng를 연다.

2단계: http.time 필드는 HTTP 응답 패킷에만 존재한다. 첫 번째 HTTP 응답 패킷
은 패킷 10(HTTP 303 See Other)이다. 이 패킷을 사용해 http.time 칼럼을 만들겠다.

패킷 10의 패킷 상세 창에서 Hypertext Transfer Protocol 섹션을 오른쪽 클릭하고 Expand Subtrees를 선택한다.

3단계: [Time since request: 0.026416000 seconds] 줄에서 오른쪽 클릭하고 Apply as Column을 클릭한다. 새 http.time 칼럼이 Time since request라는 제목과 함께 나타난다. 이 칼럼 제목은 그리 잘 설명하고 있지 않다. 잠시 후 이름을 바꿀 것이다.

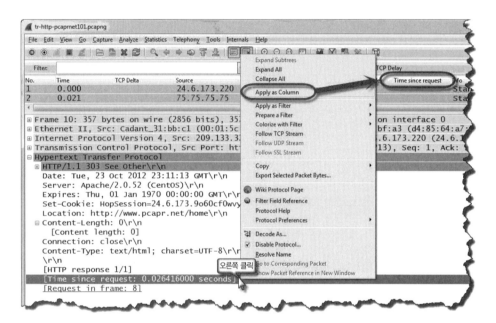

4단계: 새로 만든 칼럼이 Info 칼럼 왼편에 나타난다. 클릭하고 기존 TCP Delta 칼럼의 오른편으로 드래그한다.

5단계: 새 칼럼의 이름을 변경하려면, 칼럼 제목을 오른쪽 클릭하고 Edit Column Details를 선택한다. Title을 HTTP Delta로 변경하고 OK를 클릭한다.

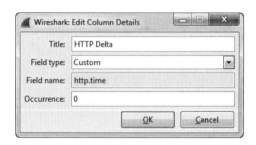

6단계: HTTP Delta 칼럼의 제목을 두 번 클릭해 내림차순으로 정렬한다. 지연이 큰 HTTP 응답 패킷이 목록의 맨 위부터 나타난다.

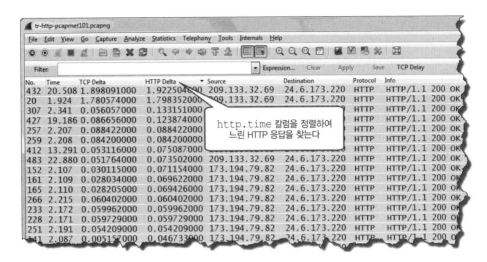

이 추적 파일의 패킷 432와 20에서, HTTP 서버(209.133.32.69)로부터의 HTTP 응답 시간이 두 번이나 1.7초를 넘긴 것을 알 수 있다.

서버가 느린 이유는? 그 답을 찾으려면 서버를 더 조사해봐야 할 것이다. 어디서 문제가 생겼는지는 와이어샤크가 언제든지 알려줄 수 있지만 왜 그런 문제가 생겼는지 항상 알려줄 수는 없다.

와이어샤크 실습 39. 긴 HTTP 응답 시간 탐지 버튼 생성

이번 실습에서는 1초보다 긴 HTTP 응답 시간을 탐지하기 위한 버튼을 생성한다.

1단계: tr-http-pcaprnet101.pcapng를 연다.

2단계: 디스플레이 필터 영역에 `http.time > 1`를 입력하고 Save를 클릭한다.

3단계: 버튼 이름을 HTTP Delay로 지정하고 OK를 클릭한다.

4단계: 새로 만든 HTTP Delay 버튼을 클릭한다. 패킷 2개(패킷 20과 432)가 표시된다. 동작한다! 실습 결과를 검토한 뒤 디스플레이 필터를 초기화한다.

필터 표현식 버튼은 지연과 네트워크 오류를 빠르게 찾는 데에도 쓸 수 있다. 네트워크 문제를 더 효율적으로 찾게 해주는 가장 강력한 기능이다.

와이어샤크 실습 40. HTTP 응답 시간 그래프

이제 그래프 그리는 과정이 익숙하게 느껴질 것이다.

1단계: tr-http-pcaprnet101.pcapng를 연다.

2단계: Statistics 〉 IO Graph를 선택한다.

3단계: Y Axis Unit 영역에서 Advanced...를 선택한다.

4단계: Graph 1의 Calc 옵션에 MAX(*)를 선택하고 **Calc** 영역에 http.time를 입력한다.

5단계: Graph 1 버튼을 클릭해 결과 그래프를 본다. 결과를 검토한 후 IO 그래프를 닫는다.

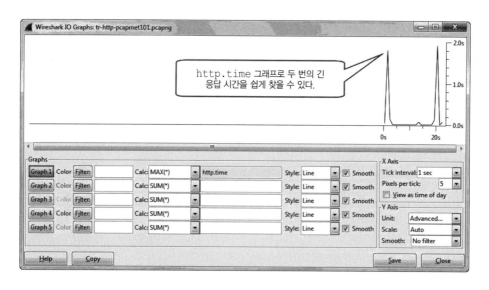

이 그래프를 그릴 필요가 없을 수도 있다. http.time 칼럼을 만들어 정렬해서 문제를 이미 찾았기 때문이다. 하지만 다른 사람에게 문제를 설명해야 한다면 이런 그래프가 꼭 필요하다.

긴 SMB 응답 시간 찾기

디스플레이 필터 값

smb.time
smb2.time

SMBServer Message Block(서버 메시지 블록)은 마이크로소프트 윈도우 네트워크에서 사용되는 파일 공유 프로토콜이다. 윈도우 기반 네트워크에서는 두 가지 버전의 SMB(SMB와 SMB 버전2)를 흔히 볼 수 있다. 와이어샤크는 각 버전의 SMB마다 별도의 해석기를 가지고 있다. SMB 지연을 표시하는 필터 표현식 버튼을 저장하기 전에 이 점을 고려해야 한다.

SMB는 요청/응답 기반이며, 그 응답 코드에 대한 문서는 마이크로소프트의 Open Specification 사이트(www.microsoft.com/openspecifications/)에서 찾을 수 있다.

와이어샤크 실습 41. SMB 응답 시간 칼럼 추가 및 정렬

smb.time 칼럼을 생성하고 정렬하기 위해, 앞에서 TCP Delta 칼럼을 생성하고 정렬했던 과정을 그대로 따른다.

1단계: tr-smb-slow.pcapng를 연다.

2단계: smb.time 필드는 SMB 응답 패킷에만 존재한다. 첫 번째 SMB 응답 패킷은 패킷 5(Negotiate Protocol Response)이다. 이 패킷을 사용해 smb.time 칼럼을 만들겠다.

패킷 5의 패킷 상세 창에서 SMBServer Message Block Protocol 섹션과 SMB Header 섹션을 펼친다.

3단계: [Time from request: 0.000766000 seconds] 줄에서 오른쪽 클릭하고 **Apply as Column**을 클릭한다.

새 smb.time 칼럼이 **Time from request**라는 제목과 함께 나타난다. 이 제목만으로는 SMB 시간을 측정하는 것인지 알기 어렵다. 새로 만든 칼럼의 이름을 바꾸는 것이 중요한 이유이다.

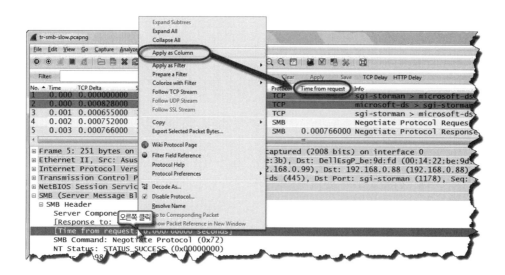

4단계: 새로 만든 칼럼이 Info 칼럼 왼편에 나타난다. 클릭하고 기존 TCP Delta 칼럼의 오른편으로 드래그한다(HTTP 시간이나 DNS 시간 정보는 필요 없으므로 칼럼 제목에서 오른쪽 클릭하고 Hide Column을 선택한다).

5단계: 칼럼 제목을 오른쪽 클릭하고 Edit Column Details를 선택해 새 칼럼의 이름을 변경한다. Title을 SMB Delta로 변경하고 OK를 클릭한다.

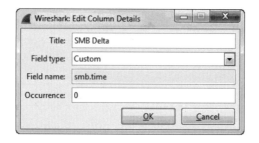

6단계: SMB Delta 칼럼의 제목을 두 번 클릭해 내림차순으로 정렬한다. 지연이 큰 SMB 응답 패킷이 목록의 맨 위부터 나타난다.

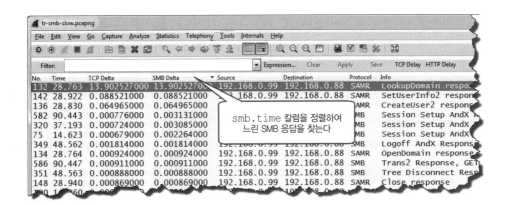

이 추적 파일에서, 패킷 132 앞에 14초 정도의 큰 지연이 있다.

다시 한 번 얘기하자면, 어디서 문제가 생겼는지는 와이어샤크가 언제든지 알려줄 수 있지만 왜 그런 문제가 생겼는지 항상 알려줄 수는 없다. 서버가 왜 느린지 더 조사해봐야 할 것이다.

> SMB 버전 2를 다룬다면 이 칼럼의 문법은 smb2.time이 된다. 이 추적 파일로 smb2.time 칼럼을 생성하려면, 3단계와 4단계를 거쳐 또 하나의 smb.time 칼럼을 만든다. 지금 만든 두 번째 smb.time 칼럼의 제목을 오른쪽 클릭하고 Edit Column Details를 선택한다. Title을 SMB2 Delta로 변경하고 Field name을 smb2.time으로 수정한다. OK를 클릭해 새 칼럼을 저장한다.

와이어샤크 실습 42. SMB 통계 검토(Statistics > Service Response Times > SMB)

와이어샤크는 몇몇 서비스 응답 시간을 추적하는데, 그 중에 SMB와 SMB2 응답 시간이 포함돼 있다. 추적 파일에서 가장 큰 지연을 찾기 위해 앞에서 칼럼을 새로 추가하고 정렬하기도 했지만, SMB 서비스 응답 시간 창SMB Service Response Time window 또한 긴 SMB 응답 시간들을 보여 준다.

1단계: tr-smb-slow.pcapng를 연다.

2단계: Statistics ▶ Service Response Time ▶ SMB를 선택한다. 필터 입력을 요구 받으면 Create Stat 버튼을 바로 클릭한다. 지금 우리는 추적 파일의 모든 SMB 통계에 관심이 있기 때문이다.

SMB 서비스 응답 시간 통계 창은 이 추적 파일의 최소, 최대, 평균 서비스 응답 시간SRT, Service Response Time을 보여준다.

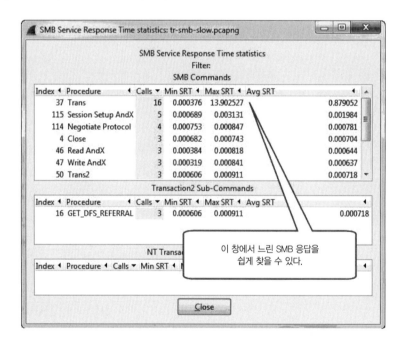

이 추적 파일에서 가장 큰 응답 시간 지연을 이미 찾았다. 그 밖에, SMB 서비스 응답 시간 통계 창은 모든 서비스 요청 프로시저의 목록을 보여 준다.

와이어샤크 실습 43. 긴 SMB 및 SMB2 응답 시간 탐지 버튼 생성

이번 실습에서는 1초보다 긴 SMB와 SMB2 응답 시간을 탐지하기 위한 버튼을 생성한다.

1단계: tr-smb-slow.pcapng를 연다.

2단계: 디스플레이 필터 영역에 smb.time > 1 || smb2.time > 1를 입력하고 Save를 클릭한다.

3단계: 버튼 이름을 SMB/SMB2 Delay로 지정하고 OK를 클릭한다.

4단계: 새로 만든 **SMB Delay** 버튼을 클릭한다. 패킷 132가 이 필터에 일치하는 유일한 패킷이다. 결과를 검토한 뒤 디스플레이 필터를 초기화한다.

앞에서 이 버튼에 1초를 설정했지만, 시간 값을 원하는 대로 조절할 수 있다. 필터 표현식 버튼을 편집하려면 메인 툴바의 Preferences 버튼 ※ 을 클릭하고 Filter Expressions을 선택한다.

와이어샤크 실습 44. SMB 응답 시간 그래프

이 책의 앞 부분에서 했던 것과 같은 방법으로 또 하나의 그래프를 그려보자. 이번에는 SMB 응답 시간의 그래프를 그린다.

1단계: tr-smb-slow.pcapng를 연다.

2단계: Statistics ▶ IO Graph를 선택한다.

3단계: Y Axis Unit 영역에서 Advanced...를 선택한다.

4단계: Graph 1의 Calc 옵션에 MAX(*)를 선택하고 Calc 영역에 smb.time을 입력한다.

5단계: Graph 1 버튼을 클릭해 결과 그래프를 본다. 결과를 검토한 후 그래프를 닫는다.

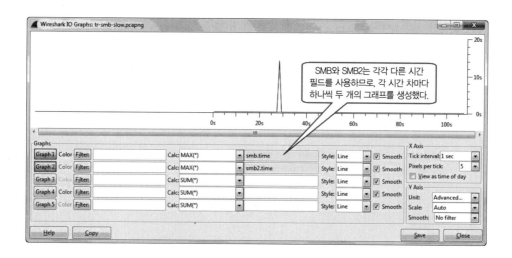

다시 말하자면, 이 그래프를 그릴 필요가 없을 수도 있다. `smb.time`과 `smb2.time` 칼럼을 정렬해서 지연을 찾는 것이 더 쉽기 때문이다.

애플리케이션 해석기에 시간 계산 기능이 없더라도, Time 칼럼(Seconds Since Previous Displayed Packet으로 설정된)을 이용해 요청과 응답 사이의 시간을 간단히 비교할 수 있다.

6장

와이어샤크 전문가를 이용한
문제 식별

전문가 시스템은 네트워크 문제를 빠르게 찾기 위한 것으로, 와이어샤크 최고의 기능이라고 할 수 있다.

전문가 시스템은 주로 TCP 문제를 탐지하기에 적합하도록 맞춰진 것이지만, 여러 프로토콜 및 애플리케이션 해석기 속의 수많은 오류 알림도 포함하고 있다.

6장에서는 주로 TCP 문제를 설명한다.

TCP 문제만 배제하더라도, 네트워크 혼잡에서 수신기측 혼잡에 이르는 수많은 네트워크와 호스트 이슈를 제외할 수 있을 것이다.

6장 메모

나는 언제나 전문가 정보 창을 열어 문제를 확인하고 추적 파일의 문제 지점으로 빠르게 이동한다.

- 패킷 손실의 조짐(캡처되지 않은 이전 세그먼트, 중복 ACK, 재전송, 빠른 재전송)에 주의한다.

- 수신기 혼잡의 조짐(가득 찬 윈도우, 제로 윈도우)에 주의한다.

- 지연 가까이에서 재사용된 포트에 주의한다.

- 작업 오프로딩을 지원하는 호스트에서 캡처할 때 체크섬 오류에 방해받지 않는다.

와이어샤크 전문가 정보 시스템 개요

와이어샤크는 수많은 전문가 정보 알림으로 이뤄져 있다. 이 알림에 대한 코드는 애플리케이션과 프로토콜 해석기에 들어있다.

예를 들어, 아래 코드는 packet-tcp.c(TCP 해석기) 파일의 한 부분이다. packet-tcp.c의 이 부분은 손실된 패킷 알림 조건을 정의하고 있다.

```
900
901    /* LOST PACKET
902     * If this segment is beyond the last seen nextseq we must
903     * have missed some previous segment
904     *
905     * We only check for this if we have actually seen segments prior to this
906     * one.
907     * RST packets are not checked for this.
908     */
909    if( tcpd->fwd->nextseq
910    && GT_SEQ(seq, tcpd->fwd->nextseq)
911    && (flags&(TH_RST))==0 ) {
912        if(!tcpd->ta) {
913            tcp_analyze_get_acked_struct(pinfo->fd->num, seq, ack, TRUE, tcpd);
914        }
915        tcpd->ta->flags|=TCP_A_LOST_PACKET;
916
917        /* Disable BiF until an ACK is seen in the other direction */
918        tcpd->fwd->valid_bif = 0;
919    }
```

아래에서는 다양한 TCP 전문가 정보 오류, 경고, 알림을 살펴볼 것이다. 또한 와이어샤크가 패킷에 특정 전문가 알림을 표시하는 이유를 알기 위해 packet-tcp.c 코드를 들여다 본다.

6장에서는 다음과 같은 전문가 정보를 다룬다.

- 캡처되지 않은 이전 세그먼트
- 중복 ACK
- 순서 바뀐 패킷
- 빠른 재전송
- 재전송
- 미도착 세그먼트 확인 응답

- Keep Alive와 Keep Alive ACK
- 제로 윈도우
- 가득 찬 윈도우
- 제로 윈도우 프로브와 제로 윈도우 프로브 ACK
- 윈도우 업데이트
- 포트 재사용

캡처되지 않은 이전 세그먼트

디스플레이 필터 값

tcp.analysis.lost_segment

와이어샤크 패킷 손질 탐지 프로세스 개요

99.999999%의 경우[1] 패킷 손실은 스위치, 라우터, 방화벽 등 전달forwarding 결정을 하는 연결 장치에서 일어난다.

와이어샤크는 패킷 손실을 탐지하기 위해 TCP 순서 확인 프로세스를 사용한다. 이 기능은 'Analyze TCP Sequence Numbers' TCP 환경 설정을 비활성화하여 꺼 버릴 수 있다.[2]

와이어샤크는 각 패킷의 순서번호Sequence Number 필드 값을 데이터 바이트 수와 합산하여 nextseq라는 값(Next Sequence Number 필드)을 생성한다. nextseq는 송신 자로부터 예상되는 다음 순서번호 값이다.

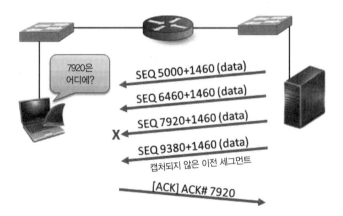

---

1   물론 나의 추정일 뿐이다.

2   하지만 그래야 할 이유를 찾지는 못하겠다.

순서번호가 nextseq 값 이상으로 점프하는 것을 발견하면 와이어샤크는 패킷이 손실된 것으로 가정한다.[3] 예를 들어, 앞의 그림을 와이어샤크는 아래와 같이 분석했다.

- 서버는 순서번호가 5,000이고 데이터가 1,460바이트인 패킷을 전송한다. nextseq 값은 6,460으로 설정된다.

- 순서번호가 6,460이고 데이터가 1,460바이트인 패킷이 올 때 nextseq 값은 7,920이다.

- 하지만 와이어샤크는 순서번호 7,920 대신에 순서번호 9,380을 보게 된다. 와이어샤크는 이 패킷에 `tcp.analysis.lost_segment` 전문가 태그를 표시한다.

패킷 손실 원인은?

연결 장치가 패킷을 폐기하는 이유는 다양하다. 스위치 또는 라우터가 오버로드 돼 패킷 전달률forwarding rate을 따라가지 못하거나, 아니면 단순히 장치 불량일 수도 있다.[4]

> 나는 그 두 가지 경우를 모두 보았다. 내가 경험했던 최악의 패킷 손실 사례에서 엔터프라이즈 스위치가 3ms마다 패킷을 폐기하고 있었다. 그 중요한 스위치가 전체 네트워크를 마비시키고 있었는데, 트래픽 캡처 위치를 네트워크에서 움직여봄으로써 문제가 되는 스위치를 정확히 찾을 수 있었다.

패킷 손실 복구 방법 1: 빠른 복구

TCP 피어가 패킷 손을 탐지하고 복구하는 방법은 수신자의 빠른 복구 지원 여부에 따라 달라진다.

---

3 와이어샤크 버전 1.10.x는 사라진 패킷 개수를 자동으로 알 수 없다. 패킷 50개가 연속으로 손실된다 하더라도, 와이어샤크는 '캡처되지 않은 이전 세그먼트' 알림을 한 번 만들어낼 뿐이다. 얼마나 많은 패킷이 손실됐는지 알기 위해, 사라진 패킷 알림 직전의 Next Sequence Number 필드 값과 사라진 패킷 알림의 Sequence Number 필드 값을 검토한다. 두 번째 값에서 첫 번째 값을 빼고, 일반적인 TCP 세그먼트 크기로 나눈다.

4 마지막으로 네트워크의 스위치, 라우터 또는 다른 인프라 장비의 통계를 검토한 것이 언제인가?

빠른 복구를 지원하는 수신자가 순서번호 값이 점프하는 것을 알게 되면, 즉시 순서번호 7,920을 요청하는 중복 ACK(확인 응답 번호 필드 7,920)를 보내기 시작한다.

서버는 동일한 네 개의 ACK(원본과 세 개의 중복 ACK)를 받으면 순서번호 7,920 패킷을 재전송한다.

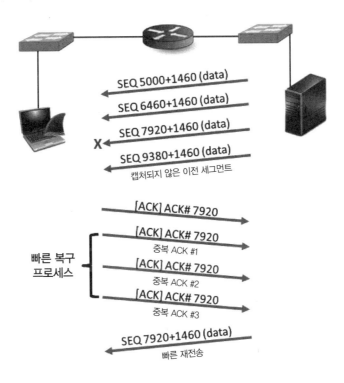

패킷 손실 복구 방법 2: 송신자 재전송 시간 초과

재전송 시간 초과RTO, Retransmission Timeout 타이머 값 이내에 데이터 패킷이 확인 응답을 받지 못한 것을 송신자가 알게 되면 패킷을 재전송한다.

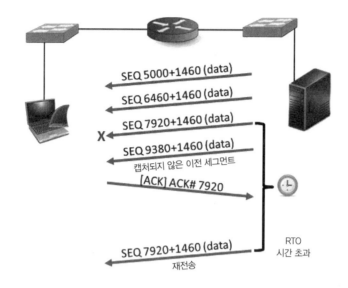

SEQ 5000+1460 (data)

SEQ 6460+1460 (data)

SEQ 7920+1460 (data)

SEQ 9380+1460 (data)

캡처되지 않은 이전 세그먼트

[ACK] ACK# 7920

SEQ 7920+1460 (data)

재전송

RTO
시간 초과

packet-tcp.c의 코드와 주석

packet-tcp.c 코드에서 nextseq를 참고하는 것을 명확히 볼 수 있다. 또한 이전 패킷이 추적 파일에 있을 때만 와이어샤크가 패킷 손실을 확인하는 것도 알 수 있다. (flags&(TH_RST))==0에서 보듯이, TCP RST(리셋) 패킷은 검사되지 않으며 '캡처되지 않은 이전 세그먼트'로 표시되지도 않는다.

```
900
901     /* 사라진 패킷
902      * 이 세그먼트가 마지막으로 관찰한 nextseq 값보다 크다면
903      * 앞의 몇몇 세그먼트를 잃어버린 것이 분명하다
904      *
905      * 현재 세그먼트 앞의 세그먼트를 본 적이 있을 때만
906      * 이렇게 체크한다.
907      * RST 패킷은 고려되지 않는다.
908      */
909     if( tcpd->fwd->nextseq
910     &&  GT_SEQ(seq, tcpd->fwd->nextseq)
911     &&  (flags&(TH_RST))==0 ) {
912         if(!tcpd->ta) {
913             tcp_analyze_get_acked_struct(pinfo->fd->num, seq, ack, TRUE, tcpd);
914         }
915         tcpd->ta->flags|=TCP_A_LOST_PACKET;
916         /* 반대 방향 ACK를 관찰할 때까지 BiF를 비활성화한다 */
917         /* Disable BiF until an ACK is seen in the other direction */
918         tcpd->fwd->valid_bif = 0;
919
```

와이어샤크 실습 45. '캡처되지 않은 이전 세그먼트' 알림 개수 필터 사용

1단계: tr-general101d.pcapng를 연다.

2단계: 디스플레이 필터 영역에 `tcp.analysis.lost_segment` 필터를 입력하고 Apply를 클릭한다. 상태 바에서 와이어샤크가 패킷 손실을 5회 탐지한 것을 알 수 있다. 그 중 하나인 패킷 10,417 지점을 다음 실습에서 다시 방문할 것이다.

3단계: 종료 후 Clear를 클릭해 필터를 제거한다.

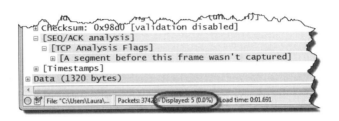

이 방법은 추적 파일에서 패킷 손실이 일어나고 있는지 확인하는 아주 간단한 방법이다. 실제로 얼마나 많은 패킷이 손실됐는지 확인하기 위해서는 TCP 순서번호 정보를 검토할 필요가 있다.

와이어샤크 실습 46. TCP 순서 확인 칼럼 추가

이번 실습에서는 추적 파일의 TCP 순서 확인 과정에서 무슨 일이 일어나고 있는지 이해하는 데 도움이 되는 세 개의 칼럼을 생성한다.

와이어샤크가 '캡처되지 않은 이전 세그먼트'를 알릴 때 얼마나 많은 패킷이 실제로 손실됐는지 확인하기 위해 이 칼럼들을 이용한다.

1단계: tr-general101d.pcapng를 연다.

2단계: 패킷 1의 TCP 헤더를 펼친다.

3단계: Sequence Number 필드를 오른쪽 클릭하고 Apply as Column을 선택한다. 새 Sequence Number 칼럼에서 오른쪽 클릭하고 Edit Column Details를 선택한 후 SEQ# 로 이름을 수정한다.

4단계: Next Sequence Number 필드를 오른쪽 클릭하고 Apply as Column을 선택한다. 새 Next Sequence Number 칼럼에서 오른쪽 클릭하고 Edit Column Details를 선택한 후 NEXTSEQ#로 이름을 수정한다.

5단계: Acknowledgment Sequence Number 필드를 오른쪽 클릭하고 Apply as Column을 선택한다. 새 Acknowledgment Sequence Number 칼럼에서 오른쪽 클릭하고 Edit Column Details를 선택한 후 ACK#로 이름을 수정한다.

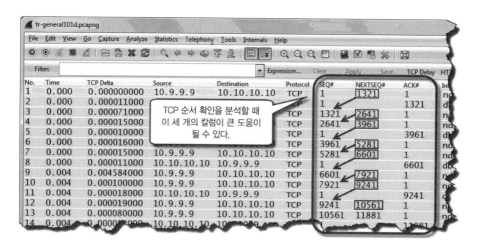

6단계: 메인 툴바의 Go To Packet 버튼을 클릭한다. 10417[5]을 입력하고 Jump To를 클릭한다. 이 패킷은 '캡처되지 않은 이전 세그먼트' 전문가 알림이 태그돼 있다.

NEXTSEQ# 칼럼은 10.9.9.9로부터의 다음 패킷(패킷 10,416의 다음 패킷)이 순서번호 9,164,761를 사용해야 함을 알려준다.

하지만 10.9.9.9로부터 온 다음 패킷의 순서번호는 9,175,321인 것을 볼 수 있다. 이에 따라 와이어샤크의 '캡처되지 않은 이전 세그먼트' 알림이 패킷 10,417에 나타난다.

---

5 Go To Packet 필드에 콤마(,)를 사용하지 않는다. 와이어샤크는 콤마를 알지 못하기 때문에 콤마를 입력하면 오류가 발생한다.

이 지점에서 몇 바이트가 손실됐는지 확인하기 위해, 9,175,321에서 9,164,761를 뺀다. 그 결과는 10,560이다. 패킷 10,417의 TCP 헤더로부터 이 패킷이 1,320바이트의 데이터를 가지고 있는 것을 알 수 있다.

사라진 패킷이 모두 1,320바이트 길이라고 가정하고, 손실된 바이트 수(10,417)를 1,320으로 나눠 손실된 패킷 수를 알아보자. 계산 결과, 패킷 10,417 앞에서 패킷 8개가 손실된 것으로 보인다.

7단계: 이 칼럼들을 사용하지 않을 때에는, 해당 칼럼 위에서 오른쪽 클릭해 Hide Column을 선택한다.

와이어샤크 실습 47. 'Bad TCP' 필터 표현식 버튼 생성

이번에는 반드시 있어야만 하는 필터 표현식 버튼이다. 이 버튼을 클릭하면 추적 파일의 여러 TCP 문제를 한 번에 찾아볼 수 있다. 이 버튼은 Bad TCP 컬러링 규칙 문자열에 기초한다.

1단계: tr-general101d.pcapng를 연다.

2단계: 필터 전체를 입력하고 싶지 않으면 Coloring Rules 버튼을 클릭한다. Bad TCP coloring rule을 더블클릭하고, Bad TCP coloring rule string을 복사한다. 다음 단계에서 디스플레이 필터 영역에 붙여 넣을 것이다. Coloring Rule 창을 닫는다.

3단계: 디스플레이 필터 영역에 복사한 필터 문자열을 붙여 넣는다. Bad TCP 컬러링 규칙 문자열을 복사하는 2단계를 따르지 않았다면 다음과 같이 입력한다:

```
tcp.analysis.flags && !tcp.analysis.window_update
```

4단계: 디스플레이 필터 툴바의 **Save**를 클릭하고 새 버튼의 이름을 **Bad TCP**로 변경한다.

5단계: 새로 만든 **Bad TCP** 버튼을 클릭한다. 1,612개의 패킷이 **Bad TCP** 필터에 일치할 것이다. 종료 후 **Clear**를 클릭해 필터를 제거한다.

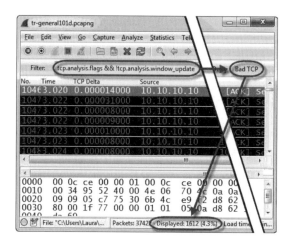

단지 4.3%의 트래픽만이 이 **Bad TCP** 버튼에 일치하지만, 파일 전송에 심각한 영향을 미치기에는 충분한 문제라고 할 수 있다.

6단계: **Clear**를 클릭해 디스플레이 필터를 제거한다.

TCP 문제와 처리율과의 관계를 325쪽의 "처리율 감소와 TCP 문제의 상관관계 파악('골든 그래프')"에서 그래프로 그려볼 것이다. 먼저 전문가 정보 창을 열어 이 추적 파일에 어떤 다른 문제가 있는지 살펴보자.

와이어샤크 실습 48. 전문가 정보로 패킷 손실 횟수 발견

1단계: tr-general101d.pcapng를 연다.

2단계: 상태 바의 Expert Infos 버튼을 클릭한다.

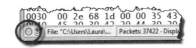

3단계: 타이틀 바에 따르면 1,614개의 전문가 정보 항목이 있다고 한다. Error 탭에는 아무 항목도 없는 것을 볼 수 있다. Warnings 탭을 클릭한다. 이 탭에 따르면 이 추적 파일에 5번의 패킷 손실이 있었음을 알 수 있다. 이것이 5개의 패킷만 손실됐다는 의미가 아니라는 점을 기억하자. 와이어샤크는 순서번호의 급격한 증가가 있었음을 알려주지만 얼마나 증가했는지는 고려하지 않는다.

와이어샤크는 또한 8번의 순서 바뀐 패킷이 있었음을 알려준다. 이 문제에 대해서는 218쪽의 '순서 바뀐 패킷'에서 다룬다.

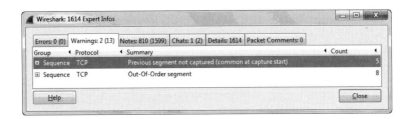

추적 파일의 특정 문제로 점프하려면, Expert Infos 섹션을 펼치고 아무 패킷이나 클릭한다. 결과 분석을 마치면 전문가 정보 창을 닫는다.

전문가 정보 창을 열어 검토하는 것은 65쪽 'TCP 기반 애플리케이션: TCP 문제 확인'의 문제 해결 체크리스트에 포함돼 있다.

와이어샤크 실습 49. 패킷 손실 위치 발견

1단계: tr-general101d.pcapng를 연다.

2단계: 아직 열려있지 않다면 상태 바의 Expert Infos 버튼을 클릭한다.

3단계: Warnings 탭을 클릭하고 Previous segment not captured(common at capture start) 섹션을 펼친다. Packet 10,417의 목록을 클릭하고 와이어샤크 창으로 돌아간다. 와이어샤크는 해당 패킷으로 점프한다.

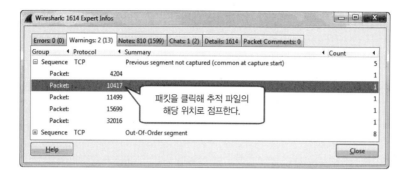

4단계: 패킷 손실 지점 이후에 일어나는 현상을 관찰한다. 패킷 손실 알림 이후 많은 중복 ACK를 보게 된다.

중복 ACK로부터 10.10.10.10(수신자)이 빠른 복구를 지원함을 알 수 있다. 중복 ACK의 Acknowledgment Number 필드에서 볼 수 있듯이, 각 중복 ACK는 순서 번호 9,164,761을 요청한다.

결과 분석을 마치면 전문가 정보 창을 닫는다.

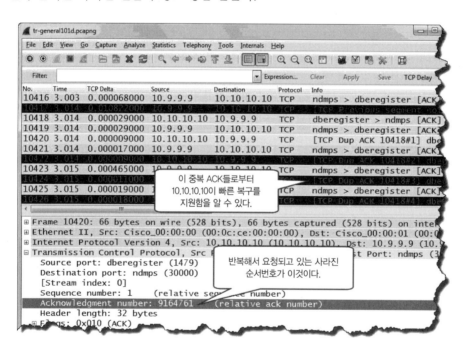

5단계: 이제 패킷 손실 지점으로부터 업스트림(패킷 손실 지점보다 송신자에 더 가까움)인지 패킷 손실 지점으로부터 다운스트림(패킷 손실 지점보다 수신자에 더 가까움)인지 확인해보자.

패킷 손실 지점으로부터 업스트림이라면 원본 패킷과 재전송을 볼 것이다. 아래 그림에서는 10.10.10.10(데이터 수신자) 주변의 트래픽을 수신 대기하기 위해 TAP을 설치했다.

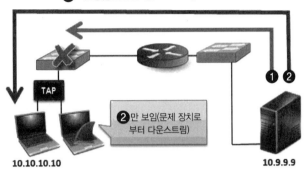

패킷 손실 지점으로부터 다운스트림이라면 재전송만 볼 수 있다. 아래 그림에서 10.10.10.10(수신자)에 가까운 스위치의 반대쪽에 TAP을 설치했다.

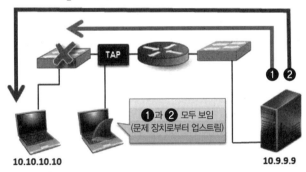

6단계: 사라진 패킷의 순서번호를 알고 있기 때문에, 원본과 재전송을 모두 보고 있는지 아니면 재전송만 보고 있는지 확인할 수 있다. 그 정보에서 우리가 패킷 손실 위치로부터 업스트림인지 다운스트림인지 알 수 있다.

디스플레이 필터 영역에 `tcp.seq==9164761`를 입력한다.

패킷 손실 지점으로부터 다운스트림에서 트래픽을 캡처한 것으로 보인다. 가능하다면 와이어샤크를 데이터 송신자에 더 가까운 쪽으로 이동한다. 실습 결과를 검토한 수 디스플레이 필터를 초기화한다.

패킷 손실 후 복구 시간을 개선하기 위해 TCP에 많은 기능이 추가됐지만, 패킷 손실은 항상 네트워크 성능에 영향을 미친다.

패킷 손실을 보면 움직여라. 어디서 패킷 손실이 일어나는지 찾아서 발생 원인을 알아낸다.

중복 ACK

디스플레이 필터 값

`tcp.analysis.duplicate_ack`

트래픽 분석 개요

중복 ACK는 빠른 복구를 지원하는 호스트에 계산된 다음 순서번호보다 큰 순서번호를 가진 패킷이 도착했음을 의미한다. 빠른 복구에 대해서는 RFC 5681, 'TCP 혼잡 제어'를 참고한다.

와이어샤크는 패킷의 데이터 바이트 수뿐 아니라 윈도우 크기, 순서번호, 확인응답 번호 필드까지 검토하여 중복 ACK 여부를 결정한다.

동일 소스로부터의 두 패킷에서 이 필드 값들이 동일하고 데이터가 들어있지 않다면, 두 번째(및 일치하는 이후의 모든 ACK)는 첫 번째 ACK의 복사본으로 표시된다.

중복 ACK의 확인 응답 번호 필드 값은 요청된 순서번호를 의미한다. TCP 호스트는 잃어버린 패킷이 도착할 때까지 계속해서 중복 ACK를 전송한다. 예를 들어, 아래 그림에서 클라이언트는 지금까지 네 개의 동일한 ACK(순서번호 7,920을 요청하는 원본 ACK와 동일한 순서번호를 요청하는 세 개의 중복 ACK)를 전송했다.

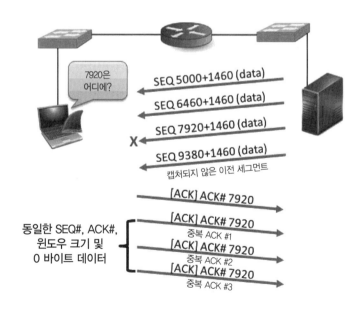

중복 ACK의 원인

중복 ACK는 대개 패킷 손실의 징후이지만 순서 바뀐 패킷의 조짐일 수도 있다.

빠른 복구를 지원하는 TCP 수신자가 순서 바뀐 패킷을 받았을 때 중복 ACK가 전송된다.

이때 수신자는 패킷이 사라진 것인지 단지 순서만 바뀐 것인지 알지 못한다. 수신한 순서번호가 예상했던 것보다 크게 점프했다는 것만 알뿐이다.

와이어샤크 또한 이 시점에서 패킷이 경로상에서 사라진 것인지 단순히 순서 바뀐 패킷이 곧 도착할 예정인지 알지 못한다. 와이어샤크는 어떤 상황이 발생했는지 알아내기 위해 이후 3ms 동안 주의를 기울인다.

3ms 이내에 사라진 순서번호의 패킷이 도착하면, 와이어샤크는 Out-of-Order(tcp.analysis.out_of_order) 패킷으로 표시한다. 만일 3ms 이후에 사라진 순서번호의 패킷이 도착하면, 와이어샤크는 패킷이 재전송 또는 빠른 재전송[6]인 것으로 표시한다.

packet-tcp.c의 코드와 주석

TCP 해석기에서 seglen(패킷의 데이터 크기), lastack(이전 확인 응답 번호 필드 값), window(윈도우 크기 값)을 참고하는 코드를 명확히 볼 수 있다.

또한 와이어샤크가 TCP SYN, FIN, RST 플래그 설정을 참고하는 것을 볼 수 있다. 중복 ACK 패킷에서 이 플래그들은 모두 0으로 설정돼야만 한다.

---

6 와이어샤크는 두 종류의 재전송(표준 재전송과 빠른 재전송)을 정의한다. 6장의 뒷부분에서 이 두 종류의 재전송을 구분해 설명하겠다.

```
1013
1014     /* 중복 ACK
1015      * window/seq/ack가 이전 세그먼트와 동일하고 세그먼트 길이가 0이면
1016      * 중복 ACK이다.
1017      */
1018     if( seglen==0
1019     && window
1020     && window==tcpd->fwd->window
1021     && seq==tcpd->fwd->nextseq
1022     && ack==tcpd->fwd->lastack
1023     && (flags&(TH_SYN|TH_FIN|TH_RST))==0 ) {
1024         tcpd->fwd->dupacknum++;
1025         if(!tcpd->ta) {
1026             tcp_analyze_get_acked_struct(pinfo->fd->num, seq, ack, TRUE, tcpd);
1027         }
1028         tcpd->ta->flags|=TCP_A_DUPLICATE_ACK;
1029         tcpd->ta->dupack_num=tcpd->fwd->dupacknum;
1030         tcpd->ta->dupack_frame=tcpd->fwd->lastnondupack;
1031     }
```

와이어샤크 실습 50. 중복 ACK 개수 필터 사용

1단계: tr-general101d.pcapng를 연다.

2단계: 디스플레이 필터 영역에 `tcp.analysis.duplicate_ack` 필터를 입력하고, **Apply**를 클릭한다. 상태 바에서 와이어샤크가 중복 ACK를 1,019회 탐지한 것을 알 수 있다.

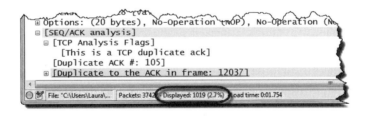

3단계: 아무 칼럼 제목에서 오른쪽 클릭하고 **Displayed Columns ▶ ACK#**를 선택한다. 이 칼럼은 '와이어샤크 실습 46. TCP 순서 확인 칼럼 추가'에서 만들고 이름을 바꿨던 것이다. 추적 파일을 스크롤해보면 중복된 ACK 중의 상당수가 순서번호 9,164,761인 손실 패킷에 대한 요청인 것을 알 수 있다.

빠른 재전송을 시작하기 위해서는 원본 ACK와 세 개의 중복 ACK만 있으면 된다. 하지만 사라진 순서번호가 해결될 때까지 호스트가 중복 ACK를 멈추지 않고 보낼 것이므로 실제로는 더 많은 중복 ACK를 보게 될지도 모른다.

4단계: 이 칼럼을 당분간 다시 사용하지 않으므로 ACK# 칼럼에서 오른쪽 클릭하고 Hide Column을 선택한다. Clear를 클릭해 디스플레이 필터를 제거한다.

와이어샤크 실습 51. 전문가 정보로 중복 ACK 발견

와이어샤크는 중복된 ACK들을 흥미로운 방식으로 센다. 와이어샤크는 모든 중복 ACK를 한꺼번에 세기보다는, 중복된 ACK를 번호에 따라 그룹으로 묶는다. 예를 들어 패킷 손실이 추적 파일에서 두 번 일어났고 두 번 모두 원본 ACK와 중복 ACK #1, #2, #3, #4가 전송됐다면, 와이어샤크는 네 개의 중복 ACK가 각각 두 번씩 일어난 것으로 표시한다.

1단계: Open tr-general101d.pcapng를 연다.

2단계: 상태 바의 Expert Infos 버튼을 클릭한다.

3단계: Notes 탭을 클릭해 이 추적 파일의 문제들을 식별한다. 얼마나 많은 중복 ACK가 나타났는지 살펴본다.

5번의 중복 ACK(#1) 알림이 있을 것이다. 빠른 복구 프로세스가 5번 시작됐음을 의미한다. 하지만 4번의 중복 ACK(#2) 알림이 있을 뿐이다. 이것은 수신자가 어떤 수신 번호가 생략된 상황에서는 복구하기 위해 첫 번째 중복 ACK를 보내기만 하면 됐음을 의미한다.

즉 추적 파일의 패킷 3,217 근처에서 아마도 한 번 순서 바뀐 패킷 상황이 있다는 뜻이다.

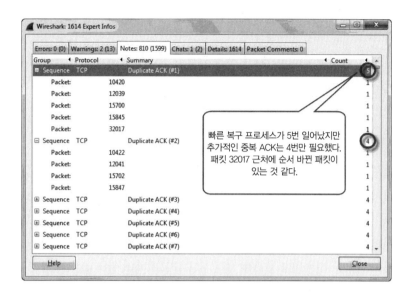

4단계: Notes 섹션 끝으로 스크롤 한다.[7] TCP 수신자는 사라진 패킷을 809번(원본 ACK 포함)이나 요청해야만 했다. 이것은 순서 바뀐 패킷이 아니다. 사라진 패킷이 있고 복구에 상당한 시간이 들었기 때문이다. 검토 후에 전문가 정보 창을 닫는다.

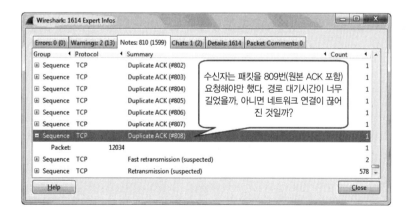

---

7 일반적으로 나는 학생들에게 절대 스크롤하지 말라고 말한다. 와이어샤크 안에 거의 항상 더 좋은 방법이 있기 때문이다. 이 경우 Summary 칼럼을 정렬할 수 있으면 좋았을 것이다. 아쉽게도 와이어샤크는 텍스트 정렬을 하기 때문에, 내림차순 정렬시에 중복 ACK(#99)가 중복 ACK(#800)보다 위에 보이게 된다. (한숨)

패킷 손실 위치를 찾기 위해서는 199쪽의 '캡처되지 않은 이전 세그먼트'를 참고한다.

이 중복 ACK들은 사라진 순서번호에 대해 불평한다. SACK가 사용 중이라면 사라진 패킷들만 재전송되는 것을 볼 것이다.

Acknowledgment Number 필드가 찾고 있는 사라진 순서번호를 유지하는 동안 수신된 다른 데이터 패킷들에 대해 TCP Options 영역의 **SACK Left Edge** 필드와 **SACK Right Edge** 필드는 확인 응답을 보낸다.

SACK가 사용되고 있지 않다면, 사라진 순서번호에서 시작하는 모든 데이터 패킷을 송신자가 재전송하기 때문에 불필요한 재전송을 많이 보게 될 수도 있다.

TCP 핸드셰이크를 캡처하지 않았다면, SACK를 사용하고 있는지 어떻게 알 수 있을까? 다음 실습에서는 SACK가 활성화됐는지 확인하기 위해 중복 ACK를 검토한다.

와이어샤크 실습 52. 선택적 ACK 사용 여부 확인

중복 ACK 패킷의 내부를 살펴보면 선택적 ACK가 사용 중인지 확인할 수 있다.

1단계: tr-general101d.pcapng를 연다.

2단계: 상태 바의 Expert Infos 버튼을 클릭한다.

3단계: Notes 탭을 클릭해 중복 ACK를 찾는다.

4단계: Duplicate ACK (#1) 줄을 펼치고 목록의 첫 번째 패킷(패킷 10,420)을 클릭한다. 패킷을 살펴보기 위해 와이어샤크로 돌아간다.[8]

---

8 패킷 바이트 창이 열려있다면 패킷 10,420의 SACK 섹션을 펼치고 Left Edge 필드를 클릭한다. 필드 이름에 일치하지 않는 것처럼 보이는 2바이트(0x050a)가 있을 것이다.

이 2바이트는 Kind 필드(0x05=SACK)와 Length 필드(0x0a=10)이다. 와이어샤크 1.10.5에서 이 두 필드는 어떤 이유에서인지 해석되지 않고 있다.

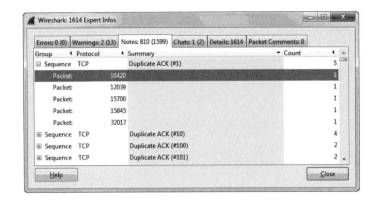

5단계: SACK Left Edge(SLE)와 SACK Right Edge(SRE) 정보는 Info 칼럼에 나열돼 있다(안 보이면 오른쪽으로 스크롤한다). 또는 패킷 10420을 펼치고 TCP 헤더의 끝 부분(Options 영역)에서 SLE와 RLE 값을 찾을 수도 있다.

중복 ACK는 순서 바뀐 패킷 또는 패킷 손실의 징후다. 두 조건을 구분하기 위해 중복 ACK 이후 일어나는 현상을 관찰할 필요가 있다.

순서 바뀐 패킷 전문가 정보 알림부터 살펴보자.

순서 바뀐 패킷

디스플레이 필터 값

tcp.analysis.out_of_order

트래픽 분석 개요

예상 도착 시간과 실제 도착 시간 사이의 간격이 매우 짧다면, 순서 바뀐 패킷은 성능에 영향을 미치지 않을 수도 있다. 예를 들어, 두 패킷이 뒤집힌 순서대로 도착했지만 그 간격이 1ms 이내라면 문제가 발생할 가능성은 낮다.

순서 바뀐 패킷이 한참 뒤에 도착하거나, 순서 바뀐 패킷이 많이 발생한다면 성능에 심각한 저하가 있을 수 있다. TCP는 모든 바이트가 올바른 순서가 아니면 애플리케이션으로 수신 데이터를 올려 보낼 수 없다.

와이어샤크는 (a) 데이터를 포함하고 (b) 순서번호 값이 증가하지 않고 (c) 관찰된 가장 높은 순서번호 패킷으로부터 3ms 이내에 도착한다면 순서 바뀐 패킷으로 표시한다. '캡처되지 않은 이전 세그먼트' 지점과 순서 바뀐 패킷 사이에 하나 이상의 ACK가 있을 수 있다.

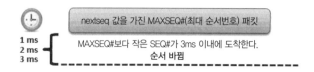

순서 바뀐 패킷의 원인

순서 바뀐 패킷은 대상에 이르기까지 속도가 다른 복수의 경로를 사용하는 스트림(인터넷을 통한 트래픽 등), 경로상의 잘못 구성된 큐잉, 또는 비대칭 라우팅 구성에 의해 발생할 수 있다.

경로상 잘못 구성된 큐잉의 경우, 순서 바뀐 패킷은 큐잉 장치가 패킷을 FIFOFirst-In First-Out 방식으로 전달하지 않는 경우에 발생한다

아래 그림에서 큐잉 장치가 패킷을 전달하며 순서를 다시 정렬했다. 패킷 1과 2는 서로 3ms 이내에 도착한다면 순서 바뀐 패킷으로 표시될 것이다. 하지만 이 경우 총 지연이 6ms라면 특별한 네트워크 문제는 없을 것이다.

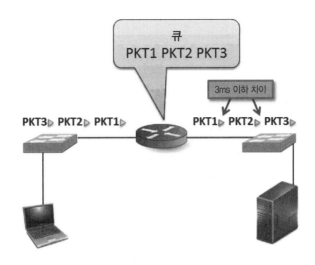

packet-tcp.c의 코드와 주석

packet-tcp.c의 이 부분은 순서 바뀐 패킷 발생에 대한 상세한 설명을 포함하고 있다. 이 설명은 '재전송/빠른 재전송/순서 바뀜' 부분 안에 정의돼 있다.

이 코드는 재전송, 빠른 재전송, 순서 바뀐 패킷의 공통적인 특징에 대한 일반적인 설명으로 시작한다.

- 조건 1: 세그먼트가 데이터를 포함하거나 SYN 또는 FIN 비트가 1로 설정돼 있다.
- 조건 2: 세그먼트가 순서번호를 증가시키지 않는다.

이제 코드가 세 가지 조건을 구분하기 시작한다. 아래의 각 항목은 위의 조건 1과 2과도 일치한다.

빠른 재전송
- 조건 1과 2를 만족한다.
- 반대 방향으로 최소 2개의 중복 ACK
- Sequence Number 필드는 이 중복 ACK의 Acknowledgment Number 필드 값과 일치한다.
- 중복 ACK로부터 20ms 이내에 패킷이 도착한다.

순서 바뀜

- 조건 1과 2를 만족한다.
- 관찰된 최대 순서번호로부터 3ms[9] 이내에 패킷이 도착한다.

재전송

- 조건 1과 2만 만족한다.

혼란스러울 수도 있다. 아래 그림을 보면 이 세 가지 종류의 전문가 정보 알림을 구분하는 데 도움이 될 것이다.

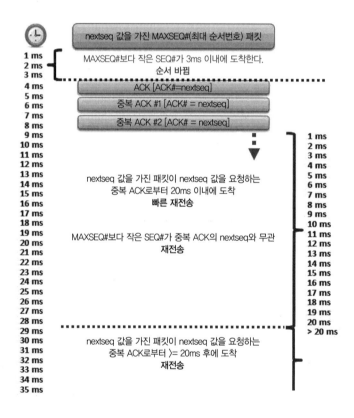

순서가 바뀐 것인지, 재전송이거나 빠른 재전송인지 결정하는 것은 순서번호 값, 시간, 그리고 중복 ACK(존재한다면)와의 관계의 문제다. 아래 packet-tcp.c 코드의 순서 바뀜을 판정하는 부분에서는 순서번호가 증가하지 않는 것과 3ms 타이밍을 언급하고 있다.

---

9 3ms는 개발자가 임의로 선택한 시간 값이다.

```
1065    /* 재전송/빠른 재전송/순서 바뀜
1066     * 세그먼트가 데이터를 가지고 있고(또는 SYN 또는 FIN이거나)
1067     * 순서번호를 증가시키지 않는다면
1068     * 위의 세 가지 중 하나임에 틀림없다.
1069     * 순서번호가 어떤 값이 돼야 하는지 알 때만 다음 테스트를 한다.
1070     * (tcpd->fwd->nextseq)
1071     *
1072     *
1073     * 주의: 단순 KeepAlive는 재전송이 아님
1074     */
1075    if( (seglen>0 || flags&(TH_SYN|TH_FIN))
1076    && tcpd->fwd->nextseq
1077    && (LT_SEQ(seq, tcpd->fwd->nextseq)) ) {
1078        guint64 t;
1079
1080        if(tcpd->ta && (tcpd->ta->flags&TCP_A_KEEP_ALIVE) ) {
1081            goto finished_checking_retransmission_type;
1082        }
1083
1084        /* 반대 방향에 2개 이상의 중복 ACK가 있었고
1085         * (추적 파일에 놓친 중복 ACK가 있을 수 있다)
1086         * 순서번호가 그 ACK들과 일치하고
1087         * 패킷이 마지막 중복 ACK로부터
1088         * 20ms 이내에 발생했다면
1089         * 빠른 재전송이다.
1090         */
1091        t=(pinfo->fd->abs_ts.secs-tcpd->rev->lastacktime.secs)*1000000000;
1092        t=t+(pinfo->fd->abs_ts.nsecs)-tcpd->rev->lastacktime.nsecs;
1093        if( tcpd->rev->dupacknum>=2
1094        && tcpd->rev->lastack==seq
1095        && t<20000000 ) {
1096            if(!tcpd->ta) {
1097                tcp_analyze_get_acked_struct(pinfo->fd->num, seq, ack, TRUE, tcpd);
1098            }
1099            tcpd->ta->flags|=TCP_A_FAST_RETRANSMISSION;
1100            goto finished_checking_retransmission_type;
1101        }
1102
1103        /* 관찰된 최대 순서번호의 세그먼트로부터 이번 세그먼트가 3ms 이내에 도착했고
1104         * 재전송처럼 보이지 않는다면
1105         * 순서 바뀐 세그먼트이다.
1106         * (3ms는 임의의 값이다)
1107         */
1108        t=(pinfo->fd->abs_ts.secs-tcpd->fwd->nextseqtime.secs)*1000000000;
1109        t=t+(pinfo->fd->abs_ts.nsecs)-tcpd->fwd->nextseqtime.nsecs;
1110        if( t<3000000
1111        && tcpd->fwd->nextseq != seq + seglen ) {
1112            if(!tcpd->ta) {
1113                tcp_analyze_get_acked_struct(pinfo->fd->num, seq, ack, TRUE, tcpd);
1114            }
1115            tcpd->ta->flags|=TCP_A_OUT_OF_ORDER;
1116            goto finished_checking_retransmission_type;
1117        }
1118
1119        /* 둘 다 아니라면 일반적인 재전송일 것이다. */
1120        if(!tcpd->ta) {
1121            tcp_analyze_get_acked_struct(pinfo->fd->num, seq, ack, TRUE, tcpd);
1122        }
1123        tcpd->ta->flags|=TCP_A_RETRANSMISSION;
1124        nstime_delta(&tcpd->ta->rto_ts, &pinfo->fd->abs_ts, &tcpd->fwd->nextseqtime);
1125        tcpd->ta->rto_frame=tcpd->fwd->nextseqframe;
1126    }
```

와이어샤크 실습 53. 순서 바뀐 패킷 개수 필터 사용

1단계: tr-general101d.pcapng를 연다.

2단계: 디스플레이 필터 영역에 `tcp.analysis.out_of_order` 필터를 입력하고 Apply를 클릭한다. 상태 바에서 와이어샤크가 순서 바뀐 패킷을 8회 탐지한 것을 알 수 있다.

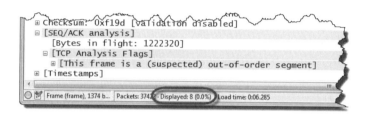

순서 바뀐 패킷이 하나 있고, 가깝게 붙어 있는 순서 바뀐 패킷의 그룹이 하나 있고, 그 다음에 또 하나의 순서 바뀐 패킷이 있는 것으로 보인다.

여러 개의 순서 바뀐 패킷 알림이 가깝게 붙어 있는 경우는, 패킷 한 묶음이 손실돼 그에 대한 재전송이 최대 순서번호 값의 3ms 이내에 도착한 것일 수 있다.

추적 파일에서 각각 다른 이 지점들을 6장의 뒷부분에서 검토하겠다.

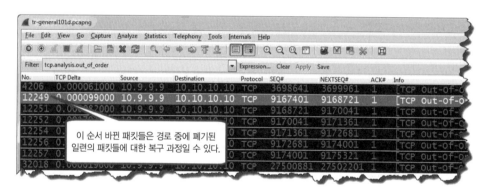

3단계: 종료 후 Clear를 클릭해 필터를 제거한다.

와이어샤크 실습 54. 전문가 정보로 순서 바뀐 패킷 발견

1단계: tr-general101d.pcapng를 연다.

2단계: 상태 바의 Expert Infos 버튼을 클릭한다.

3단계: Warnings 탭을 클릭하고 Out-of-Order segment 섹션을 펼친다. 첫 번째 항목 인 패킷 4,206을 클릭한다. Close 버튼을 클릭하고 메인 와이어샤크 창으로 돌아 간다.

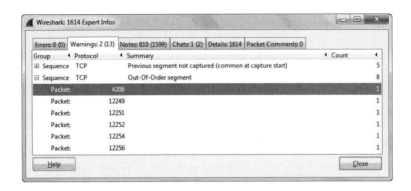

4단계: 아무 칼럼 제목에서 오른쪽 클릭해 SEQ#, NEXTSEQ#, ACK# 칼럼(앞의 실습 에서 생성한)을 표시한다. 아래 그림에서는 관심 있는 칼럼들이 스크린샷에 보이도록 몇몇 다른 칼럼을 숨겼다.

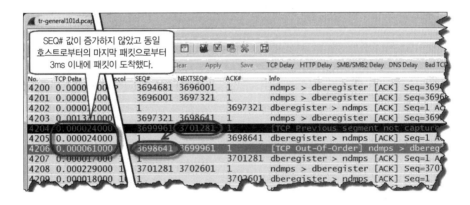

패킷 4,206의 순서번호 값이 패킷 4,204의 순서번호 값보다 작다. 또한, 순서 바 뀐 패킷이 10.9.9.9로부터의 이전 패킷 다음 .000085초(85us) 후에 도착했다. 즉 TCP 해석기의 순서 바뀜 정의에 설정된 3ms 시간 값 이내이다.

다음으로 와이어샤크의 재전송과 빠른 재전송 탐지 프로세스를 살펴보겠다.

와이어샤크 packet-tcp.c 코드 내부에서 사용된 임의의 숫자 값 때문에 이 두 가지 전문가 정보 알림이 구분되는 것을 다시 한 번 알 수 있다.

빠른 재전송

디스플레이 필터 값

tcp.analysis.fast_retransmission

트래픽 분석 개요

빠른 재전송은 빠른 복구 프로세스의 일부분이며 패킷 손실이 발생했다는 또 하나의 징후다. 빠른 재전송은 동일한 ACK 3개(원본 ACK와 2개의 중복 ACK)를 수신하면 시작된다.

218쪽의 '순서 바뀐 패킷'에서 와이어샤크의 빠른 재전송, 재전송, 순서 바뀐 패킷 탐지는 packet-tcp.c 코드에서 서로 연관돼 있음을 배웠다.

빠른 재전송의 특징은 다음과 같다.

- 세그먼트가 데이터를 포함하거나 SYN 또는 FIN 비트가 1로 설정돼 있다.
- 세그먼트가 순서번호를 증가시키지 않는다.
- 반대 방향에서 최소 2개의 중복 ACK이 오고 있었다.
- Sequence Number 필드는 이전 중복 ACK의 Acknowledgment Number 필드 값과 일치한다.
- 마지막 중복 ACK로부터 20ms 이내에 패킷이 도착한다.

> 빠른 재전송이 단순히 '재전송'으로 표시되는 때가 있다. 이런 현상은 빠른 재전송이 중복 ACK의 20ms 이상 뒤에 도착할 때 일어난다. 20ms 값은 개발자가 임의로 정의한 값이다.

빠른 재전송의 원인

빠른 재전송은 빠른 복구를 지원하는 호스트가 패킷 손실이 발생한 것으로 믿고 사라진 세그먼트를 요청하는 적어도 4개의 동일한 ACK(원본 ACK와 3개 이상의 중복 ACK)를 전송했음을 의미한다.

결국 이것은 패킷 손실 문제이며, 패킷 손실은 일반적으로 인프라의 장비들에서 발생한다. 패킷 손실 위치를 알기 위해서는 199쪽의 '캡처되지 않은 이전 세그먼트'를 참고한다.

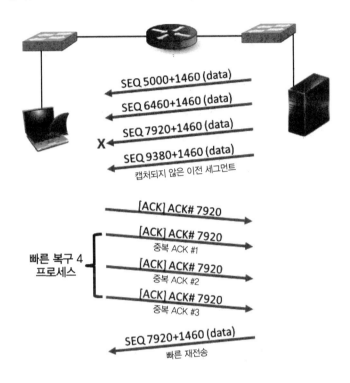

packet-tcp.c의 코드와 주석

packet-tcp.c 코드에서 최소 2개 이상의 중복 ACK 참고(dupacknum>=2)를 명확히 볼 수 있다. 또한, 20ms 한도(t<20000000)에 대한 참고도 볼 수 있다.

```
1065
1066    /* 재전송/빠른 재전송/순서 바뀜
1067     * 세그먼트가 데이터를 가지고 있고(또는 SYN 또는 FIN이거나)
1068     * 순서번호를 증가시키지 않는다면
1069     * 위의 세 가지 중 하나임에 틀림없다.
1070     * 순서번호가 어떤 값이 돼야 하는지 알 때만 다음 테스트를 한다.
1071     * (tcpd->fwd->nextseq)
1072     *
1073     * 주의: 단순 KeepAlive는 재전송이 아님
1074     */
1075    if( (seglen>0 || flags&(TH_SYN|TH_FIN))
1076    &&  tcpd->fwd->nextseq
1077    &&  (LT_SEQ(seq, tcpd->fwd->nextseq)) ) {
1078        guint64 t;
1079
1080        if(tcpd->ta && (tcpd->ta->flags&TCP_A_KEEP_ALIVE) ) {
1081            goto finished_checking_retransmission_type;
1082        }
1083
1084        /* 반대 방향에 2개 이상의 중복 ACK가 있었고
1085         *  (추적 파일에 놓친 중복 ACK가 있을 수 있다)
1086         * 순서번호가 그 ACK들과 일치하고
1087         * 패킷이 마지막 중복 ACK로부터
1088         * 20ms 이내에 발생했다면
1089         * 빠른 재전송이다.
1090         */
1091        t=(pinfo->fd->abs_ts.secs-tcpd->rev->lastacktime.secs)*1000000000;
1092        t=t+(pinfo->fd->abs_ts.nsecs)-tcpd->rev->lastacktime.nsecs;
1093        if( tcpd->rev->dupacknum>=2
1094        &&  tcpd->rev->lastack==seq
1095        &&  t<20000000 ) {
1096            if(!tcpd->ta) {
1097                tcp_analyze_get_acked_struct(pinfo->fd->num, seq, ack, TRUE, tcpd);
1098            }
1099            tcpd->ta->flags|=TCP_A_FAST_RETRANSMISSION;
1100            goto finished_checking_retransmission_type;
1101        }
1102
1103        /* 관찰된 최대 순서번호의 세그먼트로부터 이번 세그먼트가 3ms 이내에 도착했고
1104         * 재전송처럼 보이지 않는다면
1105         * 순서 바뀐 세그먼트이다.
1106         * (3ms는 임의의 값이다)
1107         */
1108        t=(pinfo->fd->abs_ts.secs-tcpd->fwd->nextseqtime.secs)*1000000000;
1109        t=t+(pinfo->fd->abs_ts.nsecs)-tcpd->fwd->nextseqtime.nsecs;
1110        if( t<3000000
1111        && tcpd->fwd->nextseq != seq + seglen ) {
1112            if(!tcpd->ta) {
1113                tcp_analyze_get_acked_struct(pinfo->fd->num, seq, ack, TRUE, tcpd);
1114            }
1115            tcpd->ta->flags|=TCP_A_OUT_OF_ORDER;
1116            goto finished_checking_retransmission_type;
1117        }
1118
1119        /* 둘 다 아니라면 일반적인 재전송일 것이다. */
1120        if(!tcpd->ta) {
1121            tcp_analyze_get_acked_struct(pinfo->fd->num, seq, ack, TRUE, tcpd);
1122        }
1123        tcpd->ta->flags|=TCP_A_RETRANSMISSION;
1124        nstime_delta(&tcpd->ta->rto_ts, &pinfo->fd->abs_ts, &tcpd->fwd->nextseqtime);
1125        tcpd->ta->rto_frame=tcpd->fwd->nextseqframe;
1126    }
```

와이어샤크 실습 55. 빠른 재전송 패킷 개수 필터 사용

1단계: tr-general101d.pcapng를 연다.

2단계: 디스플레이 필터 영역에 `tcp.analysis.fast_retransmission` 필터를 입력하고 Apply를 클릭한다.

상태 바에서 와이어샤크가 빠른 재전송을 2회 탐지한 것을 알 수 있다.

3단계: 빠른 재전송 위에서 [SEQ/ACK analysis] 섹션을 펼친다. 이 영역은 와이어샤크에서 청록색_{Cyan}으로 표시된다. 청록색은 전문가 정보 알림의 색상이다.

그 패킷에 두 개의 전문가 정보 알림이 있음을 보았을 것이다. 해당 프레임이 빠른 재전송이며 동시에 재전송임을 뜻한다. 빠른 재전송도 재전송의 한 종류이기 때문이다.

4단계: 종료 후 Clear를 클릭해 필터를 제거한다.

와이어샤크 실습 56. 전문가 정보로 빠른 재전송 패킷 발견

1단계: tr-general101d.pcapng를 연다.

2단계: 상태 바의 Expert Infos 버튼을 클릭한다.

3단계: Notes 탭을 클릭하고 Fast Retransmissions 섹션을 펼친다. 첫 번째 항목인 패킷 12,035를 클릭한다. Close 버튼을 클릭하고 메인 와이어샤크 창으로 돌아간다.

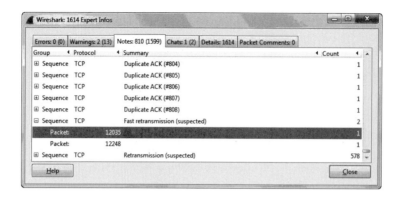

4단계: SEQ#, NEXTSEQ#, ACK# 칼럼이 혹시 숨겨져 있다면 보이게 한다. 빠른 재전송 앞에 808개의 중복 ACK가 있는 것에 주목한다. '빠른 재전송'이라는 용어는 해당 패킷이 빠른 복구 프로세스의 일부분이라는 뜻일 뿐이다.

언제나 시간을 주의 깊게 관찰하자. 808개의 중복 ACK를 보고, "빠른 재전송이 끝날 때까지 수신자가 데이터를 버퍼에 넣어 놓기만 하고 애플리케이션에 보낼 수가 없구나. 분명히 성능에 큰 영향이 있을 거야."라고 생각하기 쉽다. 순서번호 9,164,761가 사라진 뒤 빠른 재전송까지의 시간을 측정해보면 겨우 465ms만 지났을 뿐이다. 사용자는 약 0.5초의 지연을 눈치 못 챌 수도 있다. 하지만 이 문제가 반복적으로 발생한다면 사용자가 알게 되고 불평할 수도 있다.

다음으로 와이어샤크의 재전송 탐지 프로세스를 살펴본다. 빠른 재전송과 재전송은 모두 패킷 손실의 징후임을 명심하자. 패킷 손실 지점을 찾는 법에 대해서는 '캡처되지 않은 이전 세그먼트'를 참고한다.

재전송

디스플레이 필터 값

tcp.analysis.retransmission

트래픽 분석 개요

와이어샤크는 패킷에 다음 조건이 만족되면 재전송으로 정의한다.

- 세그먼트가 데이터를 포함하거나 SYN 또는 FIN 비트가 1로 설정돼 있다.
- 세그먼트가 순서번호를 증가시키지 않는다. 재전송이 중복 ACK에 의한 것이 아니다.
- 세그먼트가 이전의 최대 순서번호 패킷보다 3ms 이후에 도착한다.

일반적인 재전송은 중복 ACK가 아니라, 송신자 쪽의 재전송 시간 초과$_{RTO}$에 의해 시작된다. RTO 타이머는 TCP 피어가 통신을 중지하더라도 데이터 전달이 계속되도록 (ACK를 이용해) 보장하기 위해 사용된다.

각 TCP 호스트는 RTO 타이머를 계산하고 유지한다. 이 타이머 값은 이전 데이터 전송과 확인 응답에서 알게 된 왕복 시간에 기반한다. RTO 값은 대화 중에 끊임없이 달라진다.

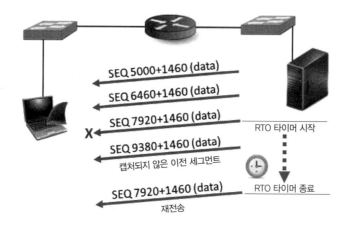

재전송의 원인

TCP 호스트가 데이터 패킷을 전송할 때 RTO 카운트다운을 시작한다. 데이터 패킷의 ACK를 받지 못하고 RTO 타이머가 종료될 때, 송신자는 ACK 받지 못한 데이터 패킷을 재전송한다. 송신자는 원본 패킷이 손실됐는지 아니면 확인 응답이 손실됐는지 알지 못한다. 송신자는 RTO 이내에 ACK를 받지 못했다는 사실만 알뿐이다.

packet-tcp.c의 코드와 주석

일반적인 재전송에 대한 코드는 짧다. 조건 1과 2가 파일 앞쪽에서 정의돼 있기 때문이다.

```
1065
1066    /* 재전송/빠른 재전송/순서 바뀜
1067     * 세그먼트가 데이터를 가지고 있고(또는 SYN 또는 FIN이거나)
1068     * 순서번호를 증가시키지 않는다면
1069     * 위의 세 가지 중 하나임에 틀림없다.
1070     * 순서번호가 어떤 값이 돼야 하는지 알 때만 다음 테스트를 한다.
1071     * (tcpd->fwd->nextseq)
1072     *
1073     * 주의: 단순 KeepAlive는 재전송이 아님
1074     */
1075    if( (seglen>0 || flags&(TH_SYN|TH_FIN))
1076    && tcpd->fwd->nextseq
1077    && (LT_SEQ(seq, tcpd->fwd->nextseq)) ) {
1078        guint64 t;
1079
1080        if(tcpd->ta && (tcpd->ta->flags&TCP_A_KEEP_ALIVE) ) {
1081            goto finished_checking_retransmission_type;
1082        }
1083
1084        /* 반대 방향에 2개 이상의 중복 ACK가 있었고
1085         * (추적 파일에 놓친 중복 ACK가 있을 수 있다)
1086         * 순서번호가 그 ACK들과 일치하고
1087         * 패킷이 마지막 중복 ACK로부터
            * 20ms 이내에 발생했다면
            * 빠른 재전송이다.
            */
1097
1098                                    ecs-tcpd->rev->lastacktime.secs)*1000000000;
1099            tcpd->ta->flag              d->rev->lastacktime.nsecs;
1100            goto finished_checking_r
1101        }
1102
1103        /* 관찰된 최대 순서번호의 세그먼트로부터 이번 세그먼트가 3ms 이내에 도착했고
1104         * 재전송처럼 보이지 않는다면
1105         * 순서 바뀐 세그먼트이다.
1106         * (3ms는 임의의 값이다)
1107         */
1108        t=(pinfo->fd->abs_ts.secs-tcpd->fwd->nextseqtime.secs)*1000000000;
1109        t=t+(pinfo->fd->abs_ts.nsecs)-tcpd->fwd->nextseqtime.nsecs;
1110        if( t<3000000
1111        && tcpd->fwd->nextseq != seq + seglen ) {
1112            if(!tcpd->ta) {
1113                tcp_analyze_get_acked_struct(pinfo->fd->num, seq, ack, TRUE, tcpd);
1114            }
1115            tcpd->ta->flags|=TCP_A_OUT_OF_ORDER;
1116            goto finished_checking_retransmission_type;
1117        }
1118
1119        /* 둘 다 아니라면 일반적인 재전송일 것이다. */
1120        if(!tcpd->ta) {
1121            tcp_analyze_get_acked_struct(pinfo->fd->num, seq, ack, TRUE, tcpd);
1122        }
1123        tcpd->ta->flags|=TCP_A_RETRANSMISSION;
1124        nstime_delta(&tcpd->ta->rto_ts, &pinfo->fd->abs_ts, &tcpd->fwd->nextseqtime);
1125        tcpd->ta->rto_frame=tcpd->fwd->nextseqframe;
1126    }
```

와이어샤크 실습 57. 재전송 패킷 개수 필터 사용

흥미롭게도, 와이어샤크의 재전송 필터(tcp.analysis.retransmission)는 빠른 재전송을 함께 보여준다. 일반적인 재전송만 보려면 필터로 빠른 재전송을 제외해야만 한다. 이번 실습에서는 두 가지 필터링 방법을 모두 시도한다.

1단계: tr-general101d.pcapng를 연다.

2단계: 디스플레이 필터 영역에 tcp.analysis.retransmission 필터를 입력하고 Apply를 클릭한다. 상태 바에서 와이어샤크가 재전송을 580회 탐지한 것을 알 수 있다. 여기에는 앞 실습에서 발견한 2개의 빠른 재전송이 포함된다.

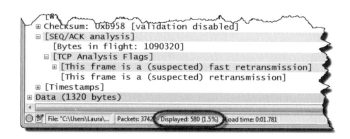

3단계: 필터를 다음과 같이 확장한다.

tcp.analysis.retransmission && !tcp.analysis.fast_retransmission

Apply를 클릭한다. 빠른 재전송을 뷰에서 제거한 결과, 이제 필터에 일치하는 578개의 패킷만 보일 것이다.

4단계: 계속 진행하기 전에 Clear 버튼을 클릭해 필터를 제거한다.

와이어샤크 실습 58. 전문가 정보로 재전송 패킷 발견 및 전문가 정보 비교에 시간 참고 사용

이번 실습에서는 와이어샤크가 어떻게 순서 바뀜, 재전송, 그리고 빠른 재전송 전문가 정보 알림을 구분하는지 검토한다.

1단계: tr-general101d.pcapng를 연다.

2단계: 상태 바의 Expert Infos 버튼을 클릭한다.

3단계: Notes 탭을 클릭한다. Retransmissions 섹션을 펼치고 패킷 12,259를 클릭한다. Close 버튼을 클릭하고 메인 와이어샤크 창으로 돌아간다.[10]

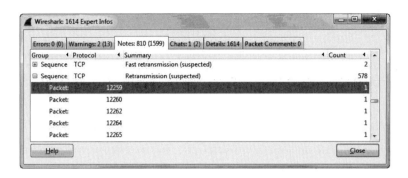

4단계: 추적 파일에서 이 지점이 매우 흥미롭다. 중복 ACK, 순서 바뀜, 빠른 재전송과 재전송 알림이 포함돼 있기 때문이다. 와이어샤크가 각각 그렇게 알린 이유를 분석하기 위해 시간 기준을 설정해 사용한다.

SEQ#, NEXTSEQ#, ACK# 칼럼이 혹시 숨겨져 있다면 보이게 한다. 또한 Time 칼럼이 보이는지 확인한다. Time 칼럼은 와이어샤크의 시간 기준 기능에 의해 영향받는 유일한 칼럼이다.

패킷 12,246은 10.9.9.9로부터의 데이터 패킷이다. 이 지점에서 가장 큰 순서번호 필드 값을 가진 것으로 보인다.

패킷 목록 창에서 Packet 12,246을 오른쪽 클릭하고 Set Time Reference(toggle)을 선택한다.

이제 추적 파일의 전문가 정보 알림을 검토해보자. 와이어샤크가 특정 패킷이 순서바뀜, 재전송 또는 빠른 재전송이라고 알린 이유를 알기 위해 시간 값을 고려한다.

---

10 와이어샤크 버전 1.10.x에서 빠른 재전송과 재전송은 별도의 목록으로 나타난다. 이후 버전에서는 빠른 재전송이 재전송의 부분 집합으로 간주된다.

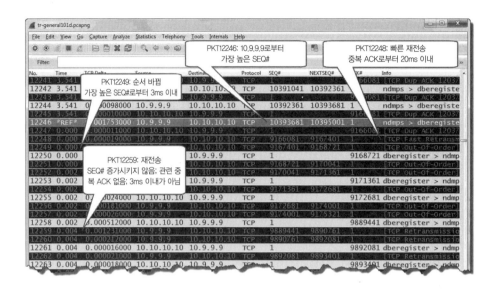

이 그림은 왜 각 패킷이 순서 바뀜, 재전송, 또는 빠른 재전송으로 표시되는지 보여준다. 구분하는 요인에는 시간이 포함된다.

5단계: 시간 기준을 제거하려면 Packet 12,246에서 오른쪽 클릭하고 Set Time Reference(toggle)을 선택하거나 Edit ▶ Unset All Time References를 선택한다.

와이어샤크가 특정 패킷을 순서 바뀜, 재전송, 또는 빠른 재전송으로 정의하는 이유를 이해하는 것이 중요하다.

실제로는 더 큰 순서번호 필드 값으로부터 3ms 이내에 도착하지 않은 순서 바뀐 패킷인데, 재전송이나 빠른 재전송 문제를 해결하느라 시간을 쏟고 싶지는 않을 것이다.

중복 ACK가 빠른 재전송으로 이어지는 것을 기억하자. 송신자 쪽의 종료된 RTO는 재전송을 유발한다. 각각은 일반적으로 연결 장비에서 발생하는 패킷 손실의 징후이다. 네트워크상의 서로 다른 지점에서 캡처 하는 것이 패킷 손실 지점을 찾는 데 도움이 된다.

애플리케이션은 모든 연속적인 바이트가 수신될 때까지 버퍼에서 데이터를 가져갈 수 없다. 순서 바뀜 문제는 예상 도착 시간과 실제 도착 시간 사이에 큰 간격이 있는 게 아니라면 일반적으로 네트워크 사용자가 체감하기 어렵다.

미도착 세그먼트 확인 응답

디스플레이 필터 값

tcp.analysis.ack_lost_segment

트래픽 분석 개요

이 전문가 정보 경고는 와이어샤크가 ACK를 관찰했지만 확인 응답의 대상이 되는 데이터 패킷을 보지 못했음을 의미한다.

와이어샤크는 순서번호, 다음 순서번호, 확인 응답 번호뿐만 아니라, '확인 응답할 최대 순서번호Maximum Sequence Number to be ACKed'(maxseqtobeacked) 값을 각 호스트마다 추적한다. 이 값은 데이터가 수신됨에 따라 달라진다.

ACK가 도착했는데 maxseqtobeacked보다 더 큰 Sequence Number 값의 데이터 패킷에 대한 확인 응답이었다면, 이미 ACK까지 받은 앞의 데이터 패킷을 와이어샤크가 놓쳤음을 의미한다.

예를 들어, 아래 그림에서 9,380까지의 모든 순서번호에 대해 확인 응답하는 ACK를 캡처했지만, 6,460 다음에 도착했어야 할 순서번호 7,920은 보지 못했다. ACK를 받았기 때문에 분명히 도착했으리라는 것은 알고 있지만, 와이어샤크는 그 데이터 패킷을 보지 못했다.

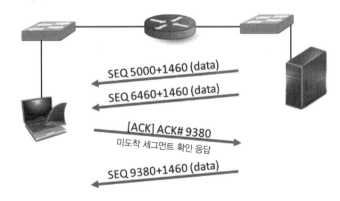

미도착 세그먼트 확인 응답의 원인

미도착 세그먼트 확인 응답은 캡처 과정 중의 문제로 일어날 수 있다. 스위치 포트 스패닝을 사용하고 있다면, 아마 그 스위치에 트래픽이 넘쳐 와이어샤크로 전달해야 할 패킷을 폐기 중일 것이다. 데이터 패킷이 ACK 패킷보다 크기 때문에 스위치가 데이터 패킷을 폐기할 가능성이 더 높다.

미도착 세그먼트 확인 응답은 비대칭 라우팅의 징후일 수도 있다. 데이터가 네트워크의 한 경로를 따라 흐를 때 아마도 ACK는 다른 경로를 따라 흐를 것이다. 와이어샤크가 두 번째 경로에서 캡처하고 있다면 데이터는 보지 못하고 ACK 패킷만 보게 된다.

데이터 스트림의 일부분 밖에 볼 수 없기 때문에 이 지점은 트래픽을 캡처하기에 좋은 곳이 아니다.

> 나는 미도착 세그먼트 확인 응답이 있는 추적 파일을 분석하지 않으려고 한다. 오탐이 너무 많을 것이기 때문이다. 전체 그림을 볼 수 있는 새 추적 파일을 얻어야만 한다.

packet-tcp.c의 코드와 주석

packet-tcp.c 코드에서 maxseqtobeacked를 참고하는 것을 볼 수 있다. 또한 (flags&(TH_ACK))!=0에서 ACK 비트가 1로 설정된 패킷에만 적용된다는 점도 알 수 있다.

```
1042
1043        /* 확인 응답된 사라진 패킷
1044         * 이 세그먼트가 반대 방향의 '확인 응답할 최대 순서번호'
1045         * 이상의 ACK를 보낸다면
1046         * 놓친 반대 방향의 패킷이 있음을 의미한다.
1047         *
1048         * 이 체크는 반대 방향 순서번호를
1049         * 실제로 보았을 때만 실행한다.
1050         */
1051        if( tcpd->rev->maxseqtobeacked
1052        && GT_SEQ(ack, tcpd->rev->maxseqtobeacked )
1053        && (flags&(TH_ACK))!=0 ) {
1054    /* QQQ 시험 완료 */
1055            if(!tcpd->ta) {
1056                tcp_analyze_get_acked_struct(pinfo->fd->num, seq, ack, TRUE, tcpd);
1057            }
1058            tcpd->ta->flags|=TCP_A_ACK_LOST_PACKET;
1059            /* 이 알림을 다시 받지 않도록
1060             * 반대 방향의 '확인 응답할 최대 순서번호'를 업데이트한다.
1061             */
1062            tcpd->rev->maxseqtobeacked=tcpd->rev->nextseq;
1063        }
```

와이어샤크 실습 59. 미도착 세그먼트 확인 응답 경고 개수 필터 사용

앞 실습에서 했던 것처럼 미도착 세그먼트 확인 응답 경고를 보는 필터를 만들어 보자.

1단계: tr-badcapture.pcapng를 연다.

2단계: 디스플레이 필터 영역에 `tcp.analysis.ack_lost_segment` 필터를 입력하고 Apply를 클릭한다.

상태 바에서 와이어샤크가 미도착 세그먼트 확인 응답을 총 24회 탐지한 것을 알 수 있다.

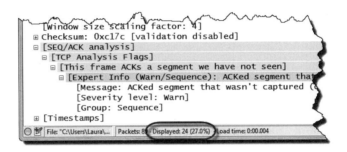

3단계: 종료 후 Clear를 클릭해 필터를 제거한다.

와이어샤크 실습 60. 전문가 정보로 미도착 세그먼트 확인 응답 알림 발견

역시 추적 파일의 미도착 세그먼트 확인 응답 알림을 세는 또 하나의 방법이다.

1단계: tr-badcapture.pcapng를 연다.

2단계: 상태 바의 Expert Infos 버튼을 클릭한다.

3단계: Warnings 탭을 클릭하고 ACKed segment that wasn't captured(common at capture start) 섹션을 펼친다.

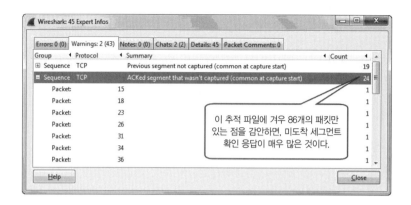

4단계: 첫 번째 항목인 Packet 15를 클릭하고, Close 버튼을 클릭해 메인 와이어샤크 창으로 돌아간다.

SEQ#와 NEXTSEQ#, ACK# 칼럼이 혹시 숨겨져 있다면 보이게 한다. SEQ# 칼럼을 보면 재전송이나 중복 ACK, 빠른 재전송이 없었는데도 값이 점프하는 것을 알수 있다. TCP 피어 입장에서는 사라진 패킷이 없다.

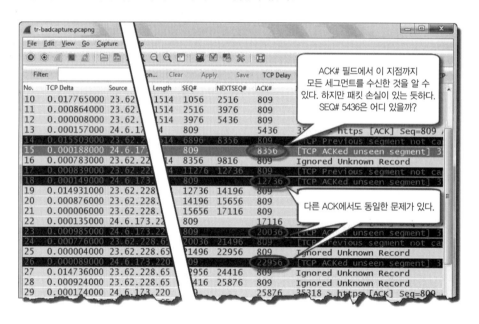

이 추적 파일은 거의 쓸모가 없다. 스패닝 스위치가 와이어샤크가 연결된 포트로 모든 트래픽을 보내지 않고 있다. 전제 그림을 볼 수 없어 어떤 상황인지 상세히 진단할 수는 없다.

다음에는 Keep Alive와 Keep Alive ACK에 대한 와이어샤크의 탐지 과정을 살펴본다.

Keep Alive와 Keep Alive ACK

디스플레이 필터 값

```
tcp.analysis.keep_alive
tcp.analysis.keep_alive_ack
```

트래픽 분석 개요

Keep Alive는 중단된 연결을 탐지하고, 동작하지 않는 TCP 피어를 찾고, 유휴 상태에서 종료되는 것을 막기 위해 사용된다.

Keep Alive('TCP Keep Alive 프로브 패킷'이라고도 불리는) 패킷은 TCP 세상에서 매우 이상한 존재이다. Keep Alive는 데이터가 없거나 1바이트인 ACK 패킷이다. 재미 있는 점은 순서번호가 다음 예상되는 순서번호보다 1 작은 값이라는 것이다. TCP SYN 및 FIN, RST 패킷은 Keep Alive가 될 수 없다.

와이어샤크는 모든 TCP 스트림의 순서번호 필드 값을 추적하므로, Keep Alive 를 쉽게 탐지할 수 있다.

Keep Alive의 원인

이 프로세스는 Keep Alive를 소켓에서 사용하는 애플리케이션에서 실행된다. Keep Alive에 정의된 세 가지 파라미터는 다음과 같다.

- Keep Alive Time: 마지막 데이터 패킷과 첫 번째 Keep Alive 프로브 사이의 시간
- Keep Alive Interval: Keep Alive 프로브들 사이의 간격
- Keep Alive Probes: 연결 중단을 판정하기 전에 보내지는, 확인 응답 받지 못한 Keep Alive 프로브의 개수

일반적인 Keep Alive는 문제가 되지 않는다. Keep Alive에 대한 응답이 없는 것 이 문제가 된다. Keep Alive/Keep Alive ACK는 전문가 정보 창의 Notes 칼럼 제 목 아래에 나열된다.

packet-tcp.c의 코드와 주석

0 또는 1바이트 패킷 데이터를 참고하는 것(seglen==0 또는 seglen==1)과 Sequence Number 값을 1 감소시키는 것(nextseq-1)을 볼 수 있다. 또한 Keep Alive 패킷의 TCP SYN과 FIN, RST 플래그가 0(off)으로 설정돼야만 하는 것도 알 수 있다.

```
921
922        /* KEEP ALIVE
923         * keepalive는 0 또는 1바이트의 데이터를 포함하며
924         * 예상되는 다음 순서번호의 하나 전에서 시작한다.
925         * SYN/FIN/RST 세그먼트는 keepalive가 될 수 없다.
926         */
927    /* QQQ 시험 완료 */
928        if( (seglen==0||seglen==1)
929        && seq==(tcpd->fwd->nextseq-1)
930        && (flags&(TH_SYN|TH_FIN|TH_RST))==0 ) {
931            if(!tcpd->ta) {
932                tcp_analyze_get_acked_struct(pinfo->fd->num, seq, ack, TRUE, tcpd);
933            }
934            tcpd->ta->flags|=TCP_A_KEEP_ALIVE;
935        }
```

Keep Alive ACK로 판단하는 것은 TCP 피어로부터 Keep Alive가 도착했는지의 여부에 달려 있다.

```
972
973        /* KEEP ALIVE ACK
974         * 이전 ACK를 반복하고 반대 방향의 마지막 세그먼트가 keepalive였다면
975         * keepalive ack이다.
976         */
977    /* QQQ 시험 완료 */
978        if( seglen==0
979        && window
980        && window==tcpd->fwd->window
981        && seq==tcpd->fwd->nextseq
982        && ack==tcpd->fwd->lastack
983        && (tcpd->rev->lastsegmentflags&TCP_A_KEEP_ALIVE)
984        && (flags&(TH_SYN|TH_FIN|TH_RST))==0 ) {
985            if(!tcpd->ta) {
986                tcp_analyze_get_acked_struct(pinfo->fd->num, seq, ack, TRUE, tcpd);
987            }
988            tcpd->ta->flags|=TCP_A_KEEP_ALIVE_ACK;
989            goto finished_fwd;
990        }
991
```

와이어샤크 실습 61. Keep Alive/Keep Alive ACK 패킷 개수 필터 사용

1단계: tr-keepalives.pcapng를 연다.

2단계: 디스플레이 필터 영역에 `tcp.analysis.keep_alive || tcp.analysis.keep_alive_ack` 필터를 입력하고 **Apply**를 클릭한다. 단 2개의 패킷이 필터에 일치한다.

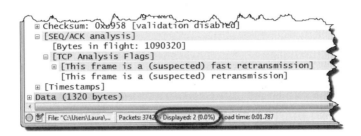

3단계: TCP Delta 칼럼이 보이도록 한다. 패킷 61 이전의 TCP Delta를 확인한다. 10.2.122.80가 300초의 Keep Alive Time 값을 가지고 있는 것으로 보인다. 패킷 62는 Keep Alive ACK 패킷이다.

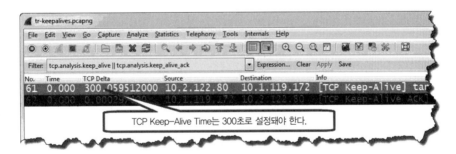

4단계: 종료 후 Clear를 클릭해 필터를 제거한다.

와이어샤크 실습 62. 전문가 정보로 Keep Alive/Keep Alive ACK 패킷 발견

1단계: tr-keepalives.pcapng를 연다.

2단계: 상태 바의 Expert Infos 버튼을 클릭한다.

3단계: Notes 탭을 클릭하고 Keep Alive와 Keep Alive ACK를 확인한다. Keep Alive와 Keep Alive ACK 섹션을 펼치면 패킷 61과 62를 보게 된다. 이렇게 Keep Alive와 Keep Alive ACK 패킷을 간단히 찾을 수 있다.

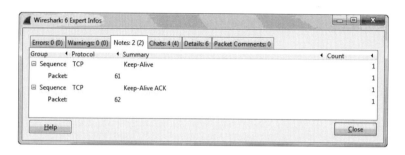

4단계: Keep Alive 항복(패킷 61)을 클릭하고 Close 버튼을 클릭해 메인 와이어샤크 윈도우로 돌아간다. 패킷 61의 Sequence Number 필드 값이 1 감소해서 이상하게 보일 수도 있는데, TCP Keep Alive에서는 정상적인 동작이다.

SEQ#와 NEXTSEQ#, ACK# 칼럼이 혹시 숨겨져 있다면 보이게 한다.

패킷 61의 Sequence Number 필드 값이 10,943에서 10,942로 1 감소한 것을 볼 수 있다.

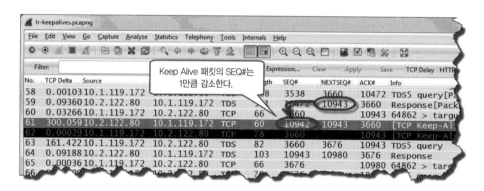

Keep Alive와 Keep Alive ACK는 일반적으로 문제 발생의 징후가 아님을 기억하자. 이 패킷들은 동작하지 않는 TCP 피어를 체크하고, 유휴 상태에서 시간 초과되는 것을 피하기 위해 사용된다.

때때로 윈도우 제로 프로브Window Zero Probe가 있는 경우에 호스트가 TCP Keep Alives를 보내는 것을 볼 것이다. 다음 실습에서는 이와 같은 경우의 추적 파일을 분석한다.

와이어샤크 실습 63. 제로 윈도우 조건에 사용된 Keep Alive 패킷 확인

제로 윈도우 조건을 알리고 있는 피어에게 TCP 호스트가 Keep Alive를 보내는 일은 드물지 않게 일어난다. 그런 경우에는 Keep Alive ACK를 볼 수 없다. 이번 실습에서는 이와 같은 트래픽 패턴을 살펴본다.

1단계: tr-youtubebad.pcapng를 연다.

2단계: 상태 바의 **Expert Infos** 버튼을 클릭한 다음, **Notes** 탭을 클릭한다.

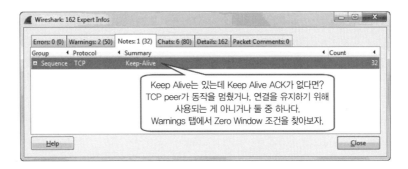

Keep Alive는 있지만 Keep Alive ACK는 없는 것을 볼 수 있다. 이 경우는 정상적인 Keep Alive 프로세스로 보기 어렵다. 피어가 동작을 중단했거나(그래서 Keep Alive ACK를 보내지 않거나) 일반적인 Keep Alive 프로세스가 아닌 것이다.

3단계: Keep-Alive 섹션을 펼치고 Keep Alive 목록의 첫 번째인 패킷 2,721을 클릭한다. Close 버튼을 클릭하고 메인 와이어샤크 창으로 돌아간다.

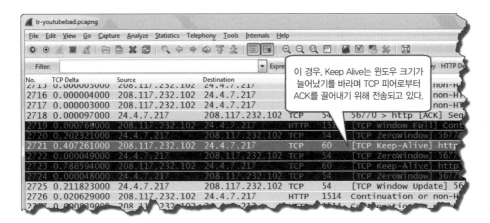

이 Keep Alive들은 동작하지 않는 피어를 체크하기 위한 것이 아니다. 피어가 보낸 패킷으로부터 400ms 후에야 첫 번째 Keep Alive가 생기는 것을 볼 수 있다. 이 Keep Alive들은 윈도우 크기 값이 커져(윈도우 업데이트) 이 연결에 데이터가 다시 흐를 수 있는지 확인하기 위해 피어로부터 ACK를 끌어내려는 용도로 사용된다.

다음으로 와이어샤크의 수신자 혼잡 탐지 프로세스를 살펴본다. 수신자 탐지 프로세스 중에 가득 찬 윈도우, 제로 윈도우, 제로 윈도우 프로브, 제로 윈도우 프로브 ACK, 윈도우 업데이트 알림을 보게 될 수도 있다. 또한, 앞에서 설명한 것처럼 Keep Alive 알림을 볼 수도 있다.

제로 윈도우

디스플레이 필터 값

tcp.analysis.zero_window

트래픽 분석 개요

TCP 대화의 양쪽은 각각 자신의 수신 버퍼 공간을 Window Size Value 필드(tcp.window_size_value)에 알린다. 이 2바이트 필드는 최대 65,535바이트까지의 값을 알릴 수 있는데, 최근의 고속 링크와 대용량 파일을 감안하면 충분한 버퍼 크기로 보기 어렵다.

수신 애플리케이션이 수신 버퍼에서 데이터를 충분히 빨리 꺼내가지 못한다면, 이 윈도우 크기 값은 0(또는 전체 데이터 세그먼트를 넣기에 너무 작은 크기)까지 떨어질 수 있다.

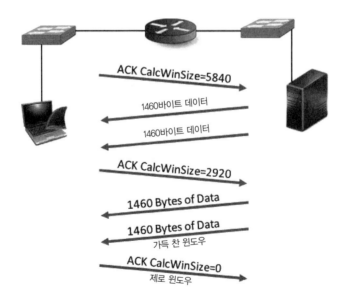

윈도우 크기가 0인 것을 발견하면, 와이어샤크는 이 패킷에 '제로 윈도우'로 분류하고 전문가 정보 경고 영역에 나열한다. SYN 또는 FIN, RST 비트가 1로 설정된 TCP 패킷은 제로 윈도우로 분류되지 않는다.

제로 윈도우 조건의 원인

제로 윈도우 조건의 원인은 수신 버퍼가 가득 찬 것이다. 이 상황은 데이터 수신율 receipt rate을 따라갈 정도로 빨리 수신 버퍼에서 데이터를 꺼내가지 않는 애플리케이션 때문에 발생한다.

애플리케이션이 데이터 전송률을 따라갈 수 없는 이유는 무엇일까? 애플리케이션에게 필요한 처리 시간이 부족하거나, 호스트 컴퓨터의 메모리가 부족할 수도 있다. 또는 애플리케이션이 형편없이 만들어졌거나 또는 고의적으로 제로 윈도우 패킷을 발생시키도록 만들어졌을 수도 있다.[11]

윈도우 크기 값 필드와 계산된 윈도우 크기 필드

Window Size Value 필드는 실제 윈도우 크기를 나타낸다. 윈도우 스케일링을 사용 중이라면, 와이어샤크는 스케일링 비율에 Window Size Value 필드를 곱해 크기가 조절된 윈도우 크기(Calculated Window Size 필드)를 만든다. 윈도우 스케일링이 사용 중이건 아니건, Calculated Window Size 필드를 사용하면 문제 없다.

```
⊞ Frame 9: 1514 bytes on wire (12112 bits), 1514 bytes captured (12112 bits)
⊞ Ethernet II, Src: PaceAmer_11:e2:b9 (ac:5d:10:11:e2:b9), Dst: Hewlett-_a7:b
⊞ Internet Protocol Version 4, Src: 101.234.75.20 (101.234.75.20), Dst: 192.1
⊟ Transmission Control Protocol, Src Port: http (80), Dst Port: 9872 (9872),
    Source port: http (80)
    Destination port: 9872 (9872)
    [Stream index: 0]
    Sequence number: 2921    (relative sequence number)
    [Next sequence number: 4381    (relative sequence number)]
    Acknowledgment number: 530    (relative ack number)
    Header length: 20 bytes
  ⊞ Flags: 0x010 (ACK)
    Window size value: 1047
    [Calculated window size: 8376]
    [Window size scaling factor: 8]
  ⊟ Checksum: 0x4229 [validation disabled]
    [Good Checksum: False]
    [Bad Checksum: False]
  ⊟ [SEQ/ACK analysis]
    [Bytes in flight: 4380]
  ⊟ [Timestamps]
    [Time since first frame in this TCP stream: 0.394532000 seconds]
```

> TCP 핸드셰이크에서 윈도우 스케일링이 성공적으로 설정됐다면, 와이어샤크는 패킷에 스케일링 비율과 Calculated Window Size 값을 포함시킨다.

---

11 프린터가 양면 인쇄 도중 '잉크 마르는 시간'에 수신 버퍼에서 데이터를 가져가지 않아 결국 제로 윈도우 패킷까지 보내는 경우를 살펴볼 것이다.

윈도우 스케일링(RFC 1323, '고성능 TCP 확장(TCP Extensions for High Performance)')
은 TCP의 한 가지 개선책이다. TCP 핸드셰이크 중에 TCP 피어는 윈도우 스케일링
지원을 알리고 시프트 횟수를 제공할 수 있다. 이 시프트 횟수가 Window Size에
곱해질 값을 정하는 데 사용된다.

윈도우 스케일링을 사용하기 위해서는, TCP 연결의 양측 모두 윈도우 스케일링
을 지원해야 한다.[12] TCP 핸드셰이크에서 윈도우 스케일링이 성공적으로 설정된
것을 와이어샤크가 알게 되면, 이후의 모든 패킷에서 Window Size Value 필드에
스케일링 비율을 곱한다.

packet-tcp.c의 코드와 주석

packet-tcp.c 코드에서 window=0 참고를 볼 수 있다. 또한 와이어샤크가 TCP SYN
과 FIN, RST 패킷의 Window Size Value가 0이더라도 이 패킷들을 제로 윈도우로
분류하지 않는 것도 알 수 있다.

```
887
888     /* 제로 윈도우
889      * 제로 윈도우 패킷은 window == 0 이고 SYN/FIN/RST은 모두 0
890      */
891 /* QQQ 시험 완료 */
892     if( window==0
893     && (flags&(TH_RST|TH_FIN|TH_SYN))==0 ) {
894         if(!tcpd->ta) {
895             tcp_analyze_get_acked_struct(pinfo->fd->num, seq, ack, TRUE, tcpd);
896         }
897         tcpd->ta->flags|=TCP_A_ZERO_WINDOW;
898     }
899
```

와이어샤크 실습 64. 제로 윈도우 패킷 분석을 위한 개수 필터 및 칼럼 사용

1단계: tr-youtubebad.pcapng를 연다.

2단계: 디스플레이 필터 영역에 tcp.analysis.zero_window 필터를 입력하고 Apply
를 클릭한다. 상태 바에서 와이어샤크가 이 추적 파일에서 제로 윈도우 패킷을 41
회 탐지한 것을 알 수 있다.

---

12 윈도우 스케일링 여부와 관계없이, 윈도우 크기는 협상 불가능하다. TCP 연결의 양쪽은 각각 자신의 Window Size 값
   (및 윈도우 스케일링 사용 시 시프트 횟수)을 정의한다.

3단계: 나열된 첫 번째 패킷(Packet 2,720)을 클릭한다.

4단계: TCP header를 펼친다. [Calculated window size: 0] 줄에서 오른쪽 클릭하고 Apply as Column을 선택한다. 이 칼럼도 TCP 기반 애플리케이션을 작업할 때 매우 유용하다.

5단계: 새로 생성한 Calculated Window Size 칼럼을 오른쪽 클릭하고 Align Center를 선택한다.

6단계: Calculated Window Size 칼럼을 다시 한 번 오른쪽 클릭하고 Edit Column Details를 선택한다. Title 영역에 WinSize를 입력하고 OK를 클릭한다.

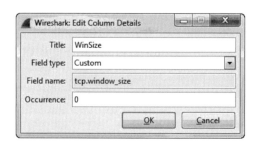

추적 파일의 윈도우 제로 조건을 식별하기 위해 이 칼럼을 사용하는 방법을 알아보자.

7단계: Clear 버튼을 클릭해 필터를 제거한다.

8단계: WinSize 칼럼 제목을 한 번 클릭해 오름차순으로 정렬한다.

9단계: 메인 툴바의 Go to First Packet 버튼 🔝을 클릭한다. 모든 제로 윈도우 패킷들이 패킷 목록 창의 최 상단에 위치하고 있다.

계산된 윈도우 크기가 0인 TCP FIN 또는 RST 패킷이 추적 파일에 포함돼 있다면, 정렬된 패킷 목록의 최상단에 역시 나타날 것이다. TCP FIN 또는 RST 패킷은 Bad TCP 컬러링 규칙이 적용되지 않고 Info 칼럼에 [TCP ZeroWindow]라고 지정되지도 않는다. 이 패킷들은 명시적으로 TCP 해석기의 제로 윈도우 전문가 지정으로부터 제외되기 때문이다.

와이어샤크 실습 65. 전문가 정보로 제로 윈도우 패킷 발견

1단계: tr-youtubebad.pcapng를 연다.

2단계: 상태 바의 Expert Infos 버튼을 클릭한다.

3단계: Warnings 탭을 클릭하고 Zero window 섹션을 펼친다.

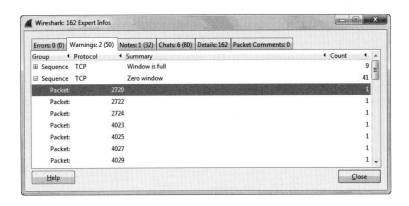

4단계: 패킷 2,720을 클릭한 후, Close 버튼을 클릭하고 메인 와이어샤크 창으로 돌아간다.

이 제로 윈도우 조건을 검토해보자.

- 패킷 2,718에서 클라이언트는 수신 버퍼 크기로 1,460바이트를 알리고 있다.

- 패킷 2,719는 1,460바이트의 데이터를 가지고 있다.[13] 대상의 수신 버퍼가 꽉 차게 되는 크기이다. 와이어샤크는 이를 감지하고 패킷을 TCP Window Full로 표시한다.

- 패킷 2,720에서 24.4.7.217이 윈도우 크기가 0이라고 알린다. 이에 와이어샤크는 TCP Zero Window 패킷으로 표시한다.

- 송신자 208.117.232.102가 피어로부터 ACK를 끌어내기 위해 윈도우 크기가 늘어났기를 바라면서 TCP Keep Alive를 보낸다.

---

13 TCP 헤더 20바이트, IP 헤더 20바이트, 이더넷 헤더 14바이트를 더하면 총 54바이트의 오버헤드가 된다. 이것을 1,460 바이트 데이터에 더하면 프레임(Length 칼럼에 보이는 것처럼)은 1,514바이트다.

- 패킷 2,725에서 24.4.7.217가 늘어난 윈도우 크기 값(243,820바이트)을 알린다. 와이어샤크는 윈도우 크기가 늘어난 것을 보고 TCP Window Update로 표시한다.

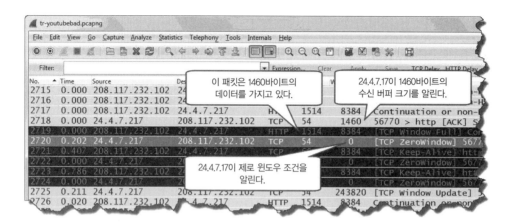

시간에 주의할 것을 기억하자. 제로 윈도우 조건 중에 시간이 얼마나 흘렀는지 살펴본다. 이 조건이 금방 사라진다면 아마도 사용자를 괴롭히는 성능 문제를 일으키지는 않을 것이다. 사라지는 데 30초 이상 걸린다면, 사용자가 불평하는 원인을 하나 찾은 셈이다. 251쪽의 '와이어샤크 실습 66. 가득 찬 윈도우 조건의 지연 측정'을 참고한다.

재미있게도 제로 윈도우 조건은 네트워크의 잘못이 아니다.

문제 발생 전 가득 찬 윈도우

가득 찬 윈도우 패킷이 패킷을 보낸 호스트의 문제라고 잘못 아는 경우가 많다. 그런데 사실, 가득 찬 윈도우 패킷은 버퍼가 가득 차려고 하는 호스트 쪽으로 가고 있는 중이다.

즉, 가득 찬 윈도우 패킷은 제로 윈도우 조건 앞에서 일어나며 버퍼 크기 문제가 있는 호스트 쪽으로 전송된다.

와이어샤크 실습 66. 가득 찬 윈도우 조건의 지연 측정

제로 윈도우 조건을 겪고 있는 호스트를 식별했다면, 이 문제에 의한 지연을 측정해 보자. Time 칼럼을 보고 시간 지연을 추정할 수도 있고, 시간 기준을 사용해 지연을 더 정확하게 측정할 수도 있다.

1단계: tr-youtubebad.pcapng를 연다.

2단계: 메인 툴바의 Go To Packet 버튼을 클릭한다. 4022를 입력하고 Jump To를 클릭한다. 추적 파일의 이 지점에서 수신 버퍼 공간 부족에 의한 지연시간을 측정할 것이다.

3단계: Packet 4,022를 오른쪽 클릭하고 Set Time Reference(toggle)을 선택한다. 와이어샤크는 이 패킷의 시간 값을 0.000000으로 설정하고 Time 칼럼에 *REF*라고 기록한다.

윈도우 업데이트 이후 첫 데이터 패킷을 살펴보자. 데이터가 다시 흐르기 시작하는 지점이다. Time 칼럼에서 전체 지연시간이 25.658초인 것을 알 수 있다. 즉, 체감되는 지연이다.

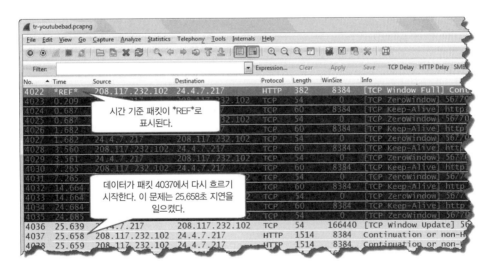

4단계: 시간 기준을 제거하기 위해, Packet 4,022를 오른쪽 클릭하고 Set Time Reference(toggle)를 다시 선택한다.

5단계: 와이어샤크가 Time 칼럼을 원래대로 Seconds Since Beginning of Capture 설정으로 돌려놓는다.

Time 칼럼이 시간 기준을 사용하기 전에 Seconds Since Previous Displayed Packet 설정이었다면, 원래대로 설정이 복원되지 않을 수도 있다.

Time 설정을 Seconds Since Previous Displayed Packet으로 복원하려면, View ▶ Time Display Format을 선택하고 다른 설정을 골랐다가(Time of Day 등) View ▶ Time Display Format ▶ Seconds Since Previous Displayed Packet을 선택한다.

이점은 와이어샤크 1.10.x의 버그로 추후 버전에서 수정될 것이다.

다음으로 와이어샤크의 가득 찬 윈도우 탐지 프로세스를 더 자세히 알아보자.

가득 찬 윈도우

디스플레이 필터 값

`tcp.analysis.window_full`

트래픽 분석 개요

와이어샤크는 각 방향으로 흐르는 데이터의 양뿐 아니라 Window Size 값을 끊임 없이 모니터링한다.

대상의 가용 버퍼 크기를 채우기에 꼭 맞는 크기의 데이터를 가진 패킷을 발견하면, 와이어샤크는 그 패킷을 '가득 찬 윈도우(Window Full)'로 표시한다.

가득 찬 윈도우의 원인

가득 찬 윈도우는 데이터 패킷이 도착하면 대상의 수신 버퍼 공간이 부족하다는 의미다. 이 조건은 대상이 윈도우 업데이트를 보내면 즉시 사라진다. 그 경우가 아니라면, 대상이 제로 윈도우 패킷을 대신 보낸다.

제로 윈도우 조건의 원인이 수신 버퍼가 가득 찬 것이라는 점을 기억하자. 이 상황은 데이터 수신율_{receipt rate}을 따라갈 정도로 빨리 수신 버퍼에서 데이터를 꺼내가지 않는 수신 애플리케이션 때문에 발생한다.

애플리케이션이 데이터 전송률을 따라갈 수 없는 이유는 알 수 없다. 하지만 이 프로세스가 상당한 지연을 일으킬 수 있다는 것과, 제로 윈도우 조건을 공지하는 호스트를 우리가 더 깊게 살펴볼 필요가 있다는 것을 알고 있다. 호스트에 너무 많은 애플리케이션이 돌고 있을 수 있고, 애플리케이션에 문제가 있을 수도 있다. 제로 윈도우 조건은 많은 이유로 발생할 수 있다.

packet-tcp.c의 코드와 주석

데이터 패킷의 참고(seglen>0)와 공지된 윈도우의 참고(window)를 볼 수 있다. 와이어샤크가 TCP SYN과 FIN, RST 패킷은 가득 찬 윈도우로 분류하지 않는 것도 알 수 있다.

```
953
954        /* 가득 찬 윈도우
955         * 윈도우 스케일링을 알고 있고
956         * 현재 세그먼트에 데이터가 들어있으며
957         * 공지된 윈도우의 끝까지 계속된다면
958         * 가득 찬 윈도우로 분류한다.
959         * SYN/RST/FIN 패킷은 가득 찬 윈도우로 분류되지 않는다.
960         */
961    /* QQQ 시험 완료 */
962        if( seglen>0
963        && tcpd->rev->win_scale!=-1
964        && (seq+seglen)==(tcpd->rev->lastack+(tcpd->rev->window<<
965        (tcpd->rev->win_scale==-2?0:tcpd->rev->win_scale)))
966        && (flags&(TH_SYN|TH_FIN|TH_RST))==0 ) {
967            if(!tcpd->ta) {
968                tcp_analyze_get_acked_struct(pinfo->fd->num, seq, ack, TRUE, tcpd);
969            }
970            tcpd->ta->flags|=TCP_A_WINDOW_FULL;
971        }
```

와이어샤크 실습 67. 가득 찬 윈도우 패킷 개수 필터 사용

이번 가득 찬 윈도우 실습에서는 네트워크 프린터로 전송되는 트래픽을 분석한다. 이 프린터는 네트워크 복합기(프린터/팩스/복사기) 제품인 HP OfficeJet 6500A Plus 이다.

1단계: tr-winzero-print.pcapng를 연다.

2단계: 디스플레이 필터 영역에 `tcp.analysis.window_full` 필터를 입력하고 **Apply**를 클릭한다. 상태 바에서 와이어샤크가 이 추적 파일에서 가득 찬 윈도우 패킷을 12회 탐지한 것을 알 수 있다.

3단계: 가득 찬 윈도우 패킷에서 [SEQ/ACK analysis] 섹션을 펼친다. 이 영역이 노란색으로 표시되는 것을 볼 수 있다. 노란색은 전문가 정보 경고의 색상이다.

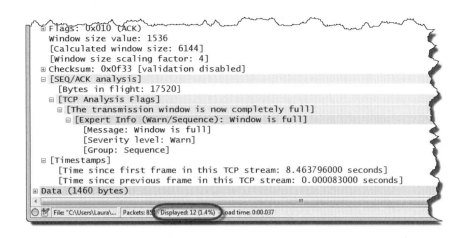

```
⊞ Flags: 0x010 (ACK)
    Window size value: 1536
    [Calculated window size: 6144]
    [Window size scaling factor: 4]
⊞ Checksum: 0x0f33 [validation disabled]
⊟ [SEQ/ACK analysis]
    [Bytes in flight: 17520]
  ⊟ [TCP Analysis Flags]
    ⊟ [The transmission window is now completely full]
      ⊟ [Expert Info (Warn/Sequence): Window is full]
          [Message: Window is full]
          [Severity level: Warn]
          [Group: Sequence]
⊟ [Timestamps]
    [Time since first frame in this TCP stream: 8.463796000 seconds]
    [Time since previous frame in this TCP stream: 0.000083000 seconds]
⊞ Data (1460 bytes)
```

File: "C:\Users\Laura\...   Packets: 85 Displayed: 12 (1.4%)   Load time: 0:00.037

4단계: 종료 후 Clear를 클릭해 필터를 제거한다.

와이어샤크 실습 68. 전문가 정보로 가득 찬 윈도우 패킷 발견

1단계: tr-winzero-print.pcapng를 연다.

2단계: 상태 바의 Expert Infos 버튼을 클릭한다.

3단계: Warnings 탭을 클릭하고 Window is Full 섹션을 펼친다. 첫 번째 항목인 **패킷 36**을 클릭한다. Close 버튼을 클릭하고 메인 와이어샤크 창으로 돌아간다.

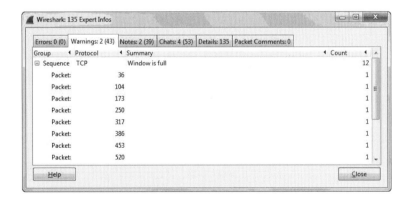

Packet 36은 대상(192.168.1.101)의 버퍼 공간을 가득 채울 수 있는 만큼의 데이터를 가지고 있다. 데이터는 패킷 41에서야 다시 흐르기 시작한다.

4단계: Time Reference process를 사용해 제로 윈도우 조건에 의한 지연을 측정한다(시간 기준 이용 방법의 단계별 설명에 대해서는 251쪽의 '와이어샤크 실습 66. 가득 찬 윈도우 조건의 지연 측정'을 참고한다). 지연이 겨우 542ms(0.5초 정도)임을 알게 될 것이다.

Time 칼럼이 시간 기준을 사용하기 전에 Seconds Since Previous Displayed Packet 설정이었다면, 시간 기준 사용 후 다른 설정을 선택했다가 다시 Seconds Since Previous Displayed Packet으로 복원해야 할 수도 있다. 이 와이어샤크 1.10.x의 버그에 대해서는 와이어샤크 실습 66에서 언급한 바 있다.

와이어샤크 실습 69. '멈춘' 애플리케이션 감시에 Bytes in Flight 사용

이 네트워크 프린터는 IP 주소 192.168.1.101를 가지고 있다. 네트워크 클라이언트 192.168.1.111이 프린터에게 양면 인쇄 설정으로 문서를 보내는 중이다. 이 추적 파일에서 네트워크 프린터가 TCP 버퍼에서 데이터 꺼내기를 멈추는 지점을 볼 수 있을 것이다.

이 프린터(HP OfficeJet 6500A Plus)는 한 면의 잉크가 마르기를 '기다릴' 때마다 버퍼에서 데이터 꺼내기를 중단한다. 그 결과 윈도우 제로 조건에 이르게 된다.

이번 실습에서는 새 칼럼 Bytes in Flight를 만들어 사용한다. 데이터가 프린터로 전송되고 ACK를 받지 못함에 따라 이 칼럼 값이 늘어나는 것을 지켜볼 것이다. 'Bytes in Flight'은 확인 응답받지 못한 데이터 바이트다.

1단계: 확인 응답을 받지 못한 바이트를 추적하는 칼럼을 추가하기 위해서는 TCP 환경 설정에서 Track Number of Bytes in Flight가 활성화돼야 한다.

메인 툴바의 Preferences 버튼을 클릭하고 Protocols를 펼친다. TCP를 입력해 TCP 환경 설정으로 이동하고, Track Number of Bytes in Flight가 체크돼 있는지 확인한다. OK를 클릭해 환경 설정을 저장한다.

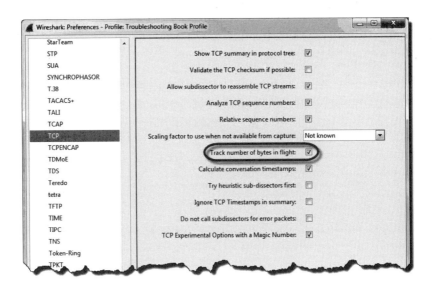

2단계: tr-winzero-print.pcapng를 연다.

3단계: 패킷 173으로 점프한다. 이 추적 파일에서 첫 번째 가득 찬 윈도우 패킷이 위치한 지점이다.

4단계: TCP header를 펼쳐 [SEQ/ACK analysis] 섹션의 내용을 확인한다.
Track Number of Bytes in Flight가 활성화돼 있다면, 대괄호에 싸인 Bytes in Flight 섹션을 볼 수 있다. 대괄호로 표시된 필드(실제로 패킷에 존재하는 필드가 아니라) 와이어샤크의 해석임을 기억하자.

5단계: [Bytes in flight: 17520] 줄에서 오른쪽 클릭하고 Apply as Column을 선택한다.

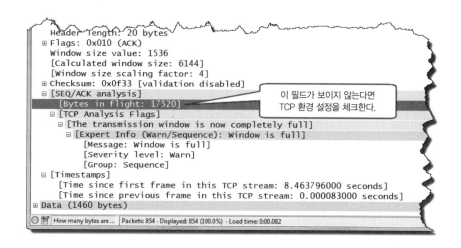

6단계: WinSize(Calculated Window Size) 칼럼이 숨겨져 있다면 보이게 한다. 이 칼럼을 다시 생성해야 하면, 아무 TCP 헤더에서 Calculated Window Size 필드를 오른쪽 클릭하고 Apply as Column을 선택한다.

7단계: 패킷 목록 창에서 프린터가 보낸 마지막 ACK 패킷(패킷 161)을 찾는다. 프린터는 이 패킷의 Calculated Window Size 필드에서 17,520바이트의 버퍼 공간을 사용할 수 있음을 알린다. 이후, 프린터는 들어오는 데이터에 대해 ACK 전송을 중단한다.

클라이언트는 확인 응답을 받지 못한 데이터가 17,520바이트가 될 때까지 데이터를 전송한다. 와이어샤크는 가득 찬 윈도우 조건임을 탐지하고 패킷에 표시한다.

이 프린터는 양면 인쇄 모드에서 잉크 건조에 25초가 걸린다. 이 건조 시간 동안 프린터는 완전히 멈춘 것처럼 보인다. 한 면이 인쇄된 종이는 페이퍼 트레이에 반쯤 나와서 걸려 있다. 이 때 프린터는 수신한 데이터에 대해 확인 응답을 하지 않는다.

왜 그럴까? 좋은 질문이다. 와이어샤크는 문제의 위치를 찾아줄 수는 있지만 왜 문제가 일어나는지는 보여줄 수 없다. 들어오는 데이터를 감당할 만큼 프린터가 충분한 메모리를 가지고 있지 않은 것은 아닐까?

이 프린터는 64MB의 메모리를 가지고 있지만 TCP 연결 수신 버퍼에 17,520바이트만을 할당한다. 윈도우 스케일링 비율은 1이다. 아마도 대부분의 메모리를 종이가 떨어졌을 때 들어오는 팩스를 담아두는 용도로 남겨 놓는 것 같다. 이 패킷들로부터는 문제의 원인을 알 수 없다. 존재 여부만 탐지할 수 있을 뿐이다.

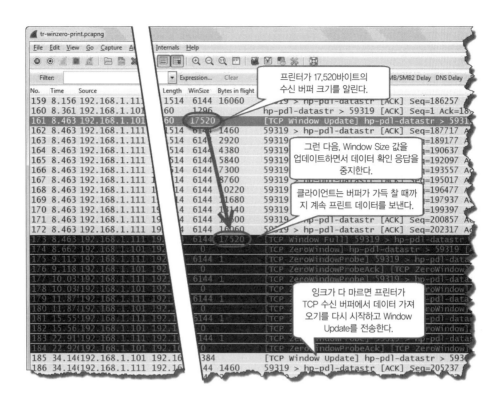

다음으로, 와이어샤크의 제로 윈도우 프로브와 제로 윈도우 프로브 ACK 패킷의 식별 프로세스를 살펴본다.

제로 윈도우 프로브와 제로 윈도우 프로브 ACK

디스플레이 필터 값

tcp.analysis.zero_window_probe
tcp.analysis.zero_window_probe_ack

트래픽 분석 개요

제로 윈도우 프로브 패킷은 호스트가 윈도우 업데이트 응답을 끌어내려는 의도로 제로 윈도우 조건을 공지하는 TCP 피어에게 전송한다. 호스트가 제로 윈도우 프로브 패킷 대신에 TCP Keep Alive(순서번호를 1 감소시킨)를 보낼 수도 있음을 기억하자.

와이어샤크는 제로 윈도우 패킷 다음, 제로 윈도우 프로브 패킷을 찾는다. 제로 윈도우 패킷은 순서번호를 1 증가시킨다.

제로 윈도우 프로브와 제로 윈도우 프로브 ACK 자체는 문제가 아니지만, 제로 윈도우 문제의 증상이다.

제로 윈도우 프로브의 원인

이 패킷들은 제로 윈도우 조건에 따라온다. 기본적으로 여러분은 제로 윈도우를 알리는 호스트의 애플리케이션 문제를 해결하고 있는 것이다.

제로 윈도우 문제의 궁극적인 원인은 호스트의 버퍼 공간이 부족한 것이다. 애플리케이션이 수신율을 따라가지 못할 때 수신 버퍼가 가득 차게 된다.

packet-tcp.c의 코드와 주석

packet-tcp.c 코드에서 1바이트 길이(seglen==1)와 반대 방향(rev)의 윈도우 크기가 0으로 설정됐는지(window==0) 참고하는 것을 볼 수 있다. 또한 순서번호가 다음 예상되는 숫자인지(fwd->nextseq) 참고하는 것도 보인다.

```
870        /* 제로 윈도우 프로브
871         * 순서번호가 다음 예상하는 숫자이고
872         * 반대 방향 윈도우 크기가 0이고
873         * 세그먼트 길이가 정확히 1바이트이면
874         * 제로 윈도우 프로브이다.
875         */
876    /* QQQ 시험 완료 */
877        if( seglen==1
878        &&  seq==tcpd->fwd->nextseq
879        &&  tcpd->rev->window==0 ) {
880            if(!tcpd->ta) {
881                tcp_analyze_get_acked_struct(pinfo->fd->num, seq, ack, TRUE, tcpd);
882            }
883            tcpd->ta->flags|=TCP_A_ZERO_WINDOW_PROBE;
884            goto finished_fwd;
885        }
886
```

와이어샤크 실습 70. 제로 윈도우 프로브와 제로 윈도우 프로브 ACK 패킷 개수 필터 사용

1단계: tr-winzero-print.pcapng를 연다.

2단계: 디스플레이 필터 영역에 `tcp.analysis.zero_window_probe || tcp.analysis.zero_window_probe_ack` 필터를 입력하고 Apply를 클릭한다.

상태 바에서 와이어샤크가 이 추적 파일에서 제로 윈도우 프로브와 제로 윈도우 프로브 ACK 패킷을 39회 탐지한 것을 알 수 있다.

```
Window size value: 1536
[Calculated window size: 6144]
[Window size scaling factor: 4]
⊞ Checksum: 0xe865 [validation disabled]
⊟ [SEQ/ACK analysis]
    [Bytes in flight: 1]
    ⊟ [TCP Analysis Flags]
        ⊟ [This is a TCP zero-window-probe]
            ⊟ [Expert Info (Note/Sequence): Zero window probe]
                [Message: Zero window probe]
                [Severity level: Note]
                [Group: Sequence]
⊟ [Timestamps]
    [Time since first frame in this TCP stream: 0.899945000 seconds]
    [Time since previous frame in this TCP stream: 0.322519000 seconds]
⊞ Data (1 byte)

File: "C:\Users\Laura\...   Packets: 854   Displayed: 39 (4.6%)   Load time: 0:00.089
```

3단계: 종료 후 Clear를 클릭해 필터를 제거한다.

와이어샤크 실습 71. 전문가 정보로 제로 윈도우 프로브와 제로 윈도우 프로브 ACK 패킷 발견

1단계: tr-winzero-print.pcapng를 연다.

2단계: 상태 바의 Expert Infos 버튼을 클릭한다.

3단계: Notes 탭을 클릭하고 Zero Window Probe ACK 섹션을 펼친다.

제로 윈도우 문제가 길어지면 인접한 제로 윈도우 프로브/제로 윈도우 프로브 ACK가 더 많이 발생한다.

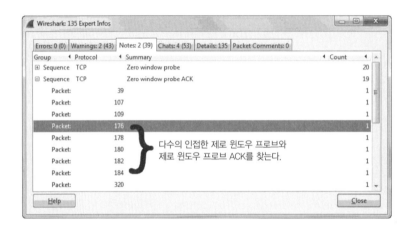

4단계: Packet 176 링크를 클릭하고 Close 버튼을 클릭한다.

Bytes in Flight 칼럼이 보이면 제로 윈도우 프로브 패킷이 1바이트 값을 가지는 것을 볼 수 있다.

다음으로 와이어샤크의 윈도우 업데이트 탐지 프로세스를 살펴보자. 윈도우 업데이트는 윈도우 제로 조건의 유일한 해결책임을 명심한다.

윈도우 업데이트

디스플레이 필터 값

`tcp.analysis.window_update`

트래픽 분석 개요

윈도우 업데이트는 호스트의 애플리케이션이 수신 버퍼에서 데이터를 가져갔음을 의미한다. 와이어샤크는 호스트로부터의 이전 패킷보다 더 커진 Window Size 값을 가진 ACK 패킷을 보면 윈도우 업데이트로 표시한다. 하지만 데이터를 가지고 있는 패킷은 윈도우 업데이트로 분류하지 않는다.

윈도우 업데이트는 좋다! 윈도우 업데이트는 와이어샤크의 Bad TCP 컬러링 규칙(`tcp.analysis.flags && !tcp.analysis.window_update`)에서 명시적으로 제외된다.

윈도우 업데이트의 원인

윈도우 업데이트는 애플리케이션이 수신 버퍼에서 데이터를 꺼내 갔을 때 전송된다. 실습에서 보게 될 것과 같이 윈도우 업데이트는 TCP 통신의 여러 지점에서 발생할 수 있다. 윈도우 제로 조건이 일어나면 윈도우 업데이트가 유일한 해결 방법이다.

packet-tcp.c의 코드와 주석

코드에서 0바이트 패킷(`seglen=0`)과 새 윈도우 크기 값(`window!=tcpd->fwd->window`)의 참고를 볼 수 있다. 윈도우 업데이트는 순서번호(`seq==tcpd->fwd->nextseq`)나 확인 응답 번호(`ack==tcpd->fwd->lastack`)를 증가시키지 않는다.

와이어샤크는 윈도우 크기 값과 관계없이, TCP SYN과 FIN, RST 패킷을 절대 윈도우 업데이트로 분류하지 않는다.

```
937        /* 윈도우 업데이트
938         * 윈도우 업데이트는 이전 세그먼트와 같은 SEQ/ACK 번호를 가지며
939         * 새 윈도우 값을 가지는 0 바이트 세그먼트다.
940         */
941        if( seglen==0
942        && window
943        && window!=tcpd->fwd->window
944        && seq==tcpd->fwd->nextseq
945        && ack==tcpd->fwd->lastack
946        && (flags&(TH_SYN|TH_FIN|TH_RST))==0 ) {
947            if(!tcpd->ta) {
948                tcp_analyze_get_acked_struct(pinfo->fd->num, seq, ack, TRUE, tcpd);
949            }
950            tcpd->ta->flags|=TCP_A_WINDOW_UPDATE;
951        }
952
```

와이어샤크 실습 72. 윈도우 업데이트 패킷 개수 필터 사용

1단계: tr-winzero-print.pcapng를 연다.

2단계: 디스플레이 필터 영역에 `tcp.analysis.window_update` 필터를 입력하고 Apply를 클릭한다. 상태 바에서 와이어샤크가 이 추적 파일에서 윈도우 업데이트 패킷을 49회 탐지한 것을 알 수 있다.

```
                    [87??]              num
  Header length: 20 bytes
⊞ Flags: 0x010 (ACK)
  Window size value: 17520
  [Calculated window size: 17520]
  [Window size scaling factor: 1]
⊞ Checksum: 0x3ba5 [validation disabled]
⊟ [SEQ/ACK analysis]
  ⊟ [TCP Analysis Flags]
    ⊟ [This is a tcp window update]
      ⊟ [Expert Info (Chat/Sequence): Window update]
          [Message: Window update]
          [Severity level: Chat]
          [Group: Sequence]
⊟ [Timestamps]
    [Time since first frame in this TCP stream: 8.463224000 seconds]
    [Time since previous frame in this TCP stream: 0.101763000 seconds]
◄                                                    m
○ ▣ File: "C:\Users\Laura\...  Packets: 854  Displayed: 49 (5.7%)  Load time: 0:00.054
```

3단계: Packet 40을 선택하고 TCP 헤더의 [SEQ/ACK analysis] 섹션을 펼친다. 이 영역이 파란색으로 표시되는 것을 볼 수 있다. 파란색은 전문가 정보 이야기Expert Infos Chats(아래에 윈도우 업데이트가 나열된 전문가 정보 섹션)의 색상이기 때문이다.

4단계: 종료 후 Clear를 클릭해 필터를 제거한다.

와이어샤크 실습 73. 전문가 정보로 윈도우 업데이트 패킷 발견

1단계: tr-winzero-print.pcapng를 연다.

2단계: 상태 바의 Expert Infos 버튼을 클릭한다.

3단계: Chats 탭을 클릭하고 Window Updates를 찾는다. Window Updates 섹션을 펼치고 첫 번째 항목인 Packet 40을 클릭한다. Close 버튼을 클릭하고 메인 와이어샤크 창으로 돌아간다.

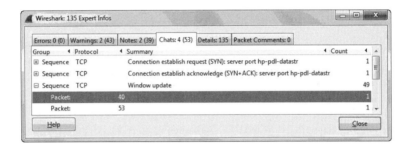

Packet 40은 프린터에 이제 16,384바이트의 버퍼 공간이 있음을 알리면서 제로 윈도우 조건을 해결한다. Time 칼럼 값을 보면 이 제로 윈도우 조건은 비교적 빨리 풀렸다.

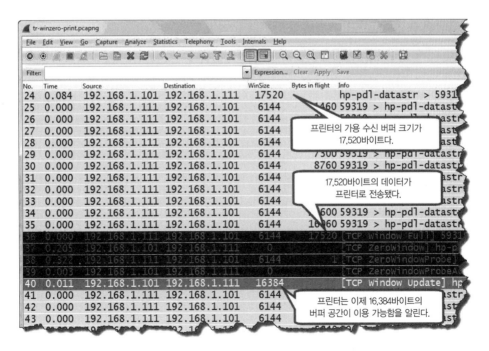

4단계: Packet 53까지 스크롤해 내려간다. 이것은 또 하나의 윈도우 업데이트다. 이 윈도우 업데이트 앞에서, 프린터가 가용한 수신 버퍼 크기로 324바이트를 공지했다. 클라이언트가 큐에 넣은 1,460바이트의 데이터를 받기에는 충분하지 않은 버퍼 크기다. 추적 파일의 이 시점에 프린터로부터의 윈도우 업데이트를 기다리는 지연이 있는 것을 알 수 있다.

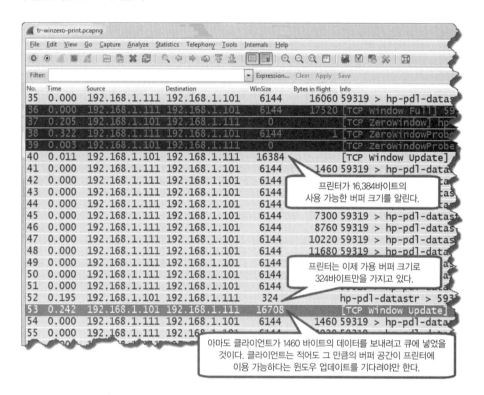

제로 윈도우뿐 아니라 작은 윈도우low window 조건도 예의주시해야 한다. 와이어샤크는 작은 윈도우 조건에 대한 전문가 경고나 알림을 가지고 있지 않으므로, 여러분이 직접 잡아내야 한다.

다음으로 와이어샤크의 포트 재사용 탐지 프로세스를 알아보겠다. 재사용된 포트는 문제가 안 될 때도 있지만 통신에 심각한 지연을 초래할 때도 있다.

포트 재사용

디스플레이 필터 값

tcp.analysis.reused_ports

트래픽 분석 개요

와이어샤크는 동일한 IP 주소/포트 조합의 이전 SYN 패킷이 추적 파일에서 발견된 SYN 패킷을 포트 재사용으로 표시한다.

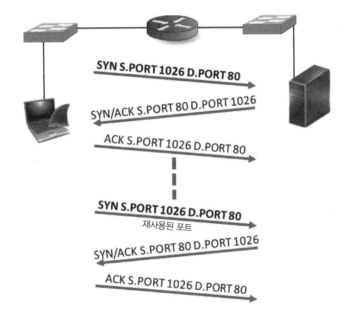

첫 번째 연결이 종료된 것이라면 포트 재사용은 문제가 아니다. 이전 연결이 (TCP FIN이나 TCP RST를 통해) 종료되지 않았을 때 포트 재사용이 문제가 된다.

예를 들어, 프린터 서버가 프린터에 매번 연결할 때마다 동일한 소스 포트 번호를 사용하면서 이전 연결을 종료하지 않는다면, 포트 재사용이 문제가 될 수 있다.

> 포트 재사용의 가능성이 있는 추적 파일을 나누는 것에 주의하자. 와이어샤크는 포트 재사용을 찾기 위해 파일 단위를 넘어 찾지 않는다.

포트 재사용의 원인

포트 재사용은 애플리케이션이 고정된 포트 번호 또는 매우 작은 범위의 포트 번호를 사용할 때 생긴다.

또한 포트 재사용은 많은 소스 포트 번호를 매우 빨리 훑어 나가는 경우에도 발생할 수 있다.

packet-tcp.c의 코드와 주석

packet-tcp.c의 주석은 와이어샤크가 TCP SYN 패킷을 평가하는 법을 보여준다. 와이어샤크는 소스 포트 번호, 소스 IP 주소, 순서번호 필드를 본다. 이 세 가지가 앞의 SYN 패킷과 일치하면 재전송이다. 순서번호가 다르면 다른 연결 요청이므로 포트 재사용으로 표시한다.

이 경우 와이어샤크는 상대적인 순서번호 값이 아니라 Sequence Number 필드 값 그대로를 평가한다.

```
4205
4206    /* 이 패킷이 SYN 패킷이면
4207     * seq-nr이 기존 대화의 base_seq와 다른지 체크한다.
4208     * 다르다면 동일한 주소와 포트로 새 대화를 만들고
4209     * TA_PORTS_REUSED 플래그를 설정한다.
4210     * 만일 seq-nr이 base_seq와 동일하면 그대로 둔다.
4211     * 뒤에서 재전송으로 표시될 것이다.
4212     */
4213    if(tcpd && ((tcph->th_flags&(TH_SYN|TH_ACK))==TH_SYN) &&
4214       (tcpd->fwd->base_seq!=0) &&
4215       (tcph->th_seq!=tcpd->fwd->base_seq) ) {
4216       if (!(pinfo->fd->flags.visited)) {
4217          conv=conversation_new(pinfo->fd->num, &pinfo->src, &pinfo->dst,
4218          pinfo->ptype, pinfo->srcport, pinfo->destport, 0);
4219          tcpd=get_tcp_conversation_data(conv,pinfo);
4220       }
4221       if(!tcpd->ta)
4222          tcp_analyze_get_acked_struct(pinfo->fd->num, tcph->th_seq, tcph->th_ack, TRUE, tcpd);
4223       tcpd->ta->flags|=TCP_A_REUSED_PORTS;
4224    }
```

와이어샤크 실습 74. 포트 재사용 패킷 개수 필터 사용

1단계: tr-reusedports.pcapng를 연다.

2단계: 디스플레이 필터 영역에 `tcp.analysis.reused_ports` 필터를 입력하고 Apply를 클릭한다. 상태 바에서 와이어샤크가 이 추적 파일에서 포트 재사용 패킷을 한 번 탐지한 것을 알 수 있다.

3단계: 포트 재사용 패킷 위에서 [SEQ/ACK analysis] 섹션을 펼친다. 이 영역은 와이어샤크에서 청록색으로 표시된다. 청록색은 전문가 정보 알림의 색상이다.

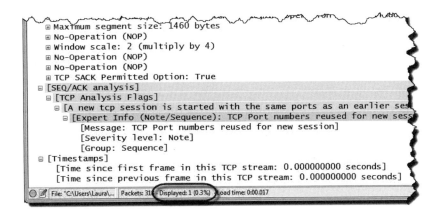

4단계: 종료 후 Clear를 클릭해 필터를 제거한다.

와이어샤크 실습 75. 전문가 정보로 포트 재사용 패킷 발견

1단계: tr-reusedports.pcapng를 연다.

2단계: 상태 바의 Expert Infos 버튼을 클릭한다.

3단계: 포트 재사용 패킷을 식별하기 위해 Notes 탭을 클릭한다. TCP Port numbers reused for new session 섹션을 펼치고 첫 번째 항목인 Packet 317을 클릭한다. Close 버튼을 클릭하고 메인 와이어샤크 창으로 돌아간다.

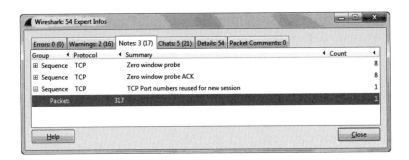

4단계: 관계 없는 칼럼(WinSize나 Bytes in Flight 등)을 숨기려면 칼럼 제목을 클릭하고 Hide Column을 선택한다.

그림에 보이는 포트 재사용 패킷은 (예상했던 대로) SYN 패킷이다. 이 패킷은 IP 주소 192.168.1.44와 포트 59319를 사용한다.

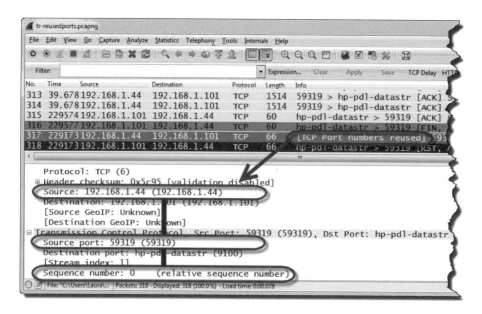

5단계: TCP 해석기(packet-tcp.c)에서, SYN 패킷이 새로운 연결 요청인지 재전송이나 포트 재사용인지 확인하기 위해 순서번호 필드를 검토한다.

이 SYN 패킷의 순서번호를 이전 SYN 패킷의 순서번호와 비교하려고 한다. 그런데 와이어샤크는 TCP 대화에서 상대적 순서번호를 사용한다. 즉, 와이어샤크는 두 SYN에 대해 모두 순서번호가 0이라고 표시한다.

아무 패킷의 패킷 상세 창에서 **TCP header**를 오른쪽 클릭한다. Protocol Preferences를 선택하고 Relative sequence numbers를 체크 해제한다.

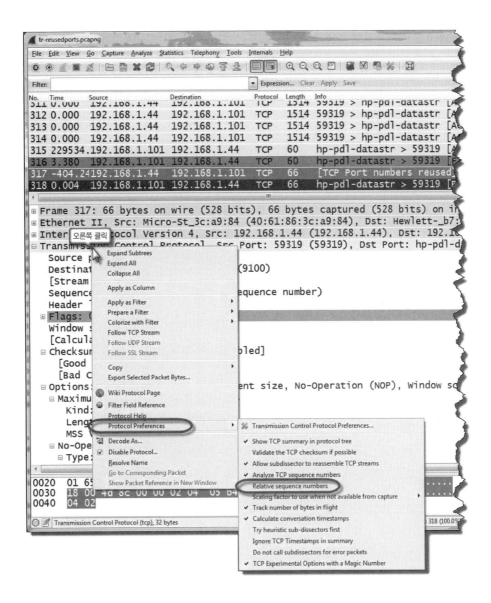

6단계: SYN 패킷의 순서번호 값을 살펴보자. 디스플레이 필터 영역에 `tcp.flags==0x0002`[14]를 입력하고 **Apply**를 클릭한다.

2개의 패킷만이 이 필터에 일치한다.

7단계: 순서번호 값을 간단히 비교하고 싶으면 순서번호 칼럼을 다시 보이게 한다.

---

14 이 필터는 SYN 비트가 켜져 있고 다른 모든 TCP 플래그가 꺼진 것을 찾는다. tcp.flags.syn==1 && tcp.flags.ack==0 라고 쓸 수도 있다.

이제 각 SYN 패킷의 순서번호가 다른 것을 볼 수 있다. 순서번호가 같다면 패킷 317은 재전송으로 분류됐을 것이다.

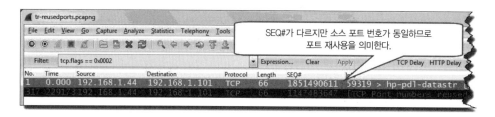

8단계: 패킷 상세 창에서 TCP header를 오른쪽 클릭한다. Protocol Preferences를 선택하고 Relative sequence numbers를 체크한다.

9단계: 순서번호 칼럼을 숨기려면 Sequence number 칼럼 제목을 오른쪽 클릭하고 Hide Column을 선택한다.

다음으로 와이어샤크의 체크섬 오류(과거 많은 사람들이 네트워크 문제를 잘못 분석하게 했던 오류 알림인) 탐지 프로세스를 살펴본다.

체크섬 오류

디스플레이 필터 값

```
ip.checksum_bad==1 || tcp.checksum_bad==1 || or udp.checksum_bad==1
```

트래픽 분석 개요

기본적으로 와이어샤크는 TCP 또는 UDP 체크섬 검증을 하지 않는다. 체크섬 검증을 했던 와이어샤크 이전 버전을 업그레이드했다면 이 설정을 유지하고 있을 수도 있다.

Preference 설정에서 와이어샤크의 체크섬 검증 절차를 쉽게 비활성화할 수 있다.

체크섬 오류의 원인

체크섬 오류는 고장 난 네트워크 인터페이스 카드NIC, Network Interface Card 또는 경로상에서 패킷 내용을 변경하는 어떤 장비에 의해서도 일어날 수 있다.

와이어샤크를 컴퓨터에 실행하고 그 컴퓨터에서 들어오고 나가는 트래픽을 캡처해보면, 다음 경우에 모든 나가는 트래픽에서 체크섬 오류를 볼 수 있을 것이다. (a) 호스트에 작업 오프로딩이 활성화됐거나 (b) 와이어샤크 체크섬 검증 절차가 활성화됐다면.

작업 오프로딩이 사용 중일 때 체크섬 오류와 같은 일부 프로토콜 기능은 NIC로 넘어간다.

작업 오프로딩이 사용중인 호스트에서 캡처할 때, 네트워크로 실제 전송된 것과 매우 다른 패킷을 와이어샤크가 보여줄 수도 있다.

예를 들어 작업 오프로딩을 사용중인 윈도우 호스트에서 캡처할 때, WinPcap(윈도우 패킷 캡처 드라이버)은 트래픽을 캡처하기 위해 Netgroup Packet Filter를 사용한다. 호스트가 작업 오프로딩을 지원하면 Netgroup은 체크섬이 계산되기 전에 패킷 복사본을 저장한다.

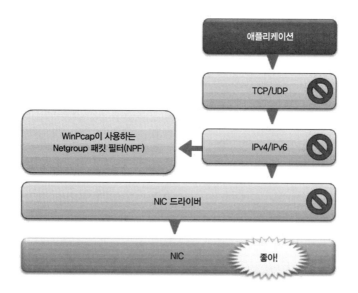

네트워크상에서 체크섬 오류를 정말로 겪고 있다면 여러분도 알 것이다. 체크섬 오류가 있는 패킷은 체크섬 오류가 일어난 계층에서 버려지기 때문에 응답받지 못한다.

packet-tcp.c의 코드와 주석

packet-tcp.c의 체크섬 오류 영역은 체크섬을 검증할 필드들을 참고하며, 체크섬 검증이 활성화됐을 때만 실행된다.

```
4512        if (tcp_check_checksum) {
4513            /* 체크섬 확인을 끄지 않았다. 체크섬 계산 실행. */
4514
4515            /* 유사 헤더의 필드들을 설정한다. */
4516            cksum_vec[0].ptr = (guint8 *)pinfo->src.data;
4517            cksum_vec[0].len = pinfo->src.len;
4518            cksum_vec[1].ptr = (guint8 *)pinfo->dst.data;
4519            cksum_vec[1].len = pinfo->dst.len;
4520            cksum_vec[2].ptr = (const guint8 *)phdr;
4521            switch (pinfo->src.type) {
4522
4523            case AT_IPv4:
4524                phdr[0] = g_htonl((IP_PROTO_TCP<<16) + reported_len);
4525                cksum_vec[2].len = 4;
4526                break;
4527
4528            case AT_IPv6:
4529                phdr[0] = g_htonl(reported_len);
4530                phdr[1] = g_htonl(IP_PROTO_TCP);
4531                cksum_vec[2].len = 8;
4532                break;
```

와이어샤크 실습 76. 전문가 정보로 체크섬 오류 탐지

체크섬 검증이 활성화돼 있어야만 체크섬 오류를 탐지할 수 있음을 명심하자. 이번 실습에서는 작업 오프로드를 지원하는 호스트로부터의 트래픽을 검토하기 위해 체크섬 검증을 활성화한다.

1단계: tr-checksums.pcapng를 연다.

2단계: 먼저 IPv4 TCP와 UDP의 체크섬 검증을 활성화할 필요가 있다. 메인 툴바에서 Preferences 버튼을 선택한다.

3단계: Protocols 섹션을 펼치고 IPv4를 선택한다. Validate the IPv4 checksum if possible 환경 설정을 체크한다.

4단계: 프로토콜 목록에서 TCP를 선택한다. Validate the TCP checksum if possible 환경 설정을 체크한다.

5단계: 프로토콜 목록에서 UDP를 선택한다. Validate the UDP checksum if possible 환경 설정을 체크한다.

OK를 클릭해 환경 설정을 저장한다. 패킷 목록 창의 색상이 극적으로 바뀔 것이다. 192.168.1.72에서 오는 모든 패킷이 검은 배경에 붉은 폰트로 나타난다.

6단계: 상태 바의 Expert Infos 버튼을 클릭한다.

7단계: Errors 탭이 기본으로 열려 있다. 68개의 잘못된 IPv4 체크섬, 6개의 잘못된 UDP 체크섬, 62개의 잘못된 TCP 체크섬을 볼 수 있다.

TCP Bad Checksum 섹션을 펼친다.

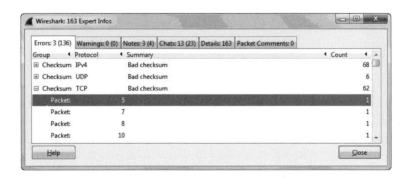

8단계: 첫 번째 TCP Bad Checksum 항목인 Packet 5를 클릭한다. 메인 와이어샤크 창으로 돌아간다. 이제 패킷 목록 창에서 192.168.1.72에서 오는 각 패킷이 검은 배경에 붉은 폰트로 보이는 것에 주의한다. 각 패킷은 잘못된 IP 및 UDP 체크섬 또는 잘못된 IP 및 TCP 체크섬을 가지고 있다.

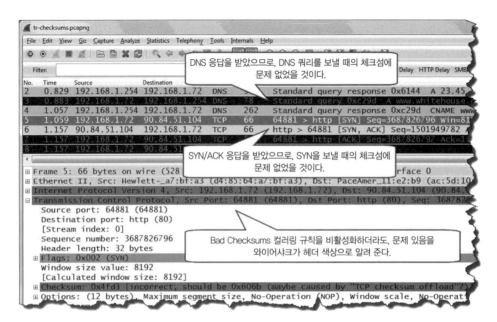

추적 파일을 자세히 검토해 보면, 192.168.1.72로부터의 패킷이 대상에 도착했을 때 패킷에 문제가 없었음을 알 수 있다. 대상이 패킷 수신에 대해 확인 응답하고, 패킷을 처리하고, 패킷들의 요청에 응답했기 때문이다.

호스트 192.168.1.72은 아래 그림에서 보는 것처럼 작업 오프로딩을 사용하도록 구성돼 있다.

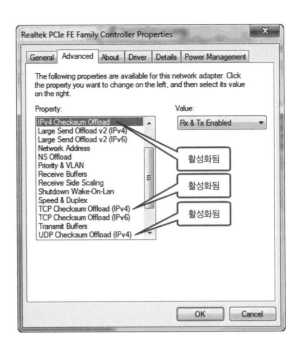

9단계: 이 추적 파일을 닫기 전에, 오른쪽 클릭 방법으로 이더넷 및 IP, UDP, TCP 체크섬 검증을 비활성화한다.

패킷 3의 패킷 상세 영역에서 Ethernet II header를 오른쪽 클릭하고 Protocol Preferences를 선택한 뒤, Validate the Ethernet checksum if possible를 체크 해제한다.

패킷 3의 패킷 상세 영역에서 IP header를 오른쪽 클릭하고 Protocol Preferences를 선택한 뒤, Validate the IPv4 checksum if possible를 체크 해제한다.

동일한 패킷(패킷 3)에서 UDP header를 오른쪽 클릭하고 Protocol Preferences를 선택한 뒤, Validate the UDP checksum if possible를 체크 해제한다.

패킷 7의 패킷 상세 영역에서 TCP header를 오른쪽 클릭하고 Protocol Preferences를 선택한 뒤, Validate the TCP checksum if possible를 체크 해제한다.

이 장에서 우리는 아주 많은 내용을 다뤘다. 전문가 정보를 효율적으로 사용하고 분석할 줄 아는 것이 문제 해결의 핵심이다.

7장

애플리케이션 오류 식별

와이어샤크가 애플리케이션 해석기를 가지고 있다면 애플리케이션 오류를 잡아내기 쉽다. 애플리케이션 해석기는 애플리케이션의 명령과 응답뿐 아니라 애플리케이션 트래픽의 구조까지 알고 있다.

7장에서는 DNS 및 HTTP, SMB, SIP의 오류 응답을 간단히 탐지하는 방법을 배운다. 같은 기법을 다른 애플리케이션의 오류 탐지에 확장해서 적용할 수 있다.

7장 메모

오류 응답의 문법과 필드 이름을 알면 애플리케이션 오류 응답을 쉽게 탐지할 수 있다.

— 애플리케이션 오류 응답(HTTP, DNS, SMB/SMB2, SIP 오류 등)을 클릭 한 번으로 찾는 필터 표현식 버튼을 생성한다.

— 애플리케이션의 오류 발생 보고 방법을 확인할 때마다 애플리케이션 오류 버튼을 하나씩 늘려간다.

DNS 오류 탐지

디스플레이 필터 값

dns.flags.rcode > 0

트래픽 분석 개요

DNS는 요청/응답 기반 애플리케이션이다. 호스트가 이름 확인을 요청하면 적절한 시간 내에 응답 성공이 도착하는 것이 바람직하다. 다른 대부분의 네트워크 애플리케이션과 달리 DNS는 UDP(기본적인 이름 확인 쿼리)와 TCP(영역 전송 시) 위에서 동작할 수 있다.

와이어샤크가 DNS 오류를 강조하기 위한 컬러링 규칙이나 전문가 정보를 가지고 있지는 않지만, 와이어샤크의 DNS 해석기(packet-dns.c)는 다음 목록에 보이는 것과 같이 대부분의 DNS 오류를 인식한다.

응답 코드	이름	설명
0	NoError	오류 없음
1	FormErr	포맷 오류
2	ServFail	서버 실패
3	NXDomain	존재하지 않는 도메인
4	NotImp	구현되지 않음
5	Refused	쿼리 거부
6	YXDomain	존재하지 않아야 하는 이름 존재
7	YXRRSet	존재하지 않아야 하는 RR Set 존재
8	NXRRSet	존재해야 하는 RR Set 존재하지 않음
9	NotAuth	영역 권한 없는 서버(RFC 2136)
9	NotAuth	권한 없음(RFC 2845)
10	NotZone	영역에 포함되지 않는 이름
16	BADVERS	잘못된 OPT 버전(RFC 6891)
16	BADSIG	TSIG 서명 실패(RFC 2845)

(계속)

응답 코드	이름	설명
17	BADKEY	인식되지 않는 키(Key)
18	BADTIME	시간 윈도우 밖의 서명
19	BADMODE	잘못된 TKEY 모드
20	BADNAME	중복된 키 이름
21	BADALG	지원되지 않는 알고리즘

이번 절에서는 가장 흔하게 볼 수 있는 DNS 오류들인 서버 실패(응답 코드 2)와 존재하지 않는 도메인(이름 오류, 응답 코드 3)을 집중적으로 다룬다.

서버 실패는 응답하는 DNS 서버가 다른 DNS 서버로부터 정보를 얻을 수 없음을 의미한다. 응답 서버로부터의 업스트림에 문제가 있는 것이다. 이름 오류는 이름을 확인할 수 없음을 의미한다. 이름 확인 프로세스는 올바르게 동작했으나 아무 DNS 서버도 요청한 정보를 줄 수 없었다는 뜻이다.

와이어샤크 실습 77. 'DNS 오류' 필터 표현식 버튼 생성 및 사용

이 실습을 마치면 버튼 하나를 클릭해서 추적 파일의 DNS 오류를 쉽게 식별할 수 있다. 디스플레이 필터 값을 입력해 필터 표현식 버튼을 만들 수도 있지만, 이번 실습에서는 오른쪽 클릭 방법으로 필터 표현식 버튼을 생성한다.

1단계: tr-dnserrors.pcapng를 연다.

2단계: Packet 5를 클릭한다. Packet 5는 이 추적 파일의 첫 DNS 응답이다. Info 칼럼에서 서버 실패Server Failure 응답인 것을 알 수 있다.

3단계: 패킷 상세 창에서 Domain Name System(response) 줄을 오른쪽 클릭하고 Expand Subtrees를 선택한다. DNS Reply Code 필드는 DNS 응답의 Flags 섹션에 포함돼 있다.

```
⊞ Frame 5: 72 bytes on wire (576 bits), 72 bytes captured (576 bits) on interface
⊞ Ethernet II, Src: D-Link_cc:a3:ea (00:13:46:cc:a3:ea), Dst: Elitegro_40:74:d2 (0
⊞ Internet Protocol Version 4, Src: 192.168.0.1 (192.168.0.1), Dst: 192.168.0.113
⊞ User Datagram Protocol, Src Port: domain (53), Dst Port: 52502 (52502)
⊟ Domain Name System (response)
     [Request In: 4]
     [Time: 1.095858000 seconds]
     Transaction ID: 0xa570
   ⊟ Flags: 0x8182 Standard query response, Server failure
       1... .... .... .... = Response: Message is a response
       .000 0... .... .... = Opcode: Standard query (0)
       .... .0.. .... .... = Authoritative: Server is not an authority for domain
       .... ..0. .... .... = Truncated: Message is not truncated
       .... ...1 .... .... = Recursion desired: Do query recursively
       .... .... 1... .... = Recursion available: Server can do recursive queries
       .... .... .0.. .... = Z: reserved (0)
       .... .... ..0. .... = Answer authenticated: Answer/authority portion was not
       .... .... ...0 .... = Non-authenticated data: Unacceptable
       .... .... .... 0010 = Reply code: Server failure (2)
     Questions: 1
     Answer RRs: 0
     Authority RRs: 0
     Additional RRs: 0
   ⊟ Queries
```

4단계: Reply code 필드를 오른쪽 클릭하고 Prepare a Filter › Selected를 선택한다. 이 필터는 서버 실패만 탐지한다. 우리는 이 버튼으로 모든 DNS 오류를 표시하려고 한다. DNS 오류 패킷은 dns.flags.rcode 필드가 0보다 큰 값이다.

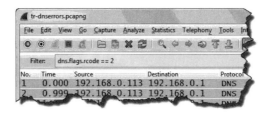

5단계: 디스플레이 필터를 dns.flags.rcode > 0[1]으로 편집하고 Save 버튼을 클릭한다. 버튼 레이블에 DNS Errors을 입력하고 OK를 클릭한다.

---

1 dns.flags.rcode != 0으로 써도 되지만, != 연산자 때문에 와이어샤크가 디스플레이 필터 영역의 배경을 노란색으로 표시할 것이다. 종종 != 연산자는 의도하는 대로 동작하지 않을 때가 있다. 예를 들어 ip.addr != 10.10.10.10는 10.10.10.10의 트래픽을 뷰에서 제거하지 않는다. 맞는 문법은 !ip.addr==10.10.10.10이다.

6단계: DNS Errors 버튼을 클릭하면 이 추적 파일의 8개의 DNS 오류 응답을 찾을 수 있다.

7단계: DNS 오류 응답을 일으키는 이름을 찾기 위해, 오류 응답 패킷의 패킷 상세 창에서 Queries 섹션을 펼친다. Name 필드를 오른쪽 클릭하고 Apply as Column을 선택한다.

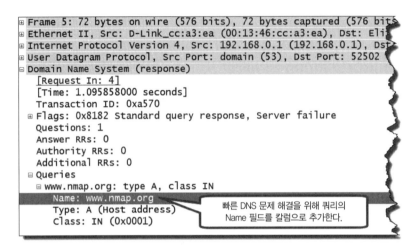

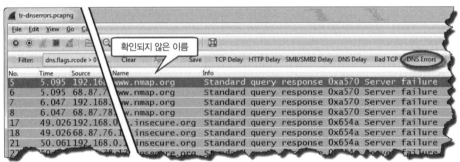

이번 경우, 로컬 서버로부터의 서버 업스트림이 재귀적 DNS 쿼리에 대해 응답하지 않는 것처럼 보인다. 클라이언트는 업스트림 DNS 서버 문제 때문에 www.nmap.org나 www.insecure.org에 도달할 수 없다.

8단계: Clear 버튼을 클릭해 필터를 제거한다. Name 칼럼을 오른쪽 클릭하고 Hide Column을 선택한다.

HTTP 오류 탐지

디스플레이 필터 값

`http.response.code >= 400 or http.response.code > 399`

트래픽 분석 개요

HTTP는 요청/응답 기반의 애플리케이션이다. HTTP 클라이언트가 어떤 요청을 보내면, HTTP는 TCP 위에서 동작하므로 우리는 적당한 시간 이내에 요청에 대한 ACK를 받고, 그다음 (역시 적절한 시간 이내에) 성공적인 응답을 받기를 기대한다.

또는 ACK 패킷에 합쳐진 HTTP 응답을 볼 수도 있다.

HTTP 응답 코드Response Codes[2]는 5개의 그룹으로 나뉘어 있다. HTTP 응답 코드의 각 그룹은 다른 숫자들로 시작한다.

- 1xx: 정보 제공Informational 수신된 요청 처리 중
- 2xx: 성공Success 작업이 성공적으로 수신 및 확인, 수락됨
- 3xx: 리디렉션Redirection 요청을 수행하기 위해 추가 작업 필요
- 4xx: 클라이언트 에러Client Error 요청의 잘못된 문법 또는 수행 불가
- 5xx: 서버 에러Server Error 서버가 유효한 요청을 수행하지 못함

이 절에서는 4xx(클라이언트 에러) 또는 5xx(서버 에러) HTTP 응답 코드에 관심을 두고 살펴본다.

와이어샤크는 HTTP 오류에 대해 컬러링 규칙이나 전문가 정보 항목을 가지고 있지 않지만, 와이어샤크의 HTTP 해석기(packet-http.c)는 HTTP 4xx 및 5xx 오류 목록을 인식한다. packet-http.c 파일을 열어 탐지 가능한 HTTP 오류 목록을 검토한다.

---

2 HTTP 스펙에는 'Status Codes'로 나와 있다.

```
300
301    /* -- HTTP 응답 코드 */
302    /* Note: 주석 없는 항목의 레퍼런스는 RFC 2616 */
303    static const value_string vals_status_code[] = {
304        { 100, "Continue" },
305        { 101, "Switching Protocols" },
306        { 102, "Processing" },                    /* RFC 2518 */
307        { 199, "Informational - Others" },
308
309        { 200, "OK"},
310        { 201, "Created"},
311        { 202, "Accepted"},
312        { 203, "Non-authoritative Information"},
313        { 204, "No Content"},
314        { 205, "Reset Content"},
315        { 206, "Partial Content"},
316        { 207, "Multi-Status"},                   /* RFC 4918 */
317          { 226, "IM Used"},                      /* RFC 3229 */
318        { 299, "Success - Others"},
319
320        { 300, "Multiple Choices"},
321        { 301, "Moved Permanently"},
322        { 302, "Found"},
323        { 303, "See Other"},
324        { 304, "Not Modified"},
325        { 305, "Use Proxy"},
326        { 307, "Temporary Redirect"},
327        { 399, "Redirection - Others"},
328
329        { 400, "Bad Request"},
330        { 401, "Unauthorized"},
331        { 402, "Payment Required"},
```

와이어샤크 실습 78. 'HTTP 오류' 필터 표현식 버튼 생성 및 사용

이 실습을 마치면 버튼 하나를 클릭해서 추적 파일의 HTTP 오류를 쉽게 식별할 수 있다. 이번 실습에서는 간단히 디스플레이 필터 값을 입력해 필터 표현식 버튼을 생성한다.

1단계: tr-chappellu.pcapng를 연다.

2단계: 디스플레이 필터 영역에 `http.response.code >= 400`을 입력하고 **Save** 버튼을 클릭한다. 버튼 이름에 **HTTP Errors**을 입력하고 **OK**를 클릭한다.

3단계: HTTP Errors 버튼을 클릭하면 이 추적 파일의 2개의 HTTP 오류 응답을 찾을 수 있다. 두 오류는 모두 404 Not Found이다.

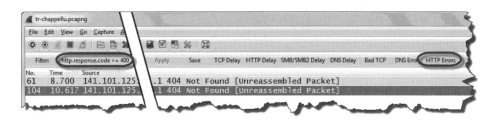

필터를 적용한 후 다른 패킷 번호가 나타나면 Allow subdissector to reassemble TCP streams 환경 설정이 비활성화돼 있는지 확인한다(98쪽의 '와이어샤크 실습 11. HTTP 응답 시간 측정을 위해 TCP 해석기 재조립 설정 변경' 참고).

4단계: 어느 항목을 찾을 수 없는지 알려면 Packet 61을 오른쪽 클릭하고 Follow TCP Stream을 선택한다. 와이어샤크는 Stream Index 번호에 따라 필터를 적용하고 헤더를 제외한 대화를 보여주는 윈도우를 연다.

Follow Stream 기능은 패킷을 옮겨 다니거나 추적 파일을 스크롤할 필요 없이 호스트들이 주고 받는 것을 보는 쉬운 방법을 제공한다.

아래 그림에서, 서버에서 reader_2_728x90.png 파일을 찾을 수 없음을 알 수 있다.

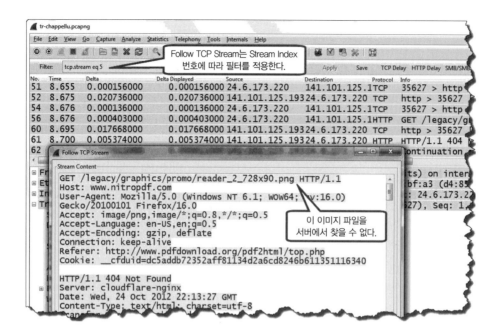

5단계: 계속하기 전에 Clear 버튼을 클릭해 필터를 제거한다.

디스플레이 필터에 사용할 문법을 알고 싶으면, 패킷 상세 창을 펼치고 원하는 필드를 클릭한다. 상태 바의 첫 칼럼이 해당 필드의 이름과 설명을 보여준다.

필터 `http.response.code >= 400`(`http.response.code > 399`도 동일하다)를 사용하면 HTTP 오류를 포착하는 것이 쉬워진다. 다음으로는 SMB와 SMB2 오류를 탐지하는 과정을 살펴보겠다. 이 오류들에 대한 필터 표현식 버튼도 생성한다.

SMB/SMB2 오류 탐지

디스플레이 필터 값

smb.nt_status > 0 || smb2.nt_status > 0

트래픽 분석 개요

서버 메시지 블록SMB, Server Message Block과 서버 메시지 블록 버전 2SMB2, Server Message Block Version 2는 요청/응답 애플리케이션이다. 클라이언트가 파일 또는 서비스 요청을 보내면, SMB 및 SMB2는 TCP 위에서 동작하므로 우리는 적당한 시간 이내에 요청에 대한 ACK를 받고, 그다음(역시 적절한 시간 이내에) 성공적인 응답을 받기를 기대한다.

와이어샤크는 SMB/SMB2 오류에 대해 컬러링 규칙이나 전문가 정보 항목을 가지고 있지 않지만, 와이어샤크의 SMB/SMB2 해석기(packet-smb.c와 packet-smb2.c)는 SMB 및 SMB2 오류 목록을 인식한다.

응답 코드(NT 상태 코드) 0은 요청이 성공했음을 의미한다. 0이 아닌 값은 문제가 있는 것이다. SMB/SMB2 오류의 목록이 너무 길어서 아래에는 SMB 오류의 일부만 소개한다. 전체 목록은 마이크로소프트의 Open Specification 문서인 "[MS-CIFS] Common Internet File System (CIFS) Protocol"(섹션 2.2.2.4 SMB Error Classes and Codes)에서 확인할 수 있다.

오류 코드	NT 상태 값	설명
ERRbadfunc 0x0001	STATUS_NOT_IMPLEMENTED 0xC0000002 STATUS_INVALID_DEVICE_REQUEST 0xC0000010 STATUS_ILLEGAL_FUNCTION 0xC00000AF	유효하지 않은 함수
ERRbadfile 0x0002	STATUS_NO_SUCH_FILE 0xC000000F STATUS_NO_SUCH_DEVICE 0xC000000E STATUS_OBJECT_NAME_NOT_FOUND 0xC0000034	파일 찾을 수 없음
ERRbadpath 0x0003	STATUS_OBJECT_PATH_INVALID 0xC0000039 STATUS_OBJECT_PATH_NOT_FOUND 0xC000003A STATUS_OBJECT_PATH_SYNTAX_BAD 0xC000003B STATUS_DFS_EXIT_PATH_FOUND 0xC000009B STATUS_REDIRECTOR_NOT_STARTED 0xC00000FB	경로 접두사의 구성 요소가 디렉토리가 아님

(계속)

오류 코드	NT 상태 값	설명
ERRnofids 0x0004	STATUS_TOO_MANY_OPENED_FILES 0xC000011F	열린 파일 개수 초과. 사용 가능한 FID 없음
ERRnoaccess 0x0005	STATUS_ACCESS_DENIED 0xC0000022	액세스 금지
	STATUS_INVALID_LOCK_SEQUENCE 0xC000001E	
	STATUS_INVALID_VIEW_SIZE 0xC000001F	
	STATUS_ALREADY_COMMITTED 0xC0000021	
	STATUS_PORT_CONNECTION_REFUSED 0xC0000041	
	STATUS_THREAD_IS_TERMINATING 0xC000004B	
	STATUS_DELETE_PENDING 0xC0000056	
	STATUS_PRIVILEGE_NOT_HELD 0xC0000061	
	STATUS_LOGON_FAILURE 0xC000006D	
	STATUS_FILE_IS_A_DIRECTORY 0xC00000BA	
	STATUS_FILE_RENAMED 0xC00000D5	
	STATUS_PROCESS_IS_TERMINATING 0xC000010A	
	STATUS_DIRECTORY_NOT_EMPTY 0xC0000101	
	STATUS_CANNOT_DELETE 0xC0000121	
	STATUS_FILE_DELETED 0xC0000123	
ERRbadfid 0x0006	STATUS_SMB_BAD_FID 0x00060001	유효하지 않은 FID
	STATUS_INVALID_HANDLE 0xC0000008	
	STATUS_OBJECT_TYPE_MISMATCH 0xC0000024	
	STATUS_PORT_DISCONNECTED 0xC0000037	
	STATUS_INVALID_PORT_HANDLE 0xC0000042	
	STATUS_FILE_CLOSED 0xC0000128	
	STATUS_HANDLE_NOT_CLOSABLE 0xC0000235	

이번 절은 SMB/SMB2 오류를 더 쉽게 찾을 수 있도록 간단히 SMB/SMB2 오류 필터 표현식 버튼을 생성하는 것으로 시작한다.

와이어샤크 실습 79. 'SMB/SMB2 오류' 필터 표현식 버튼 생성 및 사용

이 실습을 마치면 버튼 하나를 클릭해서 추적 파일의 SMB 및 SMB2 오류를 쉽게 식별할 수 있다.

1단계: tr-smbjoindomain.pcapng를 연다.

2단계: Packet 15를 클릭한다. Packet 15는 이 추적 파일의 첫 SMB 응답이다. Info 칼럼에서 Negotiate Protocol 응답인 것을 알 수 있다.

3단계: 패킷 상세 창에서 SMB~Server Message Block Protocol~ 줄을 오른쪽 클릭하고 Expand Subtrees를 선택한다. 응답 코드(NT Status) 필드는 SMB Command 필드 바로 다음에 있다.

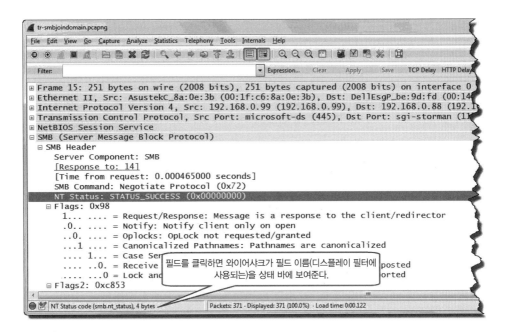

4단계: 디스플레이 필터 영역에 smb.nt_status > 0 || smb2.nt_status > 0을 입력하고 Save 버튼을 클릭한다. 새로 만들어진 필터 표현식 버튼에 SMB/SMB2 Errors 라고 이름 붙인다.

5단계: SMB/SMB2 Errors 버튼을 클릭하면 이 추적 파일의 2개의 SMB 오류 응답을 찾을 수 있다.

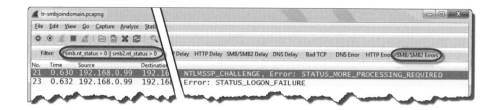

첫 번째 오류는 처리가 더 요구된다는 NTLMSSP_Challenge 오류다. 두 번째 오류는 로그온 실패이다. 이 지점에서 클라이언트 및 서버의 구성과 위의 두 NT 상태 응답에 대해 연구해볼 필요가 있다.

6단계: 실습을 마치면 Clear 버튼을 클릭해 필터를 제거한다.

수십만까지는 아니지만 수천 개의 패킷이 들어있을 수도 있는 추적 파일에서 문제를 쉽게 찾기 위해 필터 표현식 버튼을 생성한다. 100MB 이상 큰 추적 파일에서는 디스플레이 필터를 적용하는 과정에서 긴 시간이 걸릴 지도 모른다.

추적 파일을 분할하여 개별 파일에 각각 필터를 적용할 수 있다. 또는 이 디스플레이 필터를 추적 파일에 적용하기 위해 Tshark와 -Y 파라미터를 사용할 수도 있다. 이때 문법은 다음과 같다.

```
tshark -r "<filename>" -Y "<displayfilter> " -w <newfilename>
```

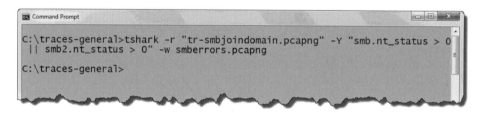

위의 명령을 사용하면 추적 파일(smberrors.pcapng)은 단지 2개의 패킷만 포함한다. Packet 21과 Packet 23(새 추적 파일에서는 Packet 1과 Packet 2으로 표시됨)이다.

다음으로 DNS 및 HTTP, SMB 오류 탐지와 같은 기법을 사용하는 SIP 오류 탐지를 살펴본다.

SIP 오류 탐지

디스플레이 필터 값

```
sip.Status-Code >= 400 or sip.Status-Code > 399
```

트래픽 분석 개요

세션 개시 프로토콜SIP, Session Initiation Protocol은 VoIP 통화 설정에 흔히 사용되는 시그널링 프로토콜이다.

　와이어샤크는 SIP 오류에 대해 컬러링 규칙이나 전문가 정보 항목을 가지고 있지 않지만, 와이어샤크의 SIP 해석기(packet-sip.c)는 SIP 오류 목록을 인식한다.

　SIP는 요청/응답 애플리케이션이다. SIP 클라이언트가 어떤 요청을 보내면, 우리는 성공적인 SIP 응답을 기대한다. SIP는 UDP 또는 TCP 위에서 동작할 수 있다. SIP가 TCP 위에서 동작하도록 구성되면 적당한 시간 이내에 SIP 요청에 대한 ACK를 받고, 그다음 (역시 적절한 시간 이내에) 성공적인 SIP 응답을 받기를 기대한다.

　SIP 상태 코드(응답 코드)는 6개의 그룹으로 나뉘어 있다. SIP 상태 코드의 각 그룹은 다른 숫자들로 시작한다.

- 1xx: 임시Provisional 수신된 요청 처리 중
- 2xx: 성공Success 작업이 성공적으로 수신 및 확인, 수락됨
- 3xx: 리디렉션Redirection 요청을 수행하기 위해 추가 작업 필요
- 4xx: 클라이언트 에러Client Error 요청의 잘못된 문법 또는 이 서버에서 수행 불가
- 5xx: 서버 에러Server Error 서버가 유효한 요청을 수행하지 못함
- 6xx: 전역 실패Global Failure 어떠한 서버에서도 요청 수행 불가

　SIP 오류의 그룹화는 HTTP 오류 코드와 매우 유사하다.

　이 절에서는 4xx(클라이언트 에러), 5xx(서버 에러), 6xx(전역 실패) SIP 상태 코드에 관심을 두고 살펴본다.

4xx 요청 실패	
400	Bad Request (잘못된 요청)
401	Unauthorized (권한 없음)
402	Payment Required (지불 필요)
403	Forbidden (금지)
404	Not Found (발견되지 않음)
405	Method Not Allowed (허용되지 않는 메소드)
406	Not Acceptable (수락 불가)
407	Proxy Authentication Required (프록시 인증 필요)
408	Request Timeout (요청 시간 초과)
409	Conflict (충돌)
410	Gone (없음)
412	Conditional Request Failed [RFC 3903] (조건부 요청 실패)
413	Request Entity Too Large (너무 큰 요청 항목)
414	Request—URI Too Long (너무 긴 요청 URI)
415	Unsupported Media Type (지원되지 않는 미디어 타입)
416	Unsupported URI Scheme (지원되지 않는 URI 체계)
417	Unknown Resource—Priority [RFC4412] (알려지지 않은 리소스 우선순위)
420	Bad Extension (잘못된 확장자)
421	Extension Required (확장자 필요)
422	Session Interval Too Small [RFC4028] (너무 짧은 세션 간격)
423	Interval Too Brief (너무 짧은 간격)
424	Bad Location Information [RFC 6442] (잘못된 위치 정보)
428	Use Identity Header [RFC 4474] (ID 헤더 사용)
429	Provide Referrer Identity [RFC 3892] (참고자 ID 제공)
430	Flow Failed [RFC 5626] (흐름 실패)
433	Anonymity Disallowed [RFC 5079] (익명성 허가되지 않음)
436	Bad Identity-Info [RFC 4474] (잘못된 ID 정보)
437	Unsupported Certificate [RFC 4474] (지원되지 않는 인증서)
438	Invalid Identity Header [RFC 4474] (유효하지 않은 ID 헤더)
439	First Hop Lacks Outbound Support [RFC 5626] (아웃바운드 지원 없는 첫 번째 홉)

440	Max-Breadth Exceeded [RFC 5393] (최대 넓이 초과)
469	Bad Info Package [RFC 6086] (잘못된 정보 패키지)
470	Consent Needed [RFC 5360] (동의 필요)
480	Temporarily Unavailable (잠시 사용할 수 없음)
481	Call/Transaction Does Not Exist (통화/트랜잭션 존재하지 않음)
482	Loop Detected (루프 탐지)
483	Too Many Hops (너무 많은 홉)
484	Address Incomplete (미완성 주소)
485	Ambiguous (모호함)
486	Busy Here (통화 중)
487	Request Terminated (요청 종료)
488	Not Acceptable Here (수락 불가)
489	Bad Event [RFC 6665] (잘못된 이벤트)
491	Request Pending (요청 대기 중)
493	Undecipherable (해독 불가)
494	Security Agreement Required [RFC 3329] (보안 규약 필요)

5xx 서버 실패

500	Server Internal Error (서버 내부 오류)
501	Not Implemented (미구현)
502	Bad Gateway (잘못된 게이트웨이)
503	Service Unavailable (서비스 이용 불가)
504	Server Time-out (서비스 시간 초과)
505	Version Not Supported (지원되지 않는 버전)
513	Message Too Large (너무 긴 메시지)
580	Precondition Failure [RFC 3312] (선행조건 실패)

6xx 전역 실패

600	Busy Everywhere (모두 통화 중)
603	Decline (거절)
604	Does Not Exist Anywhere (아무 곳에도 존재하지 않음)
606	Not Acceptable (모두 수락 불가)

와이어샤크 실습 80. 'SIP 오류' 필터 표현식 버튼 생성 및 사용

이 실습을 마치면 버튼 하나를 클릭해서 추적 파일의 SIP 오류를 쉽게 식별할 수 있다.

1단계: tr-voip-extension.pcapng를 연다.

2단계: Packet 2를 클릭한다. Packet 2는 이 추적 파일의 첫 SIP 응답이다. Info 칼럼에서 100 Trying 응답인 것을 알 수 있다.

3단계: Session Initiation Protocol (100) 줄을 오른쪽 클릭하고 Expand Subtrees를 선택한다.

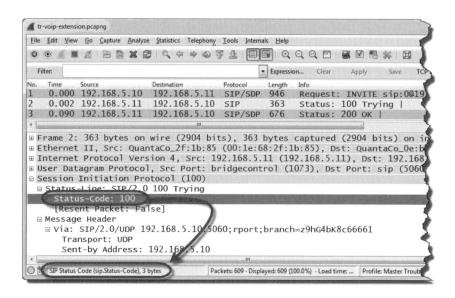

4단계: 디스플레이 필터 영역에 `sip.Status-Code >= 400`을 입력하고 Save 버튼을 클릭한다. 새로 만들어진 필터 표현식 버튼에 SIP Errors라고 이름 붙인다.

5단계: SIP Errors 버튼을 클릭하면 이 추적 파일의 2개의 SIP 오류 응답을 찾을 수 있다. 두 개의 488 Not Acceptable Here 메시지가 192.168.5.11로부터 전송됐다. 바로 여기가 문제 해결 노력을 집중할 곳이다.

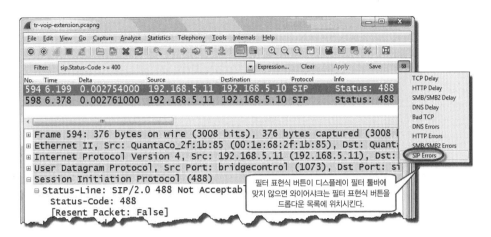

6단계: Clear 버튼을 클릭해 필터를 제거한다.

다른 애플리케이션 오류 코드도 궁금한가? 다음 절에서는 다른 애플리케이션의 오류 응답을 탐지하는 디스플레이 필터 생성 방법을 살펴본다.

다른 애플리케이션의 오류 응답 탐지

와이어샤크가 여러분 애플리케이션의 해석기를 가지고 있다면, 애플리케이션 오류를 탐지하는 필터 표현식 버튼 생성은 응답 코드 필드를 찾고 실패를 뜻하는 값을 확인하는 것만큼 간단한 일이다.

한 예로, Expression... 버튼을 사용해 FTP 오류에 대한 필터 표현식 버튼을 만들어보자.

와이어샤크 실습 81. 다른 애플리케이션 오류 필터 및 필터 표현식 버튼 생성

이번 실습에서는 와이어샤크의 표현식 함수를 사용해 오류 응답 값을 확인하고 필터 표현식 버튼을 생성한다.

1단계: tr–ftpfail.pcapng를 연다.

2단계: Filter Display 툴바의 Expression 버튼을 클릭한다.

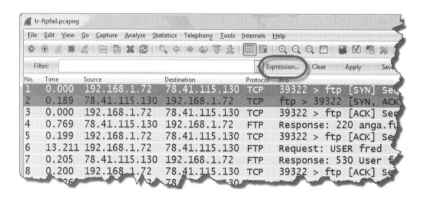

3단계: ftp를 입력해서 Field name 영역에서 첫 번째로 일치하는 항목으로 점프한다. FTP DATA 줄에는 관심이 없다. FTP – File Transfer Protocol(FTP)를 펼친다.

4단계: 스크롤 다운해서 ftp.response.code – Response Code를 선택한다. Predefined Values 칼럼에 응답 코드 값들이 입력돼 있는 것에 주의한다.[3]

---

3 개발자들은 필드 값을 종종 채워놓지 않는다. 예를 들어 HTTP 아래의 http.response.code 필드에는 미리 정의된 값이 들어있지 않다.

5단계: Relation 영역에서 ==을 클릭해 Predefined Values 칼럼을 활성화시킨다. 특정 응답 코드에 대한 필터를 생성하려면 목록에서 선택할 수도 있고 Value 영역에 응답 코드 값을 타이핑할 수도 있다.

예를 들어 응답 코드 Service Not Available; Closing Control Connection (421)의 디스플레이 필터(와 필터 표현식 버튼까지)를 생성하려면, 해당하는 줄을 선택하고 OK를 클릭한다.

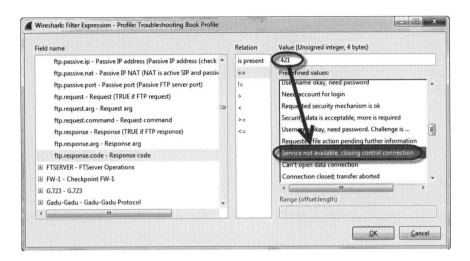

6단계: 와이어샤크가 이 FTP 오류(ftp.response.code==421)의 디스플레이 필터를 생성한다. 이 필터를 필터 표현식 버튼으로 저장하려면 디스플레이 필터 영역에서 Save 버튼을 클릭하고 버튼 레이블을 입력하면 된다. 다음 단계에서 이 필터를 편집하고 저장할 예정이다.

7단계: 구글에서 'ftp error response codes'를 검색하면, 399보다 큰 FTP 응답 코드 값은 모두 오류를 뜻하는 것을 알 수 있다.

필터를 ftp.response.code > 399로 수정하고 Save를 클릭한다.[4] 버튼 이름으로 FTP Errors를 입력하고 OK를 클릭한다.

---

4 필터 ftp.response.code >= 400는 ftp.response.code > 399와 기능적으로 동일하다.

8단계: 생성한 FTP Errors 버튼을 클릭해 추적 파일에 적용한다. 2개의 패킷이 FTP Errors 필터에 일치한다(실습 결과의 검토가 끝나면 필터를 제거한다).

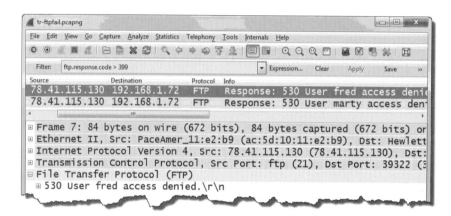

같은 방법으로 다른 오류 버튼도 생성할 수 있다. 와이어샤크가 미리 정의된 오류 응답 값을 가지고 있지 않다면, 해당 애플리케이션이나 프로토콜을 연구해서 응답 코드 값을 얻도록 한다.

3부

그래프를 이용한 문제 탐지

62쪽의 '문제 해결 체크리스트 사용'를 읽었다면 네트워크 통신의 어느 부분에 문제가 있는지 이미 알고 있을지도 모르겠다.

문제 해결 노력의 우선순위를 정할 때, 그래프가 도움이 될 수 있다. 예를 들어 IO 그래프를 열었는데 처리율이 급격하게 감소하는 지점이 세 군데 있었다면, 그 중 가장 심각하게 감소하는 곳부터 문제 해결을 시작할 수 있을 것이다. 또한 그래프는 문제를 다른 사람에게 시각적으로 설명할 필요가 있을 때에도 유용하다.

네트워크 분석 용어를 이해하지 못하거나, TCP 핸드셰이크 옵션이나 헤더를 들여다보는 일을 즐기지 못하는 사람에게는 "그림 하나가 패킷 천 개의 가치가 있다." 그런 경우에는 처리율을 패킷 손실 및 복구("Golden Graph") 알림과 함께 보여주는 그래프가 두 가지의 상관관계를 이해하도록 도와줄 수 있다.

8장

IO 그래프 기본 및
고급 기능 마스터

와이어샤크의 그래프는 추적 파일의 패킷과 연결돼 있기 때문에, 그래프에서 문제를 찾아 해당 위치를 클릭할 수 있다. 상황을 더 깊이 분석할 수 있도록 와이어샤크는 추적 파일의 해당 지점으로 점프한다.

5장, '시간 문제 해결'에서 몇 개의 그래프를 그린 바 있다. 8장에서는 IO 그래프의 기본 기능과 고급 기능(구체적인 네트워크 문제에 적용하는 것은 나중에 하기로 하고)을 설명한다.

그림 하나가 패킷 천 개의 가치가 있다.

8장 메모

그래프를 그리기 전에 네트워크 문제의 원인을 이미 알고 있을 때가 종종 있지만,
네트워크 문제의 큰 그림을 그리고 성능 문제의 원인을 설명하는 데에 그래프가 도
움이 될 수 있다.

- 개별 대화의 처리율을 비교하기 위해 IO 그래프를 사용한다.

- 포트 번호에 따른 애플리케이션 처리율을 비교하기 위해 IO 그래프를 사용한다.

- Calc 함수(MIN, AVG, MAX 등)가 필요하면 고급 IO 그래프를 고려한다.

개별 대화 그래프

많은 경우에 추적 파일에는 여러 호스트와의 대화가 복잡하게 뒤섞여 있다. 캡처하는 지점에 따라 관계없는 트래픽이 많이 들어있을 수도 있다(예를 들면 스패닝 트리 트래픽, OS 업데이트 트래픽, 바이러스 탐지 시그너쳐 업데이트 트래픽 등).

첫 번째로 익혀야 할 기술은 하나 또는 한 집합의 대화를 그래프로 그리는 것이다. 예를 들어 수많은 웹 브라우징 세션과 그 밖의 다른 트래픽이 함께 포함된 추적 파일에서, 캡처된 파일 다운로드 프로세스의 처리율 수준을 그래프로 그리고 싶을 수 있다.

이 작업은 몇 가지 방법으로 가능하다. 대화에 디스플레이 필터를 적용하고 해당 트래픽만을 별도의 추적 파일에 저장한 다음, 새로 작성된 파일의 내용을 그래프로 그린다. 또는, 원본 추적 파일을 그대로 사용하고 그래프에 관련된 대화에만 디스플레이 필터를 적용할 수도 있다. 다음 와이어샤크 실습에서 이 기능을 연습해본다.

와이어샤크 실습 82. 두 대화의 처리율 그래프 비교

이번 실습에서는 두 개의 호스트간의 트래픽이 담긴 추적 파일을 연다. 한 호스트는 느린 다운로드 속도를 불평하고 있지만 다른 호스트는 그렇지 않다.

1단계: tr-twohosts.pcapng를 연다.

2단계: Statistics > Conversations를 선택한다. 두 개의 IPv4 대화가 있는 것을 볼 수 있다. 클라이언트 IP 주소 192.168.1.72와 192.168.1.119의 대화를 각각 그래프로 그리고 비교하겠다.

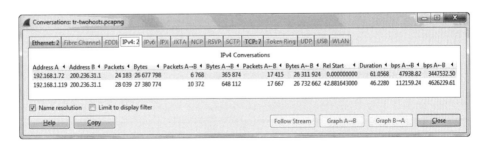

3단계: Close 버튼을 클릭해 Conversations 창을 닫는다.

Statistics > IO Graph를 클릭한다. 하나의 선으로 된 그래프가 나타난다(Graph 1). 검은 선이 추적 파일의 전체 트래픽에 대한 처리율을 보여준다.

기본적으로 와이어샤크는 틱tick당 패킷 수를 기준으로 전체 트래픽의 처리율을 그래프로 그리는데, 이때 틱은 1초를 의미한다. 틱 설정을 변경하려면 Y Axis Unit 영역에서 드롭다운 화살표를 클릭한 다음 Bits/Tick을 선택한다. 추적 파일의 최대 초당 비트율 값에 따라 Y축이 자동으로 조절되는 것을 볼 수 있다.

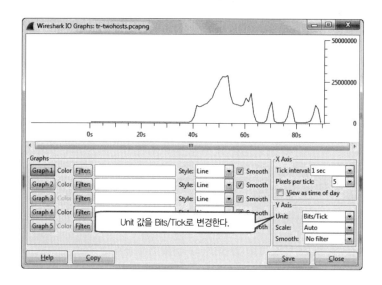

4단계: Graph 1 버튼을 클릭해 검은 그래프 선을 비활성화한다.

Graph 2의 Filter 영역에 ip.addr==192.168.1.72를 입력하고 Graph 2 버튼을 클릭한다. Style은 Dot로 설정한다.

Graph 4의 Filter 영역에 ip.addr==192.168.1.119를 입력하고 Graph 4 버튼을 클릭한다. Style은 Line으로 그대로 둔다.

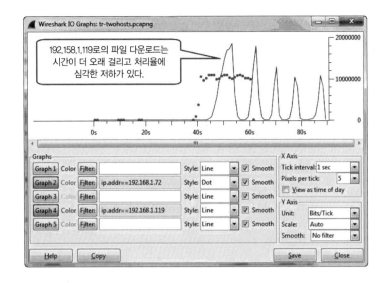

두 다운로드 과정의 처리율에 명백한 차이가 있는 것을 볼 수 있다. 192.168.1.72의
다운로드가 192.168.1.119의 다운로드보다 훨씬 빨리 완료된다.

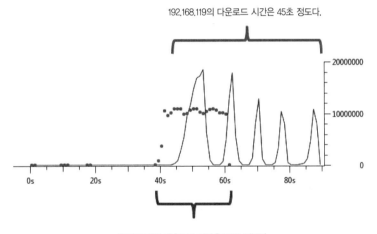

Graph 4를 관찰하면 처리율이 크게 증가했다가 거의 0으로까지 떨어지는 것을 볼
수 있다. 이 그래프에서 처리율 저하가 4번 일어난다.

이 점들이 추적 파일에서 주의 깊게 검토해볼 부분이다. 처리율이 0 근처인 부분을 클릭하고 와이어샤크 메인 창으로 돌아가면, 추적 파일의 해당 부분에서 패킷 손실이 일어나는 것을 볼 수 있다.

패킷 손실의 여파를 확인하는 데 그래프가 도움이 됐지만, 62쪽의 '문제 해결 체크리스트 사용'을 따랐다면 패킷 손실이 문제인지 이미 알았을 것이다. 전문가 정보 창을 열어보면 분명하게 알 수 있다.

5단계: 그래프 검토를 마친 후에 Close 버튼을 클릭한다.

단일 애플리케이션의 전체 트래픽 그래프

단일 애플리케이션의 처리율을 분석하기 위해 해당 애플리케이션의 트래픽만을 추출하여 그래프를 그릴 수 있다.

TCP 위에서 동작하는 애플리케이션에 애플리케이션 이름 필터(http 등)를 사용할 수 있더라도, TCP 오버헤드(TCP 핸드셰이크 패킷, ACK, FIN, RST 등)를 그래프에 포함하기 위해 대신 포트 기반 필터(tcp.port==80 등)를 쓰는 것이 바람직하다.

UDP 기반 애플리케이션은 포트 번호 또는 애플리케이션 이름을 이용해 그래프를 그릴 수 있다.

와이어샤크 실습 83. 두 애플리케이션의 처리율 그래프 비교

이번 실습에서는 FTP와 HTTP 트래픽이 포함된 추적 파일을 연다. 사용하는 TCP 포트 번호를 기준으로 FTP 트래픽(FTP 명령어와 데이터 전송 모두를 포함한)과 HTTP 트래픽의 그래프를 그릴 것이다.

1단계: tr-ftphttp.pcapng를 연다.

TCP 포트 80에서 HTTP 트래픽을 볼 수 있다. HTTP 그래프에서 그 포트 번호를 사용할 것이다.

FTP 데이터는 임의의 포트를 사용할 수 있기 때문에 대화 창을 보고 FTP 데이터 전송에 어떤 포트를 사용하는지 확인한다.

2단계: Statistics ▶ Conversations ▶ TCP를 선택한다. Name resolution을 체크 해제하면 TCP 대화에서 사용하는 포트 번호를 볼 수 있다. 사용 중인 모든 HTTP와 FTP 포트 번호의 목록이 표시된다.

포트 80은 HTTP 트래픽에 사용된다. 포트 21은 FTP 명령어 트래픽에 사용되며 포트 22487은 FTP 데이터 채널에 사용되고 있다.

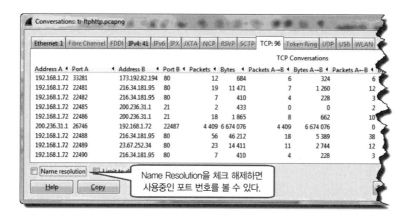

Name Resolution을 체크 해제하면
사용중인 포트 번호를 볼 수 있다.

3단계: 이 창의 **Graph** 버튼은 TCP 시간-순서번호 그래프를 위한 것이다. 하지만 우리는 IO 그래프를 사용한다. TCP 시간-순서번호 그래프에 대해 더 알아보려면 339쪽의 '패킷 손실 및 복구 그래프'를 참고한다.

Close 버튼을 클릭해 메인 와이어샤크 창으로 돌아간다.

4단계: **Statistics ▶ IO Graph**를 선택한다. HTTP 트래픽의 처리율을 FTP 트래픽과 비교하고 FTP 명령어 트래픽을 보기 위해 이 그래프를 여러 가지로 수정할 것이다.

5단계: 먼저 그래프 영역을 설정하자. **Y Axis Unit** 영역에서 **Bits/Tick**을 선택한다. **Graph 1** 버튼을 클릭해 이 그래프를 비활성화한다.

6단계: 다음 필터들을 Graph 2와 Graph 4의 **Filter** 영역에 입력한다.

Graph 2 필터: `tcp.port==80` (선 스타일)

Graph 4 필터: `tcp.port==21 or tcp.port==22487` (임펄스 스타일)

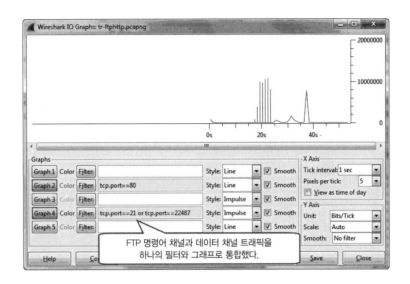

그래프에서 추적 파일의 약 39초까지는 HTTP 트래픽이 거의 없다시피 한 것을 볼 수 있다. FTP 명령어/데이터 채널 트래픽은 추적 파일의 20초에서 최대가 된다.

트래픽률이 높은 부분 때문에 추적 파일의 낮은 트래픽률 부분이 보기 어려워질 수 있다. 로그 스케일을 적용하면 낮은 트래픽률을 보기 수월해진다.

7단계: Y Axis Scale 영역에서 드롭다운 메뉴를 클릭하고 Logarithmic을 선택한다. 그 결과 그래프가 현저하게 달라진다.

이제 HTTP 트래픽이 활발하지만 높은 초당 비트율로 동작하지는 않는다는 사실을 볼 수 있다.

완료 후 IO 그래프를 닫는다.

> 두 종류의 이질적인 숫자들을 그래프로 볼 때에는, Y Axis Scale을 Logarithmic으로 설정해 큰 수와 작은 수를 함께 볼 수 있다.

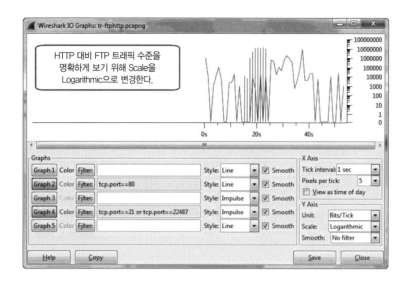

TCP 기반 문제를 탐지하고 처리율 감소와 연관 짓기 위해, 325쪽의 '처리율 감소와 TCP 문제의 상관관계 파악('골든 그래프')'에서 이 로그 그래프 기법을 사용한다.

고급 IO 그래프에서 CALC 함수 사용

고급 IO 그래프는 IO 그래프(Statistics ▶ IO Graph)의 **Y Axis Unit** 메뉴에서 찾을 수 있다.

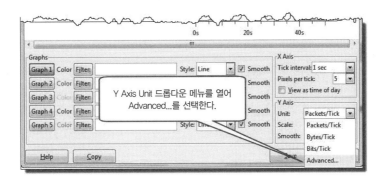

고급 IO 그래프는 필드 내용 합산, 필드 발생 횟수 등의 `Calc` 함수를 제공한다.

- Calc: SUM(*)를 사용해 숫자 필드의 내용을 합산한다. 예를 들면 패킷에 존재하지는 않지만 패킷의 데이터 바이트를 세는 와이어샤크의 필드인 `tcp.len` 필드와 같은 숫자 필드의 내용을 합산한다.

- Calc: COUNT FRAMES(*)를 사용해 특정 유형의 프레임 또는 전문가 정보 항목(예를 들면 `tcp.analysis.retransmission`)의 발생 횟수를 계산한다.

- Calc: COUNT FIELDS(*)를 사용해 특정 필드의 발생 횟수를 계산한다. 예를 들면, 일부 ICMP 패킷에서 두 번씩 발생하는 IP ID (ip.id) 필드의 발생 횟수를 계산한다.

- Calc: MIN(*)와 AVG(*), MAX(*)를 사용해 숫자 필드(예를 들면 `tcp.window_size` 필드)의 최소, 평균, 최댓값 그래프를 그린다.

- Calc: LOAD(*)를 사용해 응답 시간 필드(예를 들면 `smb.time`)의 그래프를 그린다.

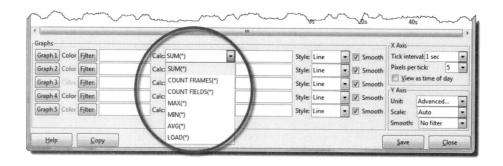

실습을 통해 Calc 함수들을 사용해보자.

와이어샤크 실습 84. 고급 IO 그래프로 TCP 페이로드 처리율 그래프 작성

패킷에 `tcp.len`이라는 필드는 없지만, 와이어샤크는 이 값을 각 TCP 세그먼트의 데이터 바이트 수를 정의하는 데에 사용한다. 이번 실습에서는 `tcp.len`을 사용해 페이로드만의(계산 시 헤더 값 제외) 처리율 수준 그래프를 그려보자.

1단계: tr-twohosts.pcapng를 연다.

이 추적 파일은 파일을 다운로드하는 두 호스트 192.168.1.72와 192.168.1.119를 묘사한다.

2단계: Statistics > IO Graph를 선택하고 Y Axis Unit 드롭다운 메뉴에서 Advanced...를 선택한다.

3단계: Graph 2의 Filter 영역에 `ip.dst==192.168.1.72`를 입력한다. Calc 값을 SUM(*) 그대로 두고 Calc 영역의 오른쪽에 `tcp.len`을 입력한다.

Graph 2 버튼을 클릭한다.

4단계: Graph 3의 Filter 영역에 `ip.dst==192.168.1.119`를 입력한다. Calc 값을 SUM(*) 그대로 두고 Calc 영역의 오른쪽에 `tcp.len`을 입력한다. Style을 Impulse로 설정한다.

Graph 3 버튼을 클릭한다.

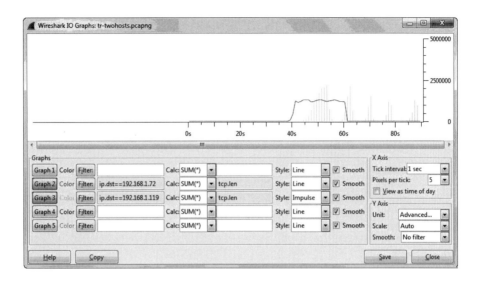

와이어샤크 실습 82와 달리, 이 그래프는 헤더(이더넷 또는 IP, TCP)를 포함하지 않은 각 파일의 다운로드 처리율 값을 보여준다.

192.168.1.72의 다운로드 과정이 192.168.1.119의 다운로드보다 더 효율적인 것을 쉽게 볼 수 있다. 다운로드 과정을 보여주는 Graph 3에서 192.168.1.119로의 데이터 전송이 여러 번 멈추는 것을 알 수 있다.

9장

처리율 문제 그래프로 그리기

이제 제한된 트래픽, 큐에 들어간 트래픽, '골든 그래프' 등 처리율 문제를 그래프로 그리는 법을 살펴보자.

골든 그래프는 처리율 저하와 TCP 문제 증가 사이의 연관관계를 찾기 위해 TCP 문제를 처리율과 함께 그림으로 보여준다. 연관관계가 없다면 패킷 손실이나 제로 윈도우 조건과 같은 TCP 문제 때문이 아닌 것을 알 수 있다.

그래프 단계로 가기 전에 성능 문제의 원인을 이미 알고 있을 수도 있다. 그래프는 성능 문제의 원인을 설명하기 위한 좋은 방법이다.

9장 메모

IO 그래프에 기반한 '곤든 그래프'는 내가 아주 좋아하는 그래프이다. 나는 TCP 문제를 처리율 저하와 연관 짓기 위해 이 그래프를 사용한다. 또한 IO 그래프로 경로 상의 큐도 쉽게 탐지할 수 있다.

- Bad TCP 컬러링 규칙 문자열을 IO 그래프에 집어 넣어 '곤든 그래프'를 생성한다.

- 추적 파일이 짧은 시간 동안만을 다룬다면 틱 간격을 조절한다.

- 매우 다른 숫자 값들을 비교하려면 로그 스케일을 사용한다.

- 그래프에서 관심을 끄는 지점을 클릭해 추적 파일의 해당 위치로 점프한다.

작은 패킷 크기로 인한 지속적인 낮은 처리율 탐지

작은 패킷 크기로 파일을 전송하는 것은, 가게에 계란 한 줄 사러 가서 한 번에 한 알씩 집에 들고 오는 것과 같다. 시간이 많이 걸린다는 뜻이다.

작은 패킷 크기는 의도적으로 작은 크기의 데이터를 보내려는 애플리케이션 때문일 수 있다. 또한 낮은 최대 세그먼트 크기MSS, Maximum Segment Size 설정 값을 의미할 수도 있다.

낮은 MSS는 클라이언트의 구성 오류 또는 또 다른 기능(예를 들면 VLAN 드라이버 등) 때문일 가능성이 있다.

와이어샤크 실습 85. 아주 작은 패킷 때문에 낮아진 처리율의 그래프

이 추적 파일은 호스트들 사이의 HTTPS 접속으로 구성된다. 우리는 트래픽을 암호화 해독할 키를 가지고 있지 않으므로 TCP 계층까지만 분석할 수 있을 뿐이다.

1단계: tr-throughput.pcapng를 연다. 추적 파일을 스크롤하면서 Length 칼럼 값을 관찰한다. 작은 데이터 패킷이 아주 많은 것을 알 수 있다. 먼저, 패킷 크기가 작은 원인에서 낮은 MSS 설정 값을 제외하자.

2단계: 패킷 1과 2의 TCP Option 섹션을 검토한다. 각 호스트가 공지하는 MSS 값을 보면 패킷 1, 2 모두 MSS가 1,460바이트다. MSS 구성이 작은 패킷 크기의 원인이 아닌 것을 확인할 수 있다.

3단계: Statistics ▶ IO Graph를 선택하고 Y Axis Unit 값을 Bits/Tick으로 설정한다. Y Axis Scale을 2000으로 변경한다. 매우 낮은 처리율이다.

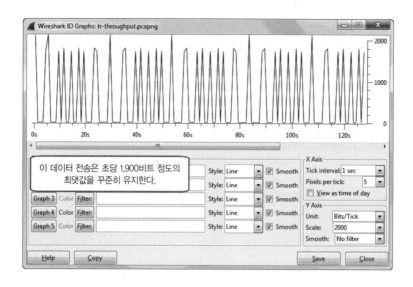

이 데이터 전송은 초당 1,900비트 정도의 최댓값을 꾸준히 유지한다.

4단계: 이제 Close를 클릭한다. Statistics ﹥ Summary를 선택한다. 추적 파일의 평균 패킷 크기를 볼 수 있다.

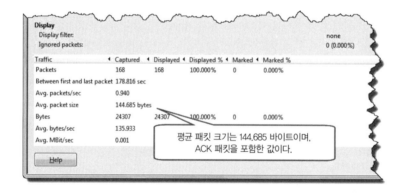

평균 패킷 크기는 144.685 바이트이며, ACK 패킷을 포함한 값이다.

이 평균 패킷 크기는 ACK 패킷을 포함한 값이다. 평균 데이터 패킷의 크기를 계산하기 위해 필터를 적용해보자.

5단계: OK를 클릭해 Summary 창을 닫는다. 디스플레이 필터 영역에 `tcp.len > 0`을 입력하고 Apply를 클릭한다. 이제 데이터를 포함한 패킷만을 보게 된다.

6단계: Statistics ﹥ Summary를 선택한다. Displayed 칼럼을 보면 평균 데이터 패킷 크기가 213.011바이트인 것을 알 수 있다.

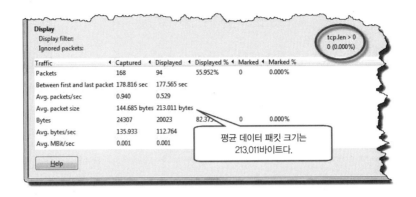

왜 작은 패킷을 쓰고 있을까? TCP 연결에 의한 제약이 아닌 것은 이미 확인했다. 아마도 애플리케이션 설정인 듯하다. 의도적인 것인지 구성 오류인지 확인하려면 애플리케이션을 살펴봐야 한다.

경로상의 큐 지연 식별

경로 위의 연결 장비들이 큐에 넣음(패킷을 전달하기 전에 잠시 담아두는 것)으로써 지연
을 늘릴 수 있다.

경로상의 큐를 탐지하기 위해 트래픽 생성기를 사용한다. 트래픽을 일정한 전송
률로 전송하기 위해 iPerf/jPerf와 같은 도구를 사용할 수 있다. 큐 장비의 반대편에
서 트래픽을 캡처할 때 고유의 큐 패턴을 식별하기 위해 일정한 전송률로 송신하는
것이 필요하기 때문이다.

이번 실습에서는 경로 위에 큐가 있는 트래픽을 IO 그래프에서 식별해보자.

와이어샤크 실습 86. IO 그래프에서 큐 트래픽 패턴 식별

이 추적 파일은 멀티캐스트 주소 239.255.0.1로 패킷을 전송하는 동영상 멀티캐스
트를 포함하고 있다.

1단계: tr-queuing.pcapng를 연다.

2단계: Statistics ▶ IO Graph를 선택한다. 매우 단조로운 그래프를 보게 된다. 추적 파
일에 2,016개의 패킷만이 있을 뿐인데 패킷 전송률은 초당 1,100패킷을 넘는다.

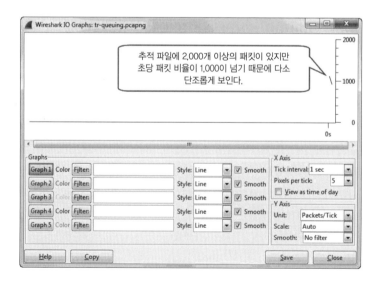

3단계: 트래픽을 더 자세히 보려면 틱 간격을 변경해야 한다. X Axis Tick Interval 영역의 값을 1sec에서 0.01sec으로 변경한다.

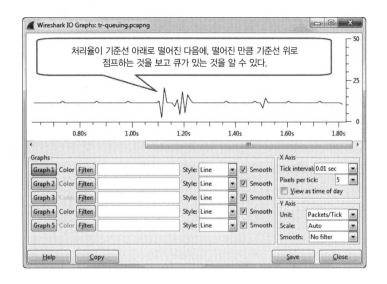

이제 큐를 찾는 것은 쉽다. 트래픽이 일정한 비율로 전송되고 있으므로 트래픽률의 기준선을 설정할 수 있다. 처리율이 기준선 아래로 떨어진 다음, 떨어진 만큼 기준선 위로 튀어 오르면 경로 위에 큐가 있다고 추론할 수 있다.

패킷 손실 조건이 아님을 어떻게 알 수 있을까? 4단계에서 알아보자.

4단계: IO 그래프를 열린 채로 두고 메인 와이어샤크 창으로 돌아간다. tr-notqueuing.pcapng를 연다.

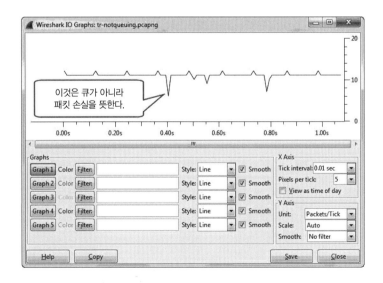

이번에는 그래프의 선이 기준선 아래로 떨어지지만 위로는 튀어 오르지 않는 것을 볼 수 있다. 이것은 패킷 손실을 의미한다. UDP 전송 메커니즘은 재전송 기능이 없기 때문에, 이 애플리케이션은 손실된 패킷을 탐지하거나 재전송하지 않는다.

다음에는 TCP 문제와 처리율 저하의 연관관계를 알기 위해 '골든 그래프'를 그려보겠다. 실습을 마친 후에 IO 그래프를 닫는다.

처리율 감소와 TCP 문제의 상관관계 파악('골든 그래프')

이 그래프는 처리율 문제가 손실된 패킷이나 제로 윈도우 크기 등의 네트워크 문제
와 관련 있는지 확인할 수 있다.

> 이 그래프는 내가 가장 좋아하는 그래프(이름이 '골든 그래프'인 이유)이다. 하지만 솔직히 말하자면, 문
> 제 해결 시에는 문제를 빨리 발견하는 것이 중요하다. 이 그래프가 유용하기는 하지만 전문가 정보 경고
> 나 알림이 벌써 TCP 문제를 알렸을 수도 있다.

와이어샤크 실습 87. '골든 그래프'로 네트워크 문제 확인하기

이 추적 파일은 클라이언트가 사이트에 접속하고 FTP로 파일을 다운로드할 때 캡
처된 것이다. 다운로드는 매우 느렸다. 성능 문제와 네트워크 문제의 연관 관계를
파악하기 위해 골든 그래프를 만들어 사용하겠다.

1단계: tr-goldengraph.pcapng를 연다.

2단계: Statistics ＞ IO Graph를 선택하고 Y Axis Unit 값을 Bits/Tick으로 변경한다(앞 실습
에서 IO 그래프를 열어 뒀다면 틱 간격을 1sec으로 변경한다).

3단계: Graph 2의 Filter 영역에 `tcp.analysis.flags && !tcp.analysis.window_`
`update`를 입력한다. Bad TCP 컬러링 규칙의 필터 문자열과 같다. Graph 2 버튼을
클릭한다.

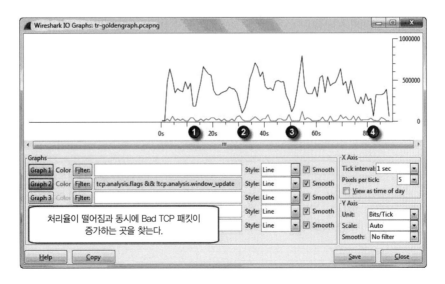

그래프를 검토한다. 처리율이 거의 0까지 떨어지는 점이 4군데 존재한다. 이 추적 파일의 전체에 걸쳐 Bad TCP 문제가 있지만, 처리율이 떨어지는 지점에서는 Bad TCP가 약간 증가하고 있다.

4단계: 처리율이 심각하게 저하되는 그래프의 아무 곳에서 클릭한다. 메인 와이어 샤크 창으로 돌아간다. 추적 파일의 해당 지점에서 많은 패킷들이 Bad TCP 컬러링 규칙으로 색이 달라진 것을 볼 수 있다.

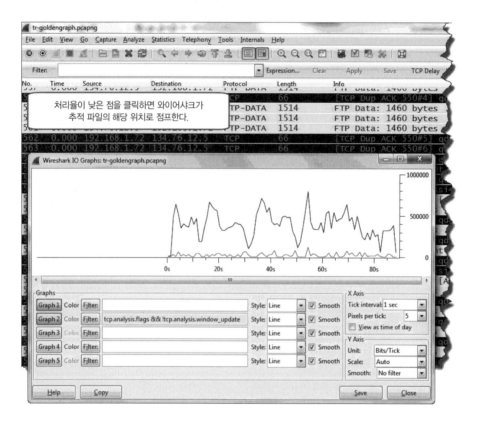

처리율이 너무 높아서 Bad TCP 선을 보기 어렵다면 Y Axis Scale을 logarithmic으로 변경한다. 실습을 마치면 IO 그래프를 닫는다.

이 그래프는 TCP 애플리케이션의 느린 성능을 누군가 불평할 때마다 쓸 수 있는 유용한 그래프다.

10장

시간 지연 그래프

짧은 10장에서는 느린 DHCP 서버 응답의 그래프와 긴 TCP 시간 차의 그래프를 그려본다.

되풀이하자면, 몇 가지 시간 칼럼을 만들어 정렬하는 것만으로 문제 여부를 알게 될 수도 있다. 하지만 그래프가 있으면 관리자 또는 기술 인력이 아닌 사람에게 지연을 설명하기가 훨씬 수월해진다.

10장 메모

와이어샤크의 응답 시간 필드를 그래프로 그리고 추적 파일에 담긴 지연을 식별할
수 있다. 와이어샤크의 고급 IO 그래프를 사용하는 가장 좋은 예가 바로 이것이다.

— MAX Calc 함수를 사용해 응답 시간이 급격히 증가하는 지점을 찾는다.

— 와이어샤크로 애플리케이션 응답 시간(http.time)뿐만 아니라 기본적인 시간 값
(frame.time_delta 등), TCP 시간(tcp.time_delta)을 그래프로 그릴 수 있다.

— 이와 같은 시간 값들은 기본 IO 그래프가 아니라 고급 IO 그래프로 그려야만
한다.

큰 시간 차 그래프(UDP 기반 애플리케이션)

179쪽의 '긴 DNS 응답 시간 찾기'에서, `dns.time` 칼럼을 추가하고 DNS 지연을 찾아냈다. 이제 시간 차(delta time) 기능이 없는 애플리케이션인 DHCP의 시간 차를 그래프로 그려보자.

와이어샤크 실습 88. 느린 DHCP 서버 응답 그래프

이 추적 파일은 DHCP 트래픽만 가지고 있다. DHCP Offer 패킷의 응답 시간을 그래프로 그려보자.

1단계: tr-bootp.pcapng를 연다.

2단계: Statistics ▶ IO Graph를 선택한다.

3단계: Y Axis Unit 영역에서 Advanced...를 선택한다.

4단계: Graph 1의 Filter 영역에 `bootp.option.dhcp == 2`를 입력한다. 이것은 DHCP Offer 패킷이 사용하는 옵션이다. Calc 영역에서 MAX(*)를 선택하고 `frame.time_delta`를 입력한다.

Graph 1 버튼을 클릭한다.

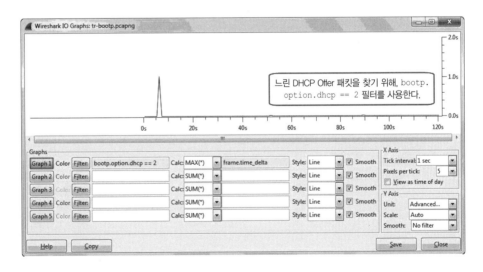

추적 파일의 한 지점에서 DHCP Offer가 이전 프레임 다음 1초 후에 도착하는 것을 볼 수 있다. 이것은 시간 차 기능을 가지고 있지 않은 애플리케이션의 느린 응답을 식별하는 좋은 방법이다. 실습이 끝나면 IO 그래프를 닫는다.

큰 TCP 시간 차 그래프(TCP 기반 애플리케이션)

일부 TCP 기반 애플리케이션(HTTP와 SMB 등)은 와이어샤크에 시간 차 추적 기능을 가지고 있다. 해석기에 시간 차 추적 기능이 없는 애플리케이션이라도 `tcp.time_delta`를 사용해 큰 시간 차를 그래프로 그릴 수 있다.

이번 실습에서는 큰 TCP 시간 차 그래프를 연습한다.

와이어샤크 실습 89. 큰 TCP 시간 차 그래프 및 분석

이 추적 파일은 하나의 암호화된 TCP 대화를 담고 있다. 애플리케이션 시간 차 기능이 없기 때문에, 대신 와이어샤크의 `tcp.time_delta` 함수를 사용해야 할 것이다.

1단계: tr-tcpdeltatime.pcapng를 연다.

2단계: Statistics > IO Graph를 선택하고, Y Axis Unit 영역에서 Advanced...를 선택한다.

3단계: Graph 2의 Calc 옵션에 MIN(*)를 선택하고 Calc 영역에 `tcp.time_delta`를 입력한다. Graph 2 버튼을 클릭해 그래프를 활성화한다.

4단계: Graph 3의 Calc 옵션에 AVG(*)를 선택하고 Calc 영역에 `tcp.time_delta`를 입력한다. Style을 Impulse로 설정하고 Graph 3 버튼을 클릭해 그래프를 활성화한다.

5단계: Graph 4의 Calc 옵션에 MAX(*)를 선택하고 Calc 영역에 `tcp.time_delta`를 입력한다. Style을 Dot으로 설정하고 Graph 4 버튼을 클릭해 그래프를 활성화한다.

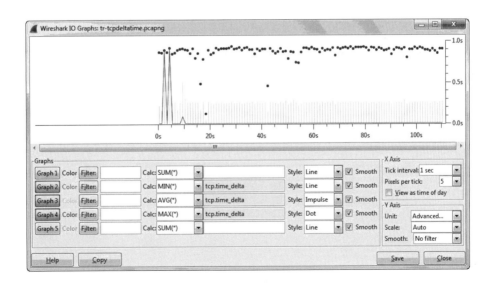

이 추적 파일의 평균 응답 시간이 300ms에 약간 못 미치고 앞쪽 부분에 큰 TCP 응답 시간이 존재하는 것을 그래프에서 명확히 볼 수 있다.

> 하나 이상의 그래프를 그릴 때, Graph 1이 앞쪽에 있고 Graph 5가 뒤쪽에 있음을 명심한다. Fbar 스타일을 사용한 Graph 1으로 IO 그래프의 최고점들을 그래프로 그린다면, Fbar 그래프가 그래프 2에서 5까지를 가릴 수도 있다.

`tcp.time_delta` 그래프로 어떤 TCP 기반 애플리케이션의 긴 응답 시간이라도 탐지할 수 있다.

11장

기타 네트워크 문제 그래프

되풀이하자면, 전문가 정보 창을 확인하거나 사용자 지정 칼럼을 정렬하는 방법으로 문제를 이미 알고 있을 수 있다. 하지만 이 추가적인 그래프들은 여러 네트워크 문제의 큰 그림을 그리는 데에 도 유용하다.

11장 메모

수신자 혼잡, 패킷 손실/복구 프로세스 등 다른 네트워크 문제의 그림을 그려보자.

— TCP 분석 플래그(tcp.analysis.zero.window) 또는 실제 계산된 윈도우 크기 필드
  값에 기반하여 윈도우 크기 문제의 그래프를 그릴 수 있다.

— 패킷 손실과 복구 프로세스의 각 부분에 TCP 분석 플래그를 사용해 그래프를 그
  릴 수 있다.

— TCP 시간-순서번호 그래프는 매우 복잡하게 보이지만, 패킷 손실 및 중복
  ACK, 재전송뿐 아니라 선택적 ACK까지도 보여줄 수 있다.

윈도우 크기 문제 그래프

와이어샤크는 전문가 정보 기능을 통해 제로 윈도우 문제를 식별할 수 있다. 하지만 '작은 윈도우Low Window' 문제를 탐지하는 능력은 가지고 있지 않다. 윈도우 크기 문제는 윈도우 크기 칼럼(tcp.window_size)을 추가해서 정렬하거나, 또는 **Window Size** 필드 값의 그래프를 그려 발견할 수 있다.

이번 절에서는 먼저 tcp.analysis 필터를 사용해서 윈도우 크기 문제의 그래프를 그린다. 그다음 고급 IO 그래프와 TCP 스트림 그래프, 윈도우 크기 그래프 등을 사용해 윈도우 크기 문제를 그래프로 살펴본다.

와이어샤크 실습 90. TCP 분석 필터로 윈도우 크기 문제 그래프 그리기

어느 클라이언트가 유튜브에서 동영상을 보려고 시도하는 추적 파일이다. 동영상 다운로드가 여러 곳에서 멈춘 것처럼 보인다. IO 그래프를 사용해 클라이언트의 TCP 윈도우 크기 값이 줄어드는 것을 관찰해보자.

1단계: tr-youtubebad.pcapng를 연다.

2단계: Statistics ▸ IO Graph를 선택하고, Y Axis Unit 영역에서 Advanced...를 선택한다.

3단계: Graph 2의 Calc 옵션에 COUNT FRAMES(*)를 선택하고 Calc 영역에 tcp.analysis.window_full를 입력한다. Style을 Dot로 설정한다. Graph 2 버튼을 클릭해 그래프를 활성화한다.

4단계: Graph 3의 Calc 옵션에 COUNT FRAMES(*)를 선택하고 Calc 영역에 tcp.analysis.zero_window를 입력한다. Style을 FBar로 설정한다. Graph 3 버튼을 클릭해 그래프를 활성화한다.

5단계: Graph 4의 Calc 옵션에 COUNT FRAMES(*)를 선택하고 Calc 영역에 tcp.analysis.window_update를 입력한다. Style을 FBar로 설정한다. Graph 4 버튼을 클릭해 그래프를 활성화한다.

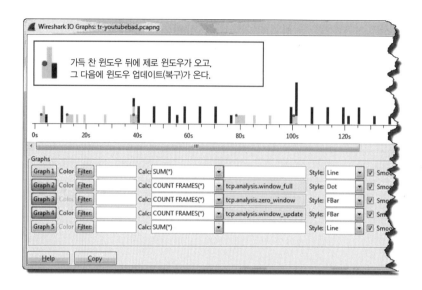

이 그래프는 가득 찬 윈도우 전문가 정보 경고가 발생한 후, 복구 프로세스(윈도우 업데이트)에 이르기까지의 제로 윈도우 문제를 명확히 보여준다. 또한 추적 파일 전체에 걸쳐 윈도우 업데이트가 주기적으로 발생하는 것도 알 수 있다.

실습을 마치면 IO 그래프를 닫는다.

와이어샤크 실습 91. 계산된 윈도우 크기 필드와 윈도우 크기 그래프로 윈도우 크기 문제 그래프 그리기

이제 고급 IO 그래프와 와이어샤크의 TCP 스트림 그래프, 윈도우 크기 그래프를 사용해서 클라이언트가 공지하는 TCP 윈도우 크기 값이 줄어드는 것을 관찰하자.

1단계: tr-youtubebad.pcapng를 연다.

2단계: Statistics ▶ IO Graph를 선택하고, Y Axis Unit 영역에서 Advanced...를 선택한다.

3단계: Graph 2의 Filter 영역에 `ip.src==24.4.7.217`를 입력한다. Calc 영역에서 AVG(*)를 선택하고 `tcp.window_size`를 입력한다. Graph 2 버튼을 클릭해 그래프를 활성화한다.

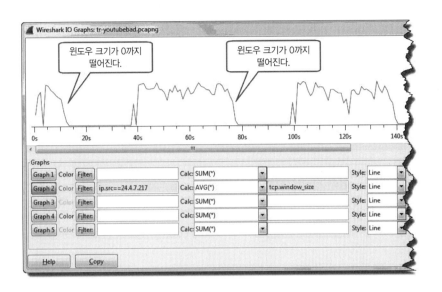

클라이언트 애플리케이션이 버퍼에서 데이터를 가져가지 않는 지점이 여럿 있는 것을 볼 수 있다. 클라이언트가 공지하는 윈도우 크기는 0이 될 때까지 줄어든다.

그래프가 0이 되는 지점들을 클릭하면, 와이어샤크는 추적 파일의 해당 위치로 점프한다. 가득 찬 윈도우, 제로 윈도우, TCP Keep-Alive 패킷을 각각 발견하게 된다.

> 데이터 전송이 완전히 멈췄을 때처럼 추적 파일에 패킷이 전혀 없더라도 윈도우 크기 그래프의 선은 사라지지 않는다. 수평선처럼 평평한 부분의 점을 클릭하더라도 와이어샤크는 패킷으로 점프하지 않는다. 그 위치에 패킷이 없기 때문이다. 평평한 부분의 바로 앞이나 바로 뒤에서 클릭하면, 처리율이 0인 부분 바로 앞 또는 바로 뒤에서 일어난 현상을 볼 수 있다.

4단계: 와이어샤크는 윈도우 스케일링 그래프도 제공한다.

메인 와이어샤크 창으로 돌아간다.

패킷 목록 창에서 24.4.7.217로부터의 패킷을 클릭한다. Statistics ▶ TCP Stream Graph ▶ Window Scaling Graph를 선택한다.

그래프의 각 점은 패킷의 Window Size 필드 값을 나타낸다. 그래프에서 점이 없는 위치가 패킷이 없는 곳이다. 작은 윈도우 또는 제로 윈도우 크기 문제를 이렇게 그래프로 보일 수도 있다.

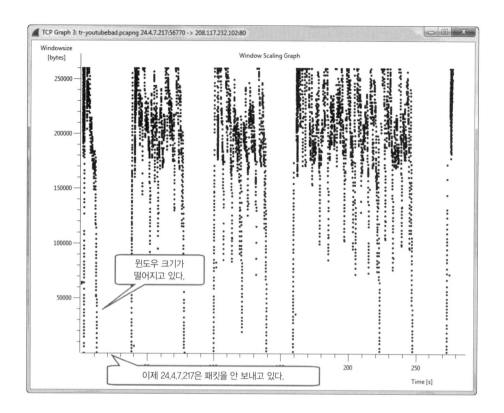

윈도우 스케일링 그래프는 이해하기 다소 어려울 수 있다. 전체 추적 파일을 창 하나에 맞게 보이기 때문이다. 즉, 아래에 스크롤 바가 없다.

그래프상의 한 지점을 검토하기 위해 해당 영역을 클릭하고 드래그하여 확대해 볼 수도 있다.

실습을 마치면 IO 그래프와 윈도우 스케일링 그래프를 닫는다.

패킷 손실 및 복구 그래프

이 책을 처음부터 순서대로 읽었다면 패킷 손실과 복구를 탐지하기 위해 전문가 정보 창을 사용하는 방법을 이미 알고 있을 것이다. 또한 SACK가 사용중인 지 알기위해 TCP 핸드셰이크와 중복 ACK를 검토하는 방법도 알고 있을 것이다.

이번 절에서는 `tcp.analysis` 필터를 사용해 패킷 손실을 보는 그래프를 그린다. 그다음 고급 IO 그래프와 TCP 스트림 그래프/TCP 시간-순서번호 그래프를 사용해 윈도우 크기 문제를 그래프로 그려보겠다.

와이어샤크 실습 92. TCP 분석 필터로 패킷 손실 및 복구 그래프 그리기

이 추적 파일은 FTP 다운로드 프로세스로 구성돼 있다.

1단계: tr-goldengraph.pcapng를 연다.

2단계: Statistics ▶ IO Graph를 선택하고, Y Axis Unit 영역에서 Advanced...를 선택한다.

3단계: X Axis의 Tick Interval을 0.1 sec으로 설정한다.

4단계: Graph 2의 Calc 옵션에 COUNT FRAMES(*)를 선택하고 Calc 영역에 `tcp.analysis.lost_segment`를 입력한다. Style을 Line으로 설정한다. Graph 2 버튼을 클릭해 그래프를 활성화한다.

5단계: Graph 3의 Calc 옵션에 COUNT FRAMES(*)를 선택하고 Calc 영역에 `tcp.analysis.duplicate_ack`를 입력한다. Style을 Impulse로 설정한다. Graph 3 버튼을 클릭해 그래프를 활성화한다.

6단계: Graph 4의 Calc 옵션에 COUNT FRAMES(*)를 선택하고 Calc 영역에 `tcp.analysis.retransmission`를 입력한다. Style을 Dot로 설정한다. Graph 4 버튼을 클릭해 그래프를 활성화한다.

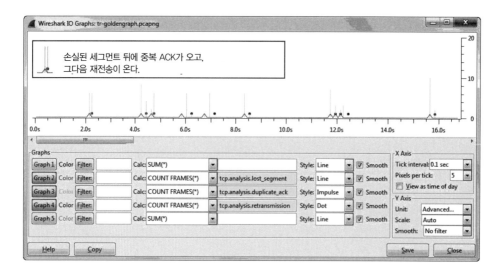

이 그래프는 와이어샤크가 패킷 손실을 감지한 추적 파일의 해당 지점을 명확히 보여준다. 또한 중복 ACK와 재전송의 그래프로 패킷 손실 복구 프로세스를 나타낸다.

실습을 마치면 IO 그래프를 닫는다.

다음으로, 이 추적 파일에 무슨 일이 일어났는지 더 자세히 살펴보기 위해 TCP 시간-순서번호 그래프를 사용한다.

와이어샤크 실습 93. TCP 시간-순서번호 그래프로 패킷 손실 및 복구 그래프 그리기

이제 패킷 손실과 복구를 보기 위해 와이어샤크의 TCP 스트림 그래프/시간-순서번호 그래프를 사용해보자. 또한 SACK가 사용 중이면 이 그래프에서 볼 수 있다.

1단계: tr-goldengraph.pcapng를 연다. 패킷 목록 창에서 Packet 27을 클릭한다. TCP 시간-순서번호 그래프는 단방향 그래프다. 그래프를 띄우기 전에, 반드시 데이터 흐름과 동일한 방향으로 움직이는 패킷을 클릭한다.

2단계: Statistics > TCP Stream Graph > Time-Sequence Graph(tcptrace)를 선택한다. 이론적으로 이 그래프는 좌하단에서 우상단까지 이어지는 직선('I' 표시로 만들어진)을 보여줄 것이다.

3단계: 10초 눈금 근처에서 그래프 선 위를 클릭하고 아주 작게 드래그한다(줌 레벨을 원래 설정으로 돌리기 위해서는 Home 버튼을 클릭한다).

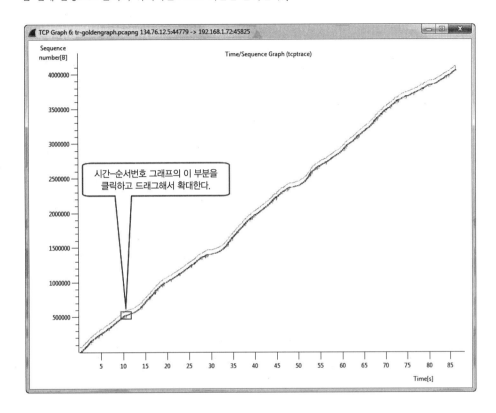

추적 파일의 해당 지점을 확대하면 패킷 손실과 복구의 조짐을 다음과 같이 볼 수 있다.

❶ 'I' 막대의 끊어진 부분은 세그먼트가 사라진 것을 의미한다.

❷ 사라진 패킷을 요청하는 첫 번째 ACK가 수평선 부분에 보인다.

❸ SACK의 오른쪽 끝이 늘어남에 따라 청색 선의 길이가 늘어난다.

❹ 마침내 빠른 재전송이 나타난다.

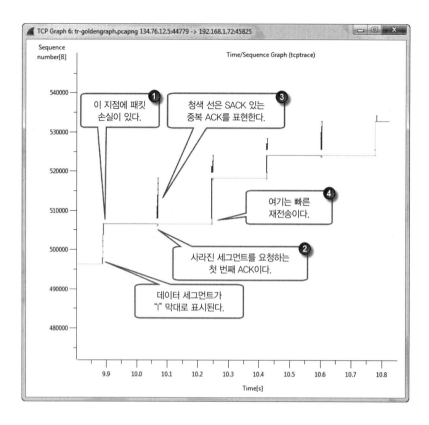

패킷 손실을 `tcp.analysis.flags && !tcp.analysis.window_update` 필터 또는 전문가 정보 창을 훑어보는 것만으로도 탐지할 수 있지만, 이 시간-순서번호 그래프는 문제의 큰 그림을 그리는 데 사용할 수 있다.

이 장에서 수많은 와이어샤크 그래프를 보았다. 타사의 그래프 도구를 사용하기 위해 데이터를 내보내고 싶은 때가 있을 수도 있다. 다음 장에서는 데이터를 내보내어 그래프를 그리기 위한 몇 가지 옵션을 살펴본다.

12장

타사의 그래프 도구로
트래픽 내보내기

와이어샤크가 마이크로소프트 엑셀이나 오픈오피스 캘크Calc 등의 제품만큼 다양한 그래프 기능을 제공하지는 못한다.

이 장에서는 패킷 정보와 임의의 필드 값을 CSVcomma-separated value 포맷으로 내보내는 법을 배운다.

12장 메모

때때로 트래픽을 깊게 분석하기 위해 타사의 도구를 사용할 필요가 있다.

— 패킷 해석 결과(요약)를 export하면 모든 칼럼(감춰진 칼럼을 포함함)이 내보내진다.

— 패킷과 추적 파일의 주석을 내보내 분석 리포트를 간단히 생성할 수 있다.

패킷 목록 창 칼럼을 CSV 포맷으로 내보내기

패킷 정보와 필드 값을 CSV 포맷으로 내보내는 방법부터 시작하자. 내보낼 데이터
에 원하는 특정 정보를 담기 위해 맞춤 칼럼을 사용한다.

와이어샤크 실습 94. 모든 칼럼을 CSV 포맷으로 내보내기

이 책에서는 사용자 프로파일에 다양한 맞춤 칼럼을 추가했다. 내보내기 기능을 실
행하면 와이어샤크는 해당 칼럼이 보이는지 감춰졌는지와 관계없이 모든 칼럼을
내보낸다.

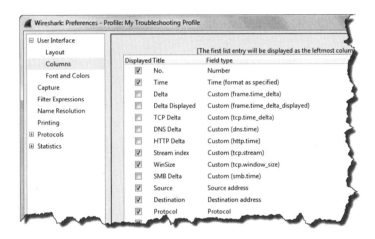

1단계: tr-chappellu.pcapng를 연다.

2단계: File ＞ Export Packet Dissections ＞ as "CSV" (Comma Separated Values packet
summary) file...을 선택한다.

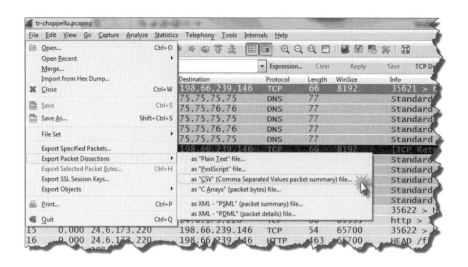

3단계: 와이어샤크는 Packet Range 영역에서 기본 값으로 Displayed를 선택한다. 원하는 정보가 모든 패킷에서 내보내지도록 디스플레이 필터를 적용하지 않았다. Packet Format 영역에서 Packet summary line만을 체크하고 File Name 영역에 tr-chappellu.csv를 입력한다. Save를 클릭한다.

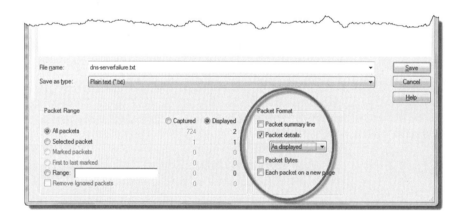

4단계: tr-chappellu.csv 파일을 스프레드시트에서 연다. 아래 그림에서는 엑셀에서 열었다.

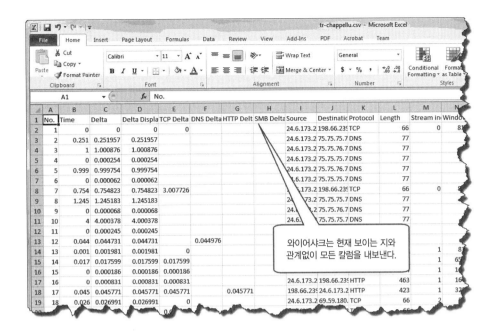

와이어샤크는 현재 보이는 지와 관계없이 모든 칼럼을 내보낸다.

이제 이 CSV 데이터를 스프레드시트 프로그램이 지원하는 어떤 형태로든 조작할 수 있다. 예를 들어 전체 패킷 길이를 엑셀의 3-D 그래프로 나타내려면, 간단히 Length 칼럼을 선택하고 Insert ▶ Line ▶ 3-D Line을 선택하면 된다. 이 프로세스의 결과는 다음 그림과 같다.

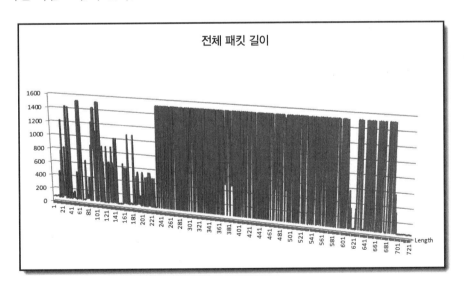

추적 파일 및 패킷의 주석 리포트 내보내기

추적 파일을 .pcapng 형식으로 저장해서 얻는 장점은 메타데이터를 포함할 수 있다는 점이다. 메타데이터 항목으로는 추적 파일 주석과 패킷 주석 등이 있다.

추적 파일 주석과 패킷 주석은 추적 파일에서 발견한 사실을 다른 사람과 공유할 수 있게 한다.

Trace File Annotation 버튼을 보면 추적 파일에 주석이 포함돼 있는지 알 수 있다.

📝 추적 파일이 주석을 아직 가지고 있지 않다 (주석 추가)

📝 추적 파일이 주석을 가지고 있다 (주석 보기, 편집)

추적 파일과 패킷의 주석 전체를 ASCII 형식의 파일로 쉽게 내보낼 수 있다.

와이어샤크 실습 95. 추적 파일과 패킷에 주석 추가하고 내보내기

1단계: tr-chappellu.pcapng를 연다.

2단계: 먼저 이미 존재하는 추적 파일 주석에 추가해보자.[1] 상태 바에서 Trace File Annotation 버튼을 클릭하고 저작권 메시지 앞에 이 추적 파일에 대한 짧은 메시지를 추가한다. OK를 클릭한다.

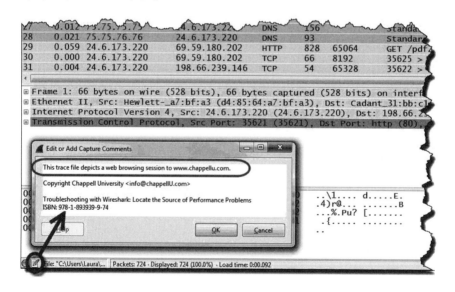

---

1 동일한 단계들을 거쳐 새 추적 파일 주석을 생성하는 것도 가능하다.

3단계: 패킷 목록 창의 Packet 11에서 오른쪽 클릭한다. Packet comment...를 선택하고 이 DNS 재전송에 대한 짧은 메모를 입력한다. OK를 클릭한다.

추적 파일이 수정됐음을 알리기 위해 타이틀 바의 파일 이름 앞에 별표(*)가 붙는다. 추적 파일 또는 패킷의 주석을 보존하고 싶다면 반드시 메인 툴바에서 Save 버튼 을 클릭한다.

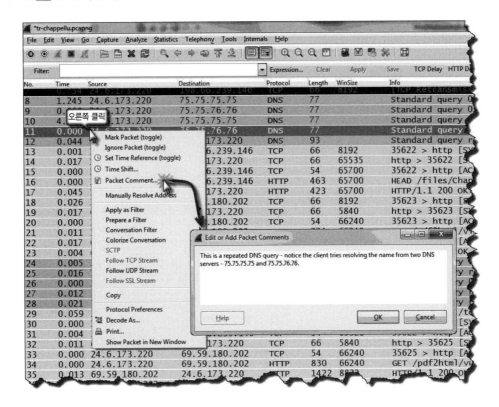

4단계: 이제 추적 파일과 패킷의 주석을 내보낸다. Statistics ▶ Comments Summary를 선택한다.

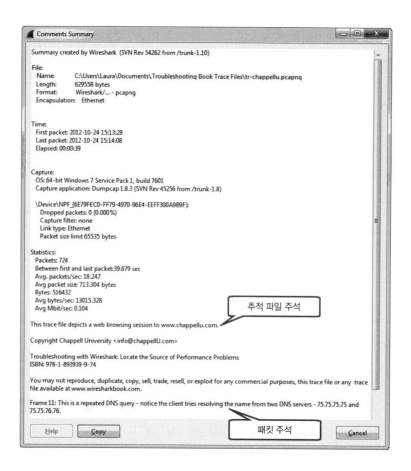

Comments Summary

Summary created by Wireshark (SVN Rev 54262 from /trunk-1.10)

File:
Name: C:\Users\Laura\Documents\Troubleshooting Book Trace Files\tr-chappellu.pcapng
Length: 629558 bytes
Format: Wireshark/... - pcapng
Encapsulation: Ethernet

Time:
First packet: 2012-10-24 15:13:28
Last packet: 2012-10-24 15:14:08
Elapsed: 00:00:39

Capture:
OS: 64-bit Windows 7 Service Pack 1, build 7601
Capture application: Dumpcap 1.8.3 (SVN Rev 45256 from /trunk-1.8)

\Device\NPF_{6E79FEC0-FF79-4970-96E4-EEFF300A9B9F}:
Dropped packets: 0 (0.000%)
Capture filter: none
Link type: Ethernet
Packet size limit 65535 bytes

Statistics:
Packets: 724
Between first and last packet:39.679 sec
Avg. packets/sec: 18.247
Avg packet size: 713.304 bytes
Bytes: 516432
Avg bytes/sec: 13015.328
Avg Mbit/sec: 0.104

추적 파일 주석

This trace file depicts a web browsing session to www.chappellu.com.

Copyright Chappell University <info@chappellU.com>

Troubleshooting with Wireshark: Locate the Source of Performance Problems
ISBN: 978-1-893939-9-74

You may not reproduce, duplicate, copy, sell, trade, resell, or exploit for any commercial purposes, this trace file or any trace file available at www.wiresharkbook.com.

Frame 11: This is a repeated DNS query - notice the client tries resolving the name from two DNS servers - 75.75.75.75 and 75.75.76.76.

패킷 주석

[Help] [Copy] [Cancel]

5단계: Copy를 클릭해 주석 요약을 버퍼에 복사한다. 이제 텍스트 에디터나 워드프로세서 프로그램에 이 내용을 붙여 넣을 수 있다. Cancel 버튼을 클릭해 주석 요약 창을 닫는다.

다음으로, 패킷을 .txt 형식으로 내보낸다.

패킷을 TXT 포맷으로 내보내기

분석 리포트에서 사용하기 위해 하나의 패킷만을 내보내고 싶을 때가 있다. 다음 절차에 따라 패킷 몇 개만을 .txt 형식으로 내보낼 수 있다.

와이어샤크 실습 96. 비정상적인 DNS 서버 오류 내보내기

1단계: tr-chappellu.pcapng를 연다.

2단계: DNS Errors 버튼(dns.flags.rcode > 0)을 클릭한다. 두 개의 패킷(Packet 83과 Packet 84)이 표시된다.

3단계: Packet 83을 선택하고 Domain Name System (response) 영역 앞의 (+)를 클릭한다.

4단계: Answers 영역 앞의 (+)를 클릭한다.

```
⊞ Frame 83: 400 bytes on wire (3200 bits), 400 bytes captured (3200 bits) on interfac
⊞ Ethernet II, Src: Cadant_31:bb:c1 (00:01:5c:31:bb:c1), Dst: Hewlett-_a7:bf:a3 (d4:85
⊞ Internet Protocol Version 4, Src: 75.75.75.75 (75.75.75.75), Dst: 24.6.173.220 (24.6
⊞ User Datagram Protocol, Src Port: domain (53), Dst Port: 56007 (56007)
⊟ Domain Name System (response)
    [Request In: 82]
    [Time: 0.008743000 seconds]
    Transaction ID: 0xfd77
  ⊞ Flags: 0x8182 Standard query response, Server failure
    Questions: 1
    Answer RRs: 20
    Authority RRs: 0
    Additional RRs: 0
  ⊞ Queries
  ⊟ Answers
    ⊞ www.nitroreader.com: type CNAME, class IN, cname cf-ssl17247-protected-www.nitro
    ⊞ cf-ssl17247-protected-www.nitroreader.com: type CNAME, class IN, cname direct-con
    ⊞ direct-connect.nitroreader.com: type CNAME, class IN, cname direct-connect.nitron
    ⊞ direct-connect.nitroreader.com: type CNAME, class IN, cname direct-connect.nitron
    ⊞ direct-connect.nitroreader.com: type CNAME, class IN, cname direct-connect.nitron
    ⊞ direct-connect.nitroreader.com: type CNAME, class IN, cname direct-connect.nitro
    ⊞ direct-connect.nitroreader.com: type CNAME, class IN, cname direct-connect.nitron
    ⊞ direct-connect.nitroreader.com: type CNAME, class IN, cname direct-connect.nitron
    ⊞ direct-connect.nitroreader.com: type CNAME, class IN, cname direct-connect.nitro
    ⊞ direct-connect.nitroreader.com: type CNAME, class IN, cname direct-connect.nitron
    ⊞ direct-connect.nitroreader.com: type CNAME, class IN, cname direct-connect.nitron
    ⊞ direct-connect.nitroreader.com: type CNAME, class IN, cname direct-connect.nitron
    ⊞ direct-connect.nitroreader.com: type CNAME, class IN, cname direct-connect.nitro
    ⊞ direct-connect.nitroreader.com: type CNAME, class IN, cname direct-connect.nitro
    ⊞ direct-connect.nitroreader.com: type CNAME, class IN, cname direct-connect.nitro
    ⊞ direct-connect.nitroreader.com: type CNAME, class IN, cname direct-connect.nitron
    ⊞ direct-connect.nitroreader.com: type CNAME, class IN, cname direct-connect.nitro
    ⊞ direct-connect.nitroreader.com: type CNAME, class IN, cname direct-connect.nitro
    ⊞ direct-connect.nitroreader.com: type CNAME, class IN, cname direct-connect.nitro
```

> Answers 영역을 펼친다.
> .txt 버전의 패킷은 이 그림처럼 펼쳐진다.

5단계: File ▶ Export Packet Dissections ▶ as "Plain Text" file...을 선택한다. 이번에도 와이어샤크는 기본적으로 표시된 패킷만을 내보낸다.

6단계: 파일 이름을 dns-serverfailure.txt로 정하고 Packet Details ▶ As displayed만을 체크한다. Save를 클릭한다.

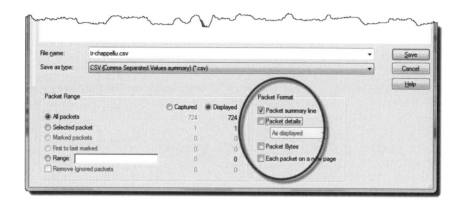

이제 패킷 상세 창에 보이는 형식 그대로 패킷 두 개가 담긴 .txt 파일이 만들어졌다.

4부

와이어샤크 문제 해결의
마지막 팁

13장

마지막 팁

이 책을 쓸 때 가장 어려운 점은 무엇을 넣고 무엇을 뺄지 결정하는 것이었다.

한편으로는 지난 20년간 네트워크를 분석하며 배운 모든 것을 넣고 싶었지만, 다른 한편으로는 이 책이 5,000페이지를 넘게 하고 싶지 않았다.

이 장에서는 마지막 남은 팁들, 다른 부분에 끼워 넣기 어려웠거나 주의를 끌고 싶었던 것들을 소개한다.

로라 채플

13장 메모

이 장에는 많은 요령과 팁이 담겨 있다. 큰 추적 파일을 다루는 법부터 802.11 네트워크 문제를 탐지하는 팁까지 말이다.

- 큰 추적 파일을 열고, 트래픽 패턴을 시각화하고, 리포트를 작성하는 도구인 Cascade Pilot에 대해 알아본다.

- 와이어샤크의 파일 집합과 링 버퍼를 사용해 이시적으로 발생하는 문제의 원인을 찾는다.

- 무선랜 네트워크의 문제를 해결할때 802.11의 재시도를 필터링하고 신호 강도를 모니터링한다.

- 작업하다 막히면 ask.wireshark.org를 찾아본다. 와이어샤크 커뮤니티는 매우 협조적이다.

큰 추적 파일을 다루는 팁

추적 파일이 너무 크면 와이어샤크의 성능이 나빠지는 것은 물론, 열다가 오류가 발생해 동작을 멈출 수도 있다.

나는 와이어샤크 추적 파일의 크기를 100MB 이내로 유지하려고 한다. 칼럼과 컬러링 규칙을 추가해보면 큰 파일은 로딩이 너무 느리고 필터를 적용하는 시간도 오래 걸린다.

추적 파일이 매우 클 때 고려할 수 있는 세 가지 옵션을 소개한다.

Editcap으로 큰 파일 나누기

Editcap은 와이어샤크 설치 중에 프로그램 파일 디렉토리에 설치되는 무료 커맨드라인 도구다.

-i 파라미터를 사용해 파일을 초 단위로 나눌 수도 있고, -c를 사용해 파일당 패킷 숫자를 지정할 수도 있다.

문법: editcap <입력파일> <출력파일>

예제: editcap -c 20000 bigfile.pcapng smallerfiles.pcapng

Editcap가 생성하는 파일 그룹은 파일명이 'smallerfiles'로 시작하고 파일 번호를 포함하며 날짜 및 시간 스탬프로 끝난다. 와이어샤크에서 이 파일들로 작업할 때는 File > File Set > List Files를 선택한다.

여러 파일로 나눠진 트래픽을 재조립할 필요가 있다면, 이 옵션은 적절하지 않다.

파일에 몇 개의 패킷 또는 몇 초의 시간이 들어있는지 알고 싶다면 Capinfos 를 사용한다. Capinfos 역시 와이어샤크 프로그램 파일 디렉토리에 자동으로 설치되는 도구다. `capinfos <filename>`라고 입력하면 추적 파일의 상세 정보를 볼 수 있다.

Tshark와 디스플레이 필터로 추적 파일의 부분 집합 생성

작업 대상인 부분 집합을 생성하기 위해, Tshark를 디스플레이 필터와 함께 사용해 관심 있는 패킷만 추출한다.

문법: `tshark -r <infile> -Y "<display filter>" -w <outfile>`

예제: `tshark -r bigfile.pcapng -Y "ip.src==10.1.1.1" -w 10.pcapng`

이 옵션으로 큰 추적 파일에서 부분 집합을 추출할 때, 시간이 오래 걸릴 수도 있다.

> Tshark를 사용할 때 디스플레이 필터를 따옴표로 감싸는 버릇을 들이는 것이 좋다. 디스플레이 필터에 공백 문자가 포함돼 있을 때 따옴표가 반드시 필요하다.

Cascade Pilot에서 큰 추적 파일 열기

Cascade Pilot(별칭 'Pilot')은 매우 큰 추적 파일을 열고, 시각화하고, 맞춤형 보고서를 출력하기 위해 만들어졌다. Pilot에서 추적 파일 위로 뷰를 드래그하면 표나 그래프를 생성할 수 있다.

다음 그림에서 동그라미 친 것들이 내가 좋아하는 Pilot의 뷰다.

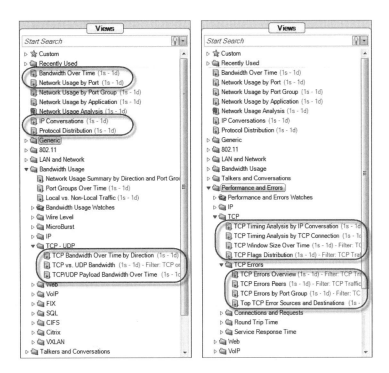

아래 그림은 1.3GB의 파일(monsterfile.pcapng[1])을 열어 몇 개의 뷰를 적용한 것이다. TCP Flags Distribution 뷰가 가장 앞에 나와 있다. 파일을 Pilot에서 검토해본 결과, 잘못된 TCP 핸드셰이크 패킷이 있는 것을 발견했다. 이 뷰를 열어볼 때까지 우리 실험실 네트워크에 악의적인 호스트가 있는 것을 알지 못했다.

---

1 이 파일은 와이어샤크로 작업하기에 너무 크기 때문에, 이 책의 보조 자료로 배포하지 않고 있다.

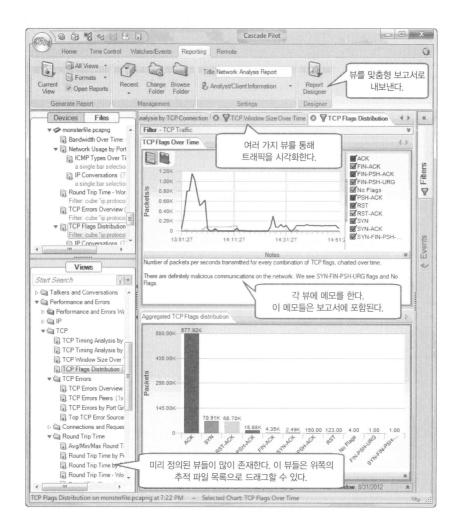

아래 그래프(Aggregated TCP Flags Distribution)에서는 비정상적인 플래그 설정 두 가지(No Flags와 SYN-FIN-PSH...)를 선택했다. 추가 분석을 위해 오른쪽 클릭 기능으로 잘못된 패킷들을 와이어샤크로 내보냈다. 그 결과, 24.6.181.160을 네트워크상의 의심스러운 컴퓨터로 확인했다.

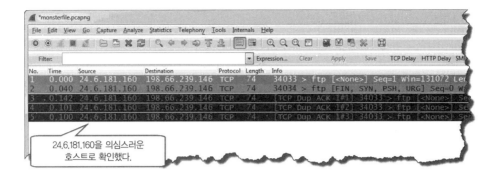

의 말풍선 내용:
24.6.181.160을 의심스러운
호스트로 확인했다.

이 책의 보조 자료(www.wiresharkbook.com/troubleshooting.html)에 Cascade Pilot
으로 만든 샘플 네트워크 분석 리포트가 포함돼 있다.

Cascade Pilot에 대한 정보가 더 필요하거나 데모 버전을 다운로드하려면
www.riverbed.com을 방문한다.

추적 파일 이름 정하는 팁

추적 파일 디렉토리를 열었는데 추적 파일 이름이 trace1.pcapng, trace2.pcapng, trace3.pcapng라면, 별로 반갑지 않을 것이다. 추적 파일의 이름을 효과적으로 잘 붙이는 방법을 가능한 한 빨리 만들도록 하자. 캡처 위치, 캡처 목적, 그리고 추적 파일에 대해 기억해야 할 것들을 파일 이름에 포함하는 것이 좋다.

길지만 어떤 내용이 들어있을지 암시하는 추적 파일 이름 몇 개를 예로 들겠다.

- sw1-msmith-slowsalesforce.pcapng
- sw1-msmith-backgroundidle.pcapng
- local-gspicer-slowbrowse.pcapng
- local-gspicer-uploadstuck.pcapng
- fs2-disconnects.pcapng
- rtr2side1-slowpath.pcapng
- rtr2side2-slowpath.pcapng

캡처할 때마다 별도의 장부에 기록을 해두는 것도 권할 만하다. 추적 파일 이름과 현상에 대한 간단한 설명을 입력한다. 관리적인 목적으로 문제 해결 절차를 문서로 만든다면 도움이 될 것이다.

속성

c=기밀					

추적 파일 이름/속성	메모
sw1-72-sfslow	카렌 (.72 주소) – 주소록을 느리게 액세스 중인 세일즈포스. 일정한 300ms 응답에 주목. 서버 쪽 추적 파일 필요.
sw3-72-sfslow	카렌 .72 – 손실된 패킷 개수 차이에 주목. 지연된 ACK 상황일 수도. 프록시가 서버에 지연된 ACK를 보내고 시간 초과 발생. 프록시의 지연 ACK를 중지할 수 있나?

이 메모들을 파일의 추적 파일 주석과 패킷 주석에 직접 기입해 넣을 수도 있다.

보안과 성능 문제 발견 팁

장비의 통신 문제는 구성 오류 또는 해킹 당한 호스트에 의해 일어날 수 있다. 예를 들어 전체 네트워크에 브로드캐스트가 폭주하고 있다면, 잘못된 구성이 문제를 일으켰거나 악성 소프트웨어에 감염된 호스트가 네트워크를 탐색 중일 가능성이 있다. 아마도 어떤 봇Bot이 네트워크의 다른 호스트를 감염시키려 시도하고 있을 것이다.

네트워크 문제의 해결 작업을 네트워크 포렌식과 구분해서 생각할 수 없다. 의심스러운 트래픽 패턴을 항상 경계하고 있어야만 한다.

358쪽의 'Cascade Pilot에서 큰 추적 파일 열기'에서, 성능 저하의 원인을 찾다가 잘못된 TCP 플래그를 발견했다.

TCP Flags Distribution View를 열어보고, TCP 플래그가 설정되지 않은(No Flags) TCP 패킷과 비논리적인 플래그SYN-FIN-PSH-URG가 설정된 TCP 패킷을 찾았다. 이는 클라이언트가 해킹 당했거나 사용자가 Nmap, Nessus 등의 탐색 프로그램을 실행하는 것을 의미한다.

작은 추적 파일이었다면 이런 잘못된 TCP 플래그 값을 찾기 위해 `tcp.flags == 0x000 || tcp.flags == 0x02B` 필터를 적용할 수도 있었을 것이다.

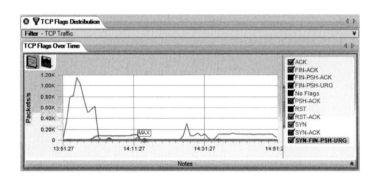

'골든 그래프' 쉽게 그리는 팁

325쪽의 '처리율 감소와 TCP 문제의 상관관계 파악('골든 그래프')'에서 골든 그래프(Bad TCP 컬러링 규칙의 필터 문자열을 Graph 2에 적용한 IO 그래프)를 그려 봤다.

골든 그래프를 자주 그린다면 Bad TCP 컬러링 규칙 필터 문자열을 매번 입력하기 지겨울 것이다. Bad TCP 컬러링 규칙 필터 문자열을 디스플레이 필터로 저장하면 이 과정을 쉽게 할 수 있다.

와이어샤크 실습 97. 골든 그래프에 적용할 Bad TCP 디스플레이 필터 저장

1단계: tr-problemstream.pcapng를 연다.

2단계: 메인 툴바의 Display Filters 버튼🔽을 클릭한다. New를 클릭한다.

3단계: 필터 이름에 Bad TCP를, 필터 문자열에 `tcp.analysis.flags && !tcp.analysis.window_update`를 입력하고 OK를 클릭한다.

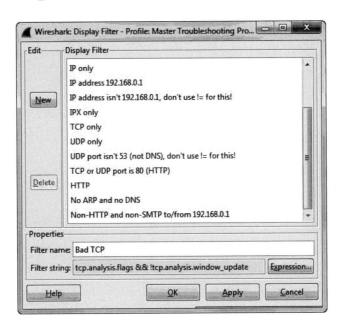

4단계: 와이어샤크가 자동으로 새 디스플레이 필터를 적용한다. Clear 버튼을 클릭한다.

5단계: 새 디스플레이 필터를 사용해 골든 그래프를 생성한다. Statistics 〉 IO Graph를 선택한다.

6단계: Graph 2 Filter 버튼을 클릭하고 Bad TCP 디스플레이 필터를 선택한 후 OK를 클릭한다. Graph 2의 스타일을 FBar로 변경하고 Graph 2 버튼을 클릭해 그래프를 활성화한다.

7단계: Tick Interval을 0.1 sec으로, Y Axis Unit을 Bits/Tick으로, Y Axis Scale을 Logarithmic으로 각각 변경한다. 그래프를 좌우로 스크롤하여 파일 전송 중에 문제가 발생한 곳을 확인한다.

TCP가 복구를 시도하는 중에 이 문제가 처리율에 어떤 영향을 미쳤는지 살펴본다.

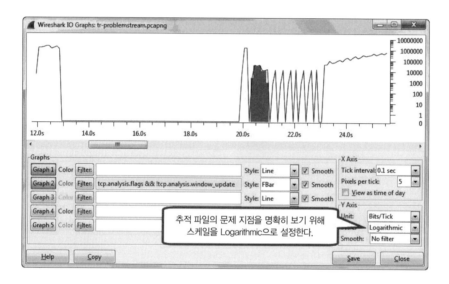

와이어샤크 1.8 이전에는 추적 파일에 되풀이해서 적용할 여러 디스플레이 필터들을 디스플레이 필터 목록(dfilters 파일)에 저장하곤 했다.

하지만 필터 표현식 버튼이 생긴 뒤로는 디스플레이 필터를 디스플레이 필터 목록에 그렇게 많이 저장하지 않는다. 대신에 디스플레이 필터를 필터 표현식 버튼으로 저장한다.

이번 실습의 필터는 옛날 방식대로 디스플레이 필터를 디스플레이 필터 목록에 저장하는 드문 예라고 할 수 있다.

TCP 기반 애플리케이션 분석 팁

TCP는 가장 인기 있는 전송 메커니즘이다. TCP는 웹 브라우징, 이메일 전송, 파일 전송 애플리케이션 등에 사용된다. 다음의 간단한 단계를 거쳐 TCP 기반 통신을 더 쉽게 문제 해결할 수 있다.

- TCP 핸드셰이크를 살펴보고 왕복 시간을 파악한다.
  - 클라이언트 쪽 캡처라면 SYN와 SYN/ACK 사이 시간을 측정한다.
  - 서버 쪽 캡처라면 SYN/ACK와 ACK 사이 시간을 측정한다.
- SYN과 SYN/ACK 패킷을 열어 TCP 피어 기능(TCP 옵션)을 검토한다.
  - MSS 크기는 적절한가?
  - SACK를 양쪽 모두 지원하는가?
  - 윈도우 스케일링을 양쪽 모두 지원하는가?
  - 스케일링 비율이 적절한가?
- IO 그래프를 그리고 처리율 저하를 살펴본다.
  - Bad TCP 컬러링 규칙 필터를 IO 그래프에 추가하여 처리율 감소와 TCP 문제의 상관관계를 파악('골든 그래프')한다.
- 탐지된 문제를 보기 위해 전문가 정보를 연다.
  - 오류, 경고, 알림에 초점을 맞춘다.
  - 섹션을 펼치고 패킷을 클릭해 추적 파일의 해당 위치로 점프한다.
- TCP 시간 차 칼럼(tcp.time_delta)을 확인하고 정렬한다.
  - TCP 시간 차 칼럼을 내림차순으로 정렬하고 지연을 검토한다.
  - '정상적인 지연'에 주의를 빼앗기지 않는다(149쪽의 "'정상' 또는 허용 가능한 지연에 집중하지 마라" 참고).
- 문제를 찾기 위해 계산된 윈도우 크기 필드를 확인하고 정렬한다.
  - 윈도우 값이 0인 FIN이나 RST 패킷에 대해서는 신경 쓰지 않는다.
  - 작은 윈도우 크기 값과 인접한 지연에 주의한다.

TCP 문제에 대한 경험을 쌓아가면서 이 TCP 문제 해결 체크리스트를 보완해가 도록 한다.

일시적 문제의 원인 발견 팁

발견한 문제가 간헐적으로 발생하는 것을 알게 되면 매우 실망스럽다. 문제가 발생할 때 트래픽을 어떻게 캡처할 것인가? 캡처 과정 중에 링 버퍼Ring Buffer를 사용하는 것을 고려해보자.

링 버퍼는 자동으로 캡처 파일을 디스크에 저장할 때, 저장되는 파일 개수를 제한하는 캡처 옵션이다. 자동 캡처 중에 하드 드라이브를 가득 채우는 것을 막기 위해 링 버퍼를 사용한다.

일시적인 문제를 캡처하려면, 문제를 겪고 있는 컴퓨터 가까이에 캡처하는 컴퓨터를 설치한다. 가능하면 TAP을 사용한다. 트래픽을 파일 집합으로 캡처하기 시작하고 링 버퍼가 저장할 파일의 수를 정의한다. 자동 멈춤 조건은 설정하지 않고, 대신 문제가 발생하면 즉시 캡처를 중단한다.

일시적 문제를 캡처하기 위한 한 가지 설정을 아래 그림에 보인다.

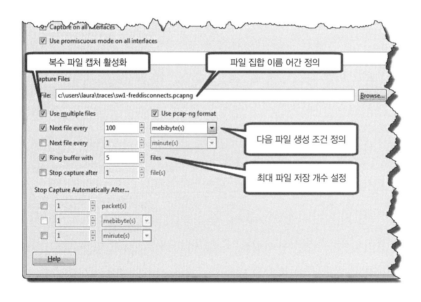

문제가 발생하면 즉시 캡처를 중단한다. 사용자에게 문제가 발생하면 연락해달라고 부탁하는 것도 좋다.

캡처를 멈추면 마지막 파일이 표시된다. 이 파일부터 거꾸로 찾아나가다가 파일 집합의 다른 파일로 넘어가 계속 문제를 찾는다. File > File Set > List Files를 선택하여 파일 집합 안의 다른 파일로 이동한다.

무선랜 문제 탐지 팁

무선랜 트래픽의 문제를 해결하려면 적절히 트래픽을 캡처해야 한다. 이 말은 802.11 관리, 제어 및 데이터 프레임, 802.11 헤더를 캡처하고, 가짜 헤더(Radiotap 헤더 또는 패킷당 정보PPI, Per Packet Information 헤더)를 적용할 필요가 있음을 의미한다.

관리, 제어 및 데이터 프레임 캡처

무선랜 접속 및 인증 시의 문제를 식별하기 위해 관리, 제어 프레임이 필요하다. 데이터 프레임은 무선랜의 실제 처리율을 제공한다.

Radiotap 또는 PPI 헤더를 앞에 추가

Radiotap과 PPI 헤더는 수신 프레임의 메타데이터를 가지고 있다. 이 메타데이터는 수신시점의 신호 강도와 주파수를 포함한다. 낮은 신호 강도는 송신 신호가 약한 것 또는 송신자가 너무 멀리 있는 것을 의미한다. 주파수 값은 패킷이 도착한 채널을 알려준다.

802.11 헤더 캡처

쉬운 작업 같지만, 기본 무선랜 어댑터를 캡처에 사용한다면 아마도 어댑터가 802.11 헤더를 벗겨낼 것이다. 와이어샤크는 그 자리에 이더넷 헤더를 보여준다.

802.11 헤더는 패킷의 802.11 재시도 여부를 알려주는 재시도 비트(wlan. fc.retry) 설정을 가지고 있다. 이것은 MAC 계층의 재전송이다. 예를 들어, 로컬의 802.11 장비가 액세스 포인트에 데이터 패킷을 보낸다. ACK 제한 시간 내에 802.11 ACK가 돌아오지 않는다면, 재시도 비트를 1로 설정한 데이터 패킷이 재전송된다.

```
⊞ Frame 1: 122 bytes on wire (976 bits), 122 bytes captured
⊞ Radiotap Header v0, Length 20
⊟ IEEE 802.11 QoS Data, Flags: ....R..T.
    Type/Subtype: QoS Data (0x28)
  ⊟ Frame Control Field: 0x8809
    .... ..00 = Version: 0
    .... 10.. = Type: Data frame (2)
    1000 .... = Subtype: 8
  ⊟ Flags: 0x09
    .... ..01 = DS status: Frame from STA to DS via an AP
    .... .0.. = More Fragments: This is the last fragment
  ⊞ .... 1... = Retry: Frame is being retransmitted
    ...0 .... = PWR MGT: STA will stay up
    ..0. .... = More Data: No data buffered
    .0.. .... = Protected flag: Data is not protected
    0... .... = Order flag: Not strictly ordered
```

> ACK 시간 초과 시
> 무선랜 재시도가 전송된다.

ACK 신호 강도가 너무 약하거나 간섭(충돌)에 의해 ACK 패킷이 손상되면 ACK 시간 초과가 일어날 수 있다.

와이어샤크 실습 98. 무선랜 재시도 필터링과 신호 강도 검토

1단계: tr-wlanissues.pcapng를 연다.

이 트래픽은 AirPcap 어댑터로 캡처됐다. 802.11 헤더뿐만 아니라 Radiotap 헤더까지 볼 수 있다.

2단계: 패킷 1의 IEEE 802.11 QoS Data, Flags: ....R..T 줄을 오른쪽 클릭하고 Expand Subtrees를 선택한다.

3단계: 재시도 비트는 Frame Control 영역의 Flags 섹션 아래에 위치한다. Retry bit 필드를 오른쪽 클릭하고 Apply as Filter ➤ Selected를 선택한다. 와이어샤크는 wlan.fc.retry == 1에 대한 디스플레이 필터를 생성하고 적용한다.

이 추적 파일에서 1,664개의 패킷(트래픽의 64.1%)이 MAC 계층 재전송이다. 송신 측에서 ACK 시간 초과가 일어났기 때문에 패킷이 재전송돼야 한다.

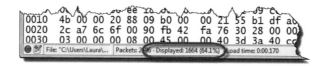

4단계: 패킷 8, 9, 10이 모두 동일한 파일 sor.css에 대한 GET 요청인 것에 주목한다. 와이어샤크는 이 패킷들을 TCP 재전송을 표시하고, 각 패킷의 재시도 비트는 1로 설정돼 있다.

이 패킷들의 SSI_{Signal Strength Indication}(신호 강도 알림) Signal(dBm) 값을 검토해보자. 이 정보는 무선랜 어댑터 드라이버가 보낸 것이다. SSI Signal(dBm) 세기가 강하면 0에 더 가깝다. 예를 들어 -20 dBm은 -70 dBm보다 강한 신호다.

패킷 8의 Radiotap Header 줄을 오른쪽 클릭하고 Expand Subtrees를 선택한다. 그다음 SSI Signal (dBm) 줄을 오른쪽 클릭하고 Apply as Column을 선택한다.

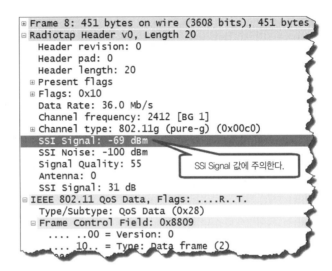

이번엔 잘못된 형식 프레임을 찾아보자. 잘못된 형식의 프레임은 전문가 정보 오류 영역에 나타나며, 와이어샤크 해석기 오류, 약한 신호, 또는 충돌을 뜻할 수도 있다.

이 추적 파일은 고전적인 무선랜 문제인 패킷 손실을 보여준다. 캡처 시점에서 클라이언트 패킷의 일부가 손상됐고 많은 패킷이 재전송인 것을 볼 수 있다.

액세스 포인트에 가깝게 캡처하고 있었다면 클라이언트 쪽으로 이동하여 거리가 문제인지, 언제 손상되는지 알아본다. 손상이 생기지 않고 신호 강도가 적절한 위치를 찾는다.

무선랜 분석과 문제 해결을 진지하게 해보려면 Wi-Spy 어댑터와 MetaGeek (www.metageek.net)의 Chanalyzer 소프트웨어를 구입하는 것도 고려해본다.

와이어샤크로 트래픽을 캡처하고 패킷이 어떤지 볼 수 있지만, 라디오 주파수_{RF, Radio Frequency} 신호의 문제를 진단하기 위해서는 Wi-Spy 어댑터와 Chanalyzer 소프트웨어를 사용한다.

추적 파일 정리 팁

보안 규칙: 기밀 정보를 포함할 수 있는 추적 파일은 절대 공유하지 마라.

이렇게 분명히 말했지만, 규칙을 어기고 협력업체에게 추적 파일을 보내거나 ask.wireshark.org의 다른 와이어샤크 사용자들과 공유해야만 하는 경우가 생길 수도 있다. 추적 파일을 정리하는 방법에는 여러 가지가 있지만, 대부분의 '전용 정리기'는 .pcapng 포맷을 인식 못하거나 VLAN 태그를 다루지 못하고 IPv6 트래픽을 처리하지 못한다.

> 와이어샤크는 버전 10.5에서 이름 확인 정보를 추적 파일에 유출하는 보안 결함을 가지고 있다. 추적 파일 tr-problemstream.pcapng은 이와 같은 정보 유출의 한 예다. 이 추적 파일은 훨씬 큰 추적 파일의 부분 집합으로 저장된 것이다. Statistics ▸ Show address resolution을 선택하면, 이 추적 파일과 관련 없는 호스트 이름의 목록을 볼 수 있다. 이 문제는 와이어샤크 버그 8349(bugs.wireshark.org/bugzilla/show_bug.cgi?id=8349)에 상세히 정의돼 있다.

Hex 편집기로 추적 파일 편집

16진수 편집기(www.hhdsoftware.com의 Hex Editor Neo 등)를 사용해서 특정 값(회사명 또는 프로젝트명 등)을 검색 및 바꾸기 할 수 있다. 이 방법은 변경된 패킷의 헤더 체크섬을 다시 계산하지 않는다. 이더넷 및 IP, UDP, TCP 체크섬 검증을 활성화하면 체크섬 오류가 발생할 수 있다.

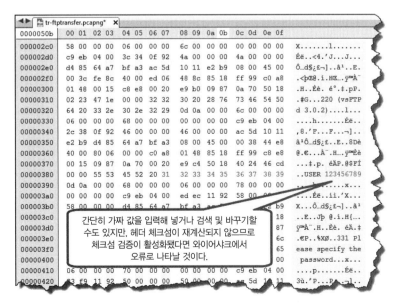

간단히 가짜 값을 입력해 넣거나 검색 및 바꾸기할 수도 있지만, 헤더 체크섬이 재계산되지 않으므로 체크섬 검증이 활성화됐다면 와이어샤크에서 오류로 나타날 것이다.

TraceWrangler 사용

와이어샤크 핵심 개발자인 재스퍼 본거츠는 윈도우 기반 추적 파일 정리 도구인 TraceWrangler(www.tracewrangler.com)를 제작했다. TraceWrangler는 특별히 .pcapng 파일을 정리하기 위해 만들어졌다. 재스퍼 본거츠가 샤크페스트 2013에서 'Trace File Sanitization NG'라는 제목으로 발표한 동영상을 www.lovemytool.com에서 볼 수 있다. TraceWrangler는 모든 분석가의 도구 키트에서 환영받을 것이다.

아래 그림은 133.24로 시작하는 모든 IPv4 주소를 10.24로 바꾸기 위한 TraceWrangler의 구성이다. 주소의 호스트 부분은 유지된다.

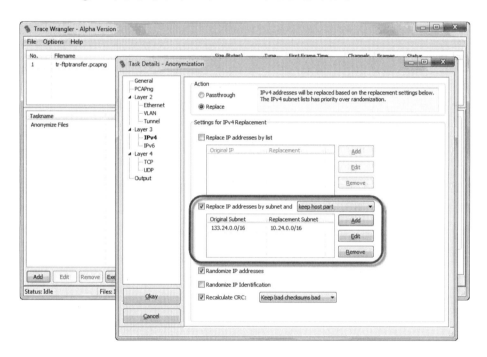

더 빨리 문제 찾는 팁

잘못된 부분을 찾으려면 무엇이 '정상'인지부터 알아야 한다. 기준선 추적 파일은 모든 것이 순조롭게 동작할 때의 트래픽을 담고 있다.

기준선을 이용해 정상적인 동작을 정의할 수 있다. 예를 들어, 로그인 과정의 기준선 추적 파일은 로그인 프로세스가 잘 동작할 때 만들어져야 한다. 나중에 누군가 로그인 과정에 대해 불평한다면 현재의 로그인 성능을 기준선 추적 파일과 비교해볼 수 있다. 패킷 개수가 많이 차이 나는가? 새 추적 파일에 오류가 있는가? 새 추적 파일에 큰 지연이 있는가? 두 추적 파일을 간단히 비교해보면 어디가 문제인지 쉽게 찾을 수 있다.

다음은 기준선으로 잡을 만한 몇몇 네트워크 트래픽 목록이다.

- 컴퓨터 부팅 시퀀스
- 컴퓨터 종료 시퀀스
- 로그인 시퀀스
- 로그아웃 시퀀스
- 애플리케이션 시작 시퀀스
- 애플리케이션 일반 작업
- 애플리케이션 종료 시퀀스
- 대상까지의 경로 추적traceroute

이 추적 파일들을 손실되지 않도록 특별한 곳에 보관한다. 또한 네트워크 구성요소와 소프트웨어, 설계 등을 변경하면 새 기준선 추적 파일을 만드는 것이 좋다.

TCP/IP의 원리를 알게 되는 팁

성능 문제를 쉽게 찾기 위해서는 네트워크, 전송, 애플리케이션 계층 요소를 포함한 TCP/IP 전반을 잘 알아야만 한다.

트래픽을 분석하라

TCP/IP와 애플리케이션이 어떻게 동작하고 있는지 알기 위한 가장 좋은 방법은 트래픽을 캡처해서 분석하는 것이다. 이 작업은 집에서나 회사에서 (물론 적절한 인가를 받았을 경우) 할 수 있다.

일단 캡처 필터 없이 트래픽 캡처를 시작한다. 애플리케이션(예를 들면 웹 브라우저)으로 돌아가 웹 사이트를 방문한다. 사이트의 주요 페이지의 로딩이 끝나면 와이어샤크로 돌아가 캡처를 멈춘다. 캡처한 트래픽을 분석한다.

예를 들어, tr-ietfwithbackground.pcapng 파일은 실험실 컴퓨터에서 캡처를 시작하고, 인터넷 익스플로러를 연 다음 www.ietf.org를 웹 검색한 것이다.

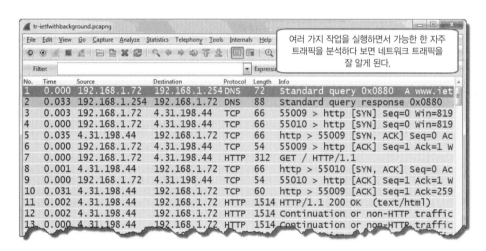

파일 tr-ietfwithbackground.pcapng를 검토해보면 다음과 같은 특성을 알게 된다.

- 클라이언트의 IP 주소는 192.158.1.72이다. 클라이언트의 MAC 주소는 d4:85:64:a7:bf:a3이다. MAC 주소의 조직 고유 식별자OUI, Organizationally Unique Identifier를 해석한 'Hewlett-'로부터 클라이언트가 HP 컴퓨터를 사용하는 것을 알 수 있다. [패킷 1]

- DNS 서버는 192.168.1.254에 위치해 있다. [패킷 1과 패킷 2]

- DNS 서버가 약 33ms만에 응답했다. [패킷 1과 패킷 2]

- HTTP 서버(www.ietf.org)가 4.31.198.44에 위치해 있다. [패킷 2]

- 클라이언트가 SACK와 윈도우 스케일링을 지원하며, 스케일링 비율은 4(시프트 횟수 2)이고 MSS는 1,460바이트다. [패킷 3]

- IETF 서버는 SACK와 윈도우 스케일링을 지원하며, 스케일링 비율은 128(시프트 횟수 7)이고 역시 MSS는 1,460바이트다. [패킷 5]

- TCP 핸드셰이크 SYN-SYN/ACK에서 왕복 시간이 약 35ms인 것을 알 수 있다. [패킷 3과 패킷 5]

- 클라이언트는 윈도우 64비트 컴퓨터에서 인터넷 익스플로러 v10.0을 실행하고 있다. [패킷 7]

- IANA 웹 서버는 아파치/2.2.22(Linux/SUSE)를 실행하는 듯하다. [패킷 11]

- 클라이언트 브라우저는 마이크로소프트 피싱 필터(URL Reputation Service)를 사용한다. [패킷 50과 207.46.15.253와의 TCP 통신]

- 클라이언트는 드롭박스를 실행 중이다. [패킷 151과 패킷 152]

- MAC 주소 40:61:86:3c:a9:84이고 무설정 네트워킹(ZeroConf)을 지원하는 이중 스택 컴퓨터가 존재한다. [패킷 161에서 패킷 166까지]

가능한 한 자주, 습관처럼 트래픽을 캡처하고 분석해보자. 애플리케이션을 속속들이 알게 됨에 따라 추적 파일에서 관련 있는 트래픽을 찾는 것이 쉬워질 것이다.

막혔을 때의 팁

도저히 이해할 수 없는 트래픽을 만나게 될 때가 있다. 이럴 때 사용할 수 있는 리소스들을 알아보자.

- 프로토콜(TCP 등)에 대한 궁금증은 인터넷의 수많은 교육 자료와 RFC를 참고한다(www.ietf.org).

- www.wiresharkbook.com/resources.html에도 많은 리소스가 목록으로 정리돼 있다.

와이어샤크의 기능과 패킷 해석에 대해 도움이 필요하면 ask.wireshark.org에 도움을 청해보자.

질문을 올리기 전에, 해당 주제에 대한 질문이 있었는지 찾아보려면 키워드를 검색 창에 입력하고 Search 버튼을 클릭한다. 제럴드 콤즈 자신을 비롯한 여러 와이어샤크 개발자들을 ask.wireshark.org에서 발견할 수 있다.

부록 A

와이어샤크 문제 해결
프로파일 작성

와이어샤크는 비교적 포괄적인 패킷 분석 도구다. 몇 가지 기본 컬러링 규칙과 전문가 알림을 제외하면, 와이어샤크가 심도 깊은 문제 해결을 위해 특별히 최적화돼 있다고 보긴 어렵다. 하지만 와이어샤크는 찰흙 덩어리와 같아서 약간만 노력하면 이상적인 문제 해결 도구로 탈바꿈될 수 있다.

그것이 바로 이 장에서 하게 될 작업이다.

먼저, 미리 만들어진 문제 해결 프로파일을 웹사이트 www.wiresharkbook.com에서 가져올 수 있다. 여러분의 네트워크 환경과 트래픽 조건을 반영해 가져온 프로파일을 추가 수정하자. 예를 들어, HTTP 리디렉션이 일어나는지 알기 위해서는 'HTTP Redirect' 필터 표현식 버튼(http.response.code > 299 && http.response.code < 400)을 추가한다.

부록 A에서는 문제 해결 프로파일을 작성하는 단계별 지시사항을 소개한다. 와이어샤크의 달인이 아니더라도 15분만 투자하면 따라 해볼 수 있다.

와이어샤크를 새로 설치하면 "Default" 프로파일에서 작업하게 된다. 새 프로파일을 추가할 때까지 기본 프로파일 상태로 있게 되는데, 이 상태가 문제 해결에 가장 이상적이라고 할 수는 없다.

저자의 문제 해결 프로파일 가져오기

프로파일 생성에는 15분이면 충분하지만, 당장 15분 시간 내기가 어려울 수도 있다. 사람들이 끊임없이 소리지르고 여러분은 점심시간에 차에 숨어 겨우 이 책을 읽을지도 모른다.[1] 바로 그런 경우를 위해, 이번 실습은 www.wiresharkbook.com의 문제 해결 프로파일을 가져오는 절차를 차근차근 보여준다.

와이어샤크 실습 99. 문제 해결 프로파일 가져오기

1단계: 웹 페이지 www.wiresharkbook.com/troubleshooting.html에서 문제 해결 프로파일(Troubleshooting_Book_Profile.zip)을 다운로드한다.

2단계: 와이어샤크에서 Help ❯ About Wireshark ❯ Folders를 선택하고, Personal Configuration folder로의 링크를 더블클릭한다.

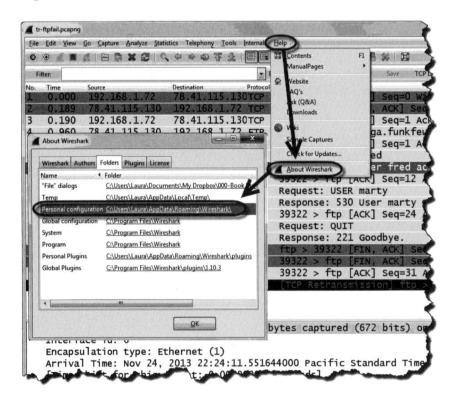

---

1 나도 공감할 수 있다. 첫 번째 직장에서, 점심 시간에 차에 숨어 새 NBI 마스터-슬레이브 시스템의 매뉴얼을 읽곤 했다. 전에는 마스터 쪽에서만 일해봤기 때문에 슬레이브 쪽은 어떻게 켜는 지조차 알지 못했기 때문이다. 빨리 알아내지 못했다면 아마 사표를 내야 했을 것이다.

3단계: profiles 디렉토리가 있다면[2] Troubleshooting_Book_Profile.zip 파일을 그 디렉토리에 복사하고 압축 해제한다.

profiles 디렉토리가 없다면 생성한다. 역시 Troubleshooting_Book_Profile.zip 파일을 복사하고 압축 해제한다.

여러분의 profiles 디렉토리도 아래 그림과 같은 형태일 것이다.

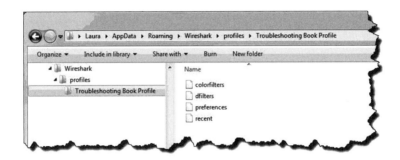

　　잠시 시간낼 수 있다면 다음에 나오는 마지막 실습을 따라서 여러분만의 문제 해결 프로파일을 처음부터 만들어보자. 그 자체로도 좋은 연습이기도 하고, 또한 여러분이 사용할 다른 설정들을 발견할 수도 있다.

2　이 책의 실습들을 따라오고 있다면, profiles 디렉토리가 분명히 존재할 것이다.

DIY: 자기만의 새 문제 해결 프로파일 만들기

여러분의 새 문제 해결 프로파일은 빠르게 문제 해결할 수 있도록 모든 칼럼 설정, 프로토콜 환경 설정, 컬러링 규칙, 시간 값을 포함할 것이다. 해당 설정은 이 책의 실습 전반에 걸쳐 사용됐던 것들이다.

와이어샤크 실습 100. 문제 해결 프로파일 작성

프로파일 생성

1단계: 상태 바의 Profile 칼럼을 오른쪽 클릭하고 New를 클릭한다.

2단계: 구성 프로파일 창에서 Create From 섹션을 펼치고 Global ➤ Classic을 선택한다. 새 프로파일의 이름을 My Troubleshooting Profile로 지정한다. OK를 클릭해 Profile Window를 닫는다.

이제 와이어샤크 상태 바에 My Troubleshooting Profile에서 작업하는 것이 표시된다.

환경 설정

3단계: 체크섬 오류는 대개 작업 오프로드 때문이므로, 먼저 이더넷과 IP, UDP, TCP 체크섬 검증을 비활성화한다.[3] 메인 툴바의 Preferences 버튼을 클릭한다. Protocols 섹션을 펼치고 각 프로토콜을 선택한 뒤, 아래 설정을 변경한다.

　　Ethernet: Validate the Ethernet checksum if possible 비활성화

　　IPv4: Validate the IPv4 checksum if possible 비활성화

3　UDP와 TCP 체크섬 검증 설정은 기본적으로 비활성화돼 있으나, 와이어샤크를 업데이트하면서 이전 설정을 유지했다면 아직 활성화돼 있을 수도 있다.

UDP: Validate the UDP checksum if possible 비활성화

TCP: Validate the TCP checksum if possible 비활성화

4단계: 아직 Preferences 창을 닫지 않는다. TCP 설정 두 가지를 더 수정해야 한다.

TCP: Allow subdissector to reassemble TCP streams 비활성화

TCP: Calculate conversation timestamps 활성화

OK를 클릭해 Preferences 창을 닫는다.

시간 설정 사용자 지정 및 TCP 시간 차 칼럼 추가

5단계: 이제 시간에 관련된 설정을 지정하자. 먼저, 시간 칼럼 설정을 변경한다.
View ▶ Time Display Format을 선택하고 시간 칼럼을 Seconds Since Previous Displayed Packet으로 설정한다.

(옵션) View ▶ Time Display Format으로 돌아가 정밀도를 Milliseconds: 0.123으로 설정한다.

6단계: tr-chappellu.pcapng를 열고 Packet 16을 선택한다.

패킷 상세 창에서 TCP header 섹션을 오른쪽 클릭하고 Expand Subtrees를 선택한다. Time since previous frame in this TCP stream: 0.000831000 seconds 줄을 오른쪽 클릭하고 Apply as Column을 선택한다.

새 칼럼의 제목을 오른쪽 클릭하고 Edit Column Details를 선택한다. Title 영역에 TCP Delta라고 입력하고 OK를 클릭한다.

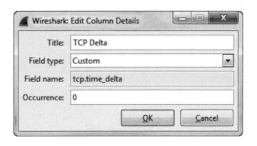

기타 칼럼 추가

7단계: 아래 패킷 목록에서 다음의 필드를 오른쪽 클릭하고 Apply as Column을 선택한다. 새 칼럼 이름을 오른쪽 클릭하고 Edit Column Details를 선택한 후 칼럼 이름을 아래와 같이 변경한다.

패킷 14: TCP Header - Stream Index 필드

이름: Stream#

패킷 14: TCP Header - Sequence Number 필드

이름: SEQ#

패킷 14: TCP Header - Next Sequence Number 필드

이름: NXTSEQ#

패킷 14: TCP Header - Acknowledgment Number 필드

이름: ACK#

패킷 14: TCP Header - Calculated window size 필드

이름: WinSize

패킷 14: TCP Header - Bytes in Flight ([SEQ/ACK Analysis]의 내부) 필드

이름: Bytes in Flight

패킷 16: HTTP Header - HTTP Host 필드

이름: HTTP Host

패킷 23: HTTP Header - Time Since Request 필드

이름: HTTP Delta

패킷 25: DNS Header - Time 필드

이름: DNS Delta

8단계: tr-smb-slow.pcapng를 연다. SMB 시간 칼럼을 두 번 생성한 뒤, 두 번째 칼럼을 SMB2 Time으로 수정한다.

패킷 5: SMB Header - Time Since Request

이름: SMB Time

패킷 5: SMB Header - Time Since Request

이름: SMB2 Time

필드 이름: smb2.time

재정렬 및 칼럼 감추기

9단계: 다음 칼럼 제목을 오른쪽 클릭하고 정렬 방식을 왼쪽으로 설정한다.

No.

Length

Stream#

SEQ#

NXTSEQ#

ACK#

WinSize

Bytes in Flight

Host

HTTP Delta

DNS Delta

SMB Time

SMB2 Time

10단계: 다음 칼럼을 오른쪽 클릭하고 Hide를 선택한다. 다시 보고 싶으면 아무 칼럼 제목에서나 오른쪽 클릭한 다음, Displayed Columns 목록에서 해당 칼럼을 선택한다.

TCP Delta (이 실습의 6단계에서 생성)

Stream#

SEQ#

NXTSEQ#

ACK#

WinSize

Bytes in Flight

Host

HTTP Delta

DNS Delta

SMB Time

SMB2 Time

새 필터 표현식 버튼 추가

11단계: 다음 디스플레이 필터 값을 입력하고 **Save**를 클릭한 뒤, 각 필터 표현식 버튼의 이름을 아래에 보이는 것처럼 지정한다.[4]

이름: TCP Delay

필터: `tcp.time_delta > 1 && tcp.flags.fin==0 && tcp.flags.reset==0 && !http.request.method=="GET"`

이름: HTTP Delay

필터: `http.time > 1`

이름: SMB/SMB2 Delay

필터: `smb.time > 1 || smb2.time > 1`

이름: DNS Delay

필터: `dns.time > 1`

이름: Bad TCP

필터: `tcp.analysis.flags && !tcp.analysis.window_update`

이름: DNS Errors

필터: `dns.flags.rcode > 0`

이름: HTTP Errors

필터: `http.response.code >= 400`

이름: SMB/SMB2 Errors

필터: `smb.nt_status > 0 || smb2.nt_status > 0`

이름: SIP Errors

필터: `sip.Status-Code >= 400`

이름: FTP Errors

필터: `ftp.response.code > 399`

---

4 이 모든 버튼 정보를 개별적으로 입력하고 싶지 않다면, www.wiresharkbook.com/troubleshooting.html의 Troubleshooting_Book_Profile.zip 파일에 포함된 preferences 파일에서 Filter Expressions 섹션을 추출할 수도 있다.

이름: WLAN Retries

필터: `wlan.fc.retry==1`

드디어 끝났다!

여러분의 프로파일을 다른 와이어샤크 사용자와 공유하고 싶으면, **Help ❯ About Wireshark ❯ Folders**를 선택하고 여러분의 개인 구성 디렉토리를 연 다음, profiles 디렉토리로 간다.

My Troubleshooting Profile 디렉토리를 파일 하나로 압축하고 다른 와이어샤크 사용자에게 보낸다. 수신자에게 그들의 **profiles** 디렉토리 안에서 압축 해제하도록 설명한다.

짠! 이제 그들도 상태 바의 **profiles** 칼럼을 클릭하면 새 프로파일이 있는 것을 볼 수 있다.

부록 B

추적 파일 해설

이 책의 웹 사이트(www.wiresharkbook.com)에 가면 이 책에서 사용된 추적 파일을 전부 다운로드할 수 있다. 사용하기 전에 아래와 웹 사이트에 명시된 저작권 부분에 유의하기 바란다.

프로토콜 분석 연구소 및 그 자회사, 관계회사, 임원, 대리인, 직원, 파트너, 인허가권자를 추적 파일의 사용, TOS 위반, 기타 다른 권리에 기인한 제 3자의 적정한 변호사 비용을 포함한 요구 또는 청구로부터 보호하는 것에 동의해야 한다.

상업적인 목적의 재사용 금지

상업적인 목적으로 www.wiresharkbook.com의 어떤 추적 파일도 재생산, 복제, 복사, 판매, 교환, 재판매, 이용할 수 없다.

tr-australia.pcapng

이 추적 파일은 웹 브라우징 세션을 담고 있고 클라이언트 쪽에서 캡처됐다. 특히 호스트 간의 RTT 값에 주의를 기울이자.

tr-badcapture.pcapng

이 추적 파일은 잘못된 캡처 장비를 사용해 얻어졌다. 캡처가 적절히 이뤄지지 않았음을 나타내는 징후, 특히 미도착 세그먼트 확인 응답ACKed Unseen Segment 알림을 찾아보자.

tr-bootp.pcapng

이 추적 파일에 담긴 트래픽은 DHCP 서버가 느리게 응답하는 것을 보여준다. 이 추적 파일의 분석에 시간 칼럼을 지연 길이 확인을 위해 사용할 수 있다.

tr-chappellu.pcapng

이 추적 파일은 chappellU.com으로의 웹 브라우징 세션을 담고 있다. 이 추적 파일은 몇몇 HTTP 오류 응답과 TCP 지연을 포함한다. 클라이언트가 184.73.250.227에 접속 시도할 때 어떤 일이 생기는가?

tr-checksums.pcapng

이 추적 파일은 작업 오프로딩을 지원하는 호스트에서 캡처됐다. 와이어샤크의 IP 체크섬 검증 기능이 활성화됐다면, 작업 오프로드를 지원하는 호스트로부터의 모든 트래픽이 체크섬 오류 컬러링 규칙에 의해 컬러로 나타날 것이다.

tr-cnn.pcapng

이 파일은 www.cnn.com으로의 기본적인 웹 브라우징 세션이다. 이 추적 파일에 필터 표현식 버튼을 시험해보자. TCP 지연, Bad TCP 패킷, HTTP 오류를 발견할 것이다. 주요 페이지를 로드하기 위해 클라이언트가 반드시 연결해야 하는 호스트 모두를 해석하기 위해 얼마나 많은 DNS 질의가 전송됐는지 살펴보자.

tr-delays.pcapng

이 추적 파일에는 여러 가지 원인으로 인한 지연이 들어있다. 지연을 찾기 위해 `tcp.time_delta` 또는 `frame.time_delta` 칼럼을 만들어 정렬한다. 어떤 지연은 '정상'으로 간주되며, 문제 해결의 대상이 아니라는 점을 기억하자.

tr-dnserrors.pcapng

이름 그대로 이 추적 파일은 DNS 오류를 포함한다. 이 추적 파일에서 어느 웹 주소가 해석될 수 없었는가? 맞춤식 칼럼을 통해 그 정보를 쉽게 알 수 있는 방법을 생각해낼 수 있겠는가?

tr-dns-slow.pcapng

DNS 서버의 지연이 이 추적 파일에 ICMP 패킷이 존재하는 이유다. DNS 서버가 두 번째 응답을 보낼 때까지, 클라이언트는 감시하던 포트를 닫아 버린다.

tr-ftpfail.pcapng

이 짧은 추적 파일은 어느 FTP 서버의 실패한 로그인 시도를 보여준다. 이 추적 파일에 여러분의 FTP 오류 버튼을 시험할 수 있다.

tr-ftphttp.pcapng

이 추적 파일은 192.168.1.72로부터의 FTP 및 HTTP 세션을 담고 있다. 이 파일에서 1초 이상의 지연 또는 FTP 오류, HTTP 오류를 찾았는가?

tr-general.pcapng

이 추적 파일은 일반적인 트래픽을 담고 있다. 이 파일은 ARP, DNS, DHCP 등의 배제 필터를 연습하는 데 사용할 수 있다.

tr-general101d.pcapng

이 추적 파일은 느린 파일 전송을 보여준다. 와이어샤크 전문가(와 골든 그래프)에 대한 지식을 활용해 무엇이 성능에 영향을 미치는지 알아낸다.

tr-goldengraph.pcapng

골든 그래프를 그려보기에 이상적인 추적 파일이다. 그래프 선들이 너무 멀리 떨어져 있다면 Y축에 logarithmic 스케일을 사용한다.

tr-httpdelta.pcapng

이 추적 파일은 윈도우 업데이트와 바이러스 탐지 파일 업데이트를 확인하는 사용자 컴퓨터의 트래픽을 담고 있다. 클라이언트가 누구와 통신하고 있는지 보기 위해 `http.host` 칼럼을 추가한다. 또한, 긴 지연이 몇몇 발견되는데 대부분 정상이지만 그렇지 않은 것도 있다.

tr-http-pcaprnet101.pcapng

이 추적 파일 역시 상당한 지연을 가지고 있다. 여러분의 문제 해결 기술을 발휘하여 느리게 만드는 주범이 클라이언트 또는 인프라, 서버인지 확인한다.

tr-ietfwithbackground.pcapng

여러 백그라운드 프로세스가 실행되는 중에 누군가 www.ietf.org를 방문한다. 추적 파일이 비교적 문제 없는 것처럼 보이지만, TCP 핸드셰이크 문제의 조짐이 있다.

tr-keepalives.pcapng

이 keep alive들은 제로 윈도우 조건과 관계 없다. 이 패킷들을 찾을 때 특히 시간 칼럼에 주의를 기울이자. 연결 상태가 '유지'될 것인가?

tr-localresolution.pcapng

확인 프로세스가 바르게 종료되지 않으면 아무도 만족 못한다. 이 추적 파일에서 한 로컬 호스트가 다른 로컬 호스트와 통신할 수 없음을 볼 수 있다. 그 이유가 무엇일까?

tr-malaysianairlines.pcapng

말레이시아 항공의 비행기를 조회할 때 사용자는 수많은 지연을 경험한다. DNS 응답 시간을 먼저 확인한 다음, HTTP 오류가 있다면 식별한다.

tr-nameresolution.pcapng

이름 그대로 이 추적 파일은 이름 해석 문제를 담고 있다. DNS 오류 버튼을 이 파일에 시험해보자. 또한 DNS 오류에 대해 '아주 못난' 컬러링 규칙을 만들었다면, 해당하는 오렌지색 패킷을 찾아본다.

tr-noserver.pcapng

이 추적 파일에서 클라이언트는 대상으로부터 TCP 리셋조차 받지 못하고 있다. 시간 칼럼에 주의하자. 하나의 TCP 대화를 따라가며 SYN가 실패했을 때 3초 지연 후 시작하는 지수 백오프 프로세스를 확인한다.

tr-notqueuing.pcapng

이 추적 파일을 tr-queuing.pcapng와 비교해보자. 이번에는 IO 그래프를 크게 확대했을 때 패킷 손실을 관찰할 수 있다.

tr-problemstream.pcapng

이 추적 파일은 패킷 손실이 발생하는 어느 TCP 대화를 담고 있다. 이 문제는 골든 그래프(Bad TCP 컬러링 규칙이 적용된 IO 그래프)를 그릴 때 Y축 스케일을 logarithmic으로 변경하기 전까지 거의 관찰하기 어렵다. 이 추적 파일은 또한 와이어샤크 버그 8349에서 다뤄진 정보 유출을 보여준다.

tr-queuing.pcapng

이 추적 파일을 tr-notqueuing.pcapng과 비교해보자. 이번에는 IO 그래프를 크게 확대했을 때 EKG 패턴을 관찰할 수 있다.

tr-reusedports.pcapng

재사용된 포트는 대개 문제가 아니다. 하지만 이 추적 파일에서는 재사용된 포트가 문제가 되고 있다. 포트 재사용 상황에서 무슨 일이 생기는지 이 추적 파일에서 관찰해보자.

tr-serverresponse.pcapng

이 추적 파일에서는 서비스 요청에 응답하지 않는 서버 문제를 볼 수 있다. TCP 핸드셰이크 다음에 무슨 일이 발생했을까?

tr-smbjoindomain.pcapng

이 추적 파일로 SMB/SMB2 오류 필터 표현식 버튼을 테스트해보자. 두 개의 오류 패킷을 이 추적 파일에서 보게 된다.

tr-smb-slow.pcapng

고급 IO 그래프로 `smb.time` 그래프를 그려보기 위해 이 추적 파일을 사용한다. 전문가 정보 창을 살펴보고 필터 표현식 버튼을 실행해보는 것은 어떨까?

tr-tcpdeltatime.pcapng

이 추적 파일은 고급 IO 그래프를 그릴 때 살펴본 바 있다. `tcp.time_delta`의 MAX (*) Calc 값을 그래프로 그리고 이 추적 파일의 최대 지연을 찾는다.

tr-throughput.pcapng

이 파일 전송 프로세스는 시간이 매우 오래 걸린다. 시간 문제, 해석 문제, 애플리케이션 오류, 아니면 다른 문제일까?

tr-twohosts.pcapng

이 추적 파일은 OOo_3.3.0_Linux_x86_langpack-rpm_en-US.tar.gz라는 파일을 FTP로 다운로드하는 두 호스트 사이의 트래픽을 담고 있다. 포트 기반 필터를 사용해 192.168.1.119가 설정한 FTP 데이터 전송 연결을 관찰한다. 또한 이 추적 파일과 Expressions 버튼을 사용해 디스플레이 필터 만드는 법을 차근차근 배워본다.

tr-voip-extensions.pcapng

이 추적 파일은 VoIP 호설정과 성공적으로 끝나지 못한 통화를 포함하고 있다. 실패의 원인을 찾기 위해 SIP 오류 버튼을 시험해보자.

tr-winsize.pcapng

이 추적 파일은 하나의 TCP 대화를 담고 있다. 어느 HTTP 클라이언트가 큰 파일을 웹 서버에서 다운로드하고 있다. 이 추적 파일은 지연을 검토하고 연관된 다른 증상을 찾는 것의 중요성을 보여준다.

tr-winzero-print.pcapng

프린터는 참 묘하다. 인쇄하기까지의 트래픽도 그렇다. 사용자가 양면 인쇄를 요청했을 때 프린터의 동작을 살펴보자.

tr-wlanissues.pcapng

이 추적 파일은 문제 생긴 무선랜의 트래픽을 담고 있다. 무선랜 재시도 필터 표현식 버튼을 여기에 시험해보자. 또한, Radiotap 헤더의 내부를 들여다 보고 포함된 모든 메타데이터를 살펴본다.

tr-youtubebad.pcapng

http.time 필드를 사용해 이 추적 파일의 HTTP 응답 시간을 측정한다. 어디가 잘못된 것 같은가?

부록 C

네트워크 분석 용어 사전

주의: 이 용어 사전에서는 네트워크 분석 및 와이어샤크 기능에 관련된 용어를 정의한다.

ACK 응답 확인_{Acknowledgement}의 약어. 이 용어는 TCP 연결에서 어느 패킷을 수신한 것을 알리기 위해 보내는 패킷들을 지칭한다. 예를 들면, 초기 순서번호를 가지고 있는 핸드셰이크 패킷 SYN은 SYN/ACK로 응답 확인받는다. 데이터 패킷도 역시 응답 확인받는다.

Address Resolution Protocol(주소 확인 프로토콜) ARP를 참고한다.

AirPcap 이 특화된 무선 어댑터는 CACE 테크놀로지스(현재 Riverbed 소유)에서 무선 네트워크 트래픽을 캡처하기 위해 최초로 제작했다. 윈도우 호스트에서 동작하도록 설계된 이 어댑터는 무차별 모드_{promiscuous mode}(로컬 하드웨어 주소뿐 아니라 모든 대상 하드웨어 주소로 보내진 트래픽을 캡처)와 모니터 모드_{monitor mode}(어느 무선 네트워크에도 참여하지 않고 모든 무선 네트워크의 트래픽을 캡처)에서 트래픽을 캡처할 수 있다. 더 자세한 정보를 원하면 www.riverbed.com을 방문한다.

Annotation(주석, Comment) 주석은 전체 추적 파일 또는 개별 패킷에 추가될 수 있다. 추적 파일의 주석은 상태 바에서 Annotation 버튼을 클릭하거나 Statistics ▶ Summary를 선택하여 볼 수 있다. 패킷 주석은 패킷 상세 창의 Frame 섹션 윗부분에서 또는 Expert Infos 창을 열고 Packet Comments 탭을 선택하여 볼 수 있다. 디스플레이 필터 `pkt_comment`는 주석이 있는 모든 패킷을 보여준다. 패킷 목록 창에서 모든 주석을 읽으려면 이 필터를 칼럼으로 추가한다.

Apply as Filter(필터 적용) 필드 또는 대화, 종점, 프로토콜 및 애플리케이션을 오른쪽 클릭한 후, 이 옵션을 사용해 디스플레이 필터로 즉시 적용할 수 있다.

ARP_{Address Resolution Protocol}**(주소 확인 프로토콜)** ARP 패킷은 누군가 네트워크에서 특정 IP 주소를 사용 중인지 확인하기 위해(gratuitous ARP) 또는 로컬 호스트의 하드웨어 주소를 찾기 위해(ARP 요청 및 응답) 전송된다. ARP의 캡처 및 디스플레이 필터는 간단히 `arp`이다.

asymmetric routing(비대칭 라우팅) 비대칭 라우팅은 한쪽 방향으로 흐르는 트래픽이 반대쪽 방향으로 흐르는 트래픽과 다른 경로를 취할 때 일어난다. 네트워크 성능에는 대개 문제를 만들지 않지만, 한쪽 비대칭 경로에서 트래픽을 캡처하면 와이어샤크의 전문가 시스템에서 '캡처되지 않은 이전 세그먼트'와 '미도착 세그먼트 확인 응답' 알림을 받게 된다.

background traffic(백그라운드 트래픽) 이 트래픽 종류는 사용자 개입 없이 발생한다. 일반적인 백그라운드 트래픽에는 바이러스 탐지 도구 업데이트, OS 업데이트, 다른 장비로부터의 브로드캐스트, 멀티캐스트 등이 포함된다. 컴퓨터에서 트래픽 캡처를 시작하면 내버려 둔다. 캡처가 한동안 실행된 후, 해당 컴퓨터의 백그라운드 트래픽에 대한 기준선을 얻을 수 있다.

Berkeley Packet FilteringBPF**(버클리 패킷 필터링) 문법** 와이어샤크 캡처 필터가 사용하는 문법이다. 이 필터링 포맷은 원래 커맨드라인 캡처 도구인 tcpdump를 위해 정의된 것이다. 와이어샤크의 필터 문법에 대해 더 많은 정보를 얻으려면 wiki.wireshark.org/CaptureFilters를 참고한다.

BOOTPBootstrap Protocol**(부트스트랩 프로토콜)** 이 프로토콜은 정적 주소 할당 기능을 제공하며, DHCPDynamic Host Configuration Protocol의 전신이다. IPv4 DHCP 패킷은 BOOTP 헤더를 포함하며, DHCPv4용 `bootp`와 DHCPv6용 `dhcpv6` 디스플레이 필터로 필터링 가능하다. DHCP를 참고한다.

Bootstrap Protocol BOOTP를 참고한다.

broadcast(브로드캐스트) 브로드캐스트는 네트워크상에서 '누구나'를 의미하는 주소 유형이다. 이더넷 MAC 계층 브로드캐스트 주소는 0xFF:FF:FF:FF:FF:FF다. IPv4 브로드캐스트 주소는 255.255.255.255며, 네트워크 10.2.0.0의 서브넷 브로드캐스트 주소는 10.2.255.255다. 255.255.255.255 주소로의 브로드캐스트는 라우터에 의해 전달되지 않지만 모든 스위치 포트로는 전달된다. 라우터가 전달하도록 구성됐다면, 서브넷 브로드캐스트는 라우터에 의해 전달될 수 있다.

Bytes in Flight(진행 바이트 수) 이 추적 기능은 TCP 피어 사이 양방향에서 응답 확인받지 못한 바이트 수를 알려주며 TCP 환경 설정(Track Number of Bytes in Flight)에서 활성화된다. 수신자가 한동안 ACK를 보내지 않다가 제로 윈도우 조건을 공지하기 시작할 때 유용한 칼럼이다.

Capinfos 이 커맨드라인 도구는 와이어샤크와 함께 설치되며, 파일 크기, 캡처 지속 시간, 체크섬 값 등 추적 파일의 기본적인 정보를 얻기 위해 사용된다. 보안 침해의 증거로 추적 파일을 사용하려면 추적 파일이 변조되지 않은 것을 증명하기 위해 추적 파일을 저장한 직후에 파일 체크섬 값을 계산한다. 명령어 `capinfos`

-H <filename>은 단지 SHA1, RMD160, MD5 체크섬 값만 생성하지만, capinfos <filename>는 다른 모든 파일 정보와 함께 체크섬 값을 생성한다.

Capture Engine(캡처 엔진)   캡처 엔진은 패킷 캡처 시 링크 계층 인터페이스를 다루는 일을 담당한다. 와이어샤크는 실제 캡처 과정에서 dumpcap을 사용한다.

capture filter(캡처 필터)   캡처 과정 중에만 적용하는 필터다. 이 필터는 추적 파일을 저장하기 위해서는 사용할 수 없다. 캡처 필터로 일단 폐기한 트래픽은 복구하거나 분석할 수 없으므로, 이 필터는 꼭 필요할 때만 사용하도록 한다. 매개변수 -f를 사용해 Tshark와 dumpcap에 캡처 필터를 적용한다.

capture interface(캡처 인터페이스)   캡처 인터페이스는 트래픽을 캡처하는 하드웨어 장비다. 사용할 수 있는 캡처 인터페이스를 보려면 메인 툴바의 **Interfaces** 버튼을 클릭한다. 와이어샤크가 어떤 캡처 인터페이스도 찾지 못하면 트래픽을 캡처할 수 없다. 아마도 링크 계층 드라이버(libpcap, WinPcap, or AirPcap)가 제대로 로드되지 않았을 것이다.

Cascade Pilot   로리스 데지오아니Loris Degioanni가 개발한 트래픽 시각화 도구다. Cascade Pilot은 아주 큰 추적 파일도 쉽게 열어 분석하고 시각적으로 표현할 수 있다. 또한 Cascade Pilot은 차트와 그래프 기반의 보고서를 만들 수 있고, 추가 분석을 위해 핵심 트래픽 요소를 와이어샤크로 내보낼 수 있다. Cascade Pilot에 대한 추가 정보는 www.riverbed.com에서 얻을 수 있다.

checksum errors(체크섬 오류)   프로토콜 환경 설정 영역에서 이더넷, IP, UDP, TCP의 체크섬 검증을 활성화하면, 와이어샤크는 각 헤더 안의 체크섬 값을 계산한다. 체크섬 값이 부정확하면 와이어샤크는 해당 패킷에 체크섬 오류로 표시한다. 체크섬 오프로딩 기능을 지원하는 컴퓨터가 많이 있기 때문에, 체크섬이 아직 적용되기 전에 밖으로 나가는 패킷이 잘못된 체크섬으로 표시되는 일이 종종 발견된다. 이와 같은 오탐을 제거하려면, 체크섬 검증을 끄고 **Bad Checksum** 컬러링 규칙을 비활성화한다. task offloading을 참고한다.

CIDRClassless Interdomain Routing**, Notation**   비트 수 값을 붙여 IP 주소의 네트워크 부분을 나타내는 방법이다. 이 값은 주소의 네트워크 부분에 해당하는 비트의 수를 의미한다. 예를 들어 130.57.3.0/24는 네트워크 부분이 24비트 길이(130.57.3)임을 의미하며, 이는 서브넷 마스크 255.255.255.0과 동등하다.

Classless Interdomain Routing(클래스가 없는 도메인 내 라우팅) CIDR Notation을 참고한다.

Comma-Separated Value format(콤마로 분리된 값 형식) CSV format을 참고한다.

comparison operators(비교 연산자) 비교 연산자는 필드 내부에서 값을 찾기 위해 사용된다. 한 예로, `ip.addr==10.2.2.2`는 equal 비교 연산자를 사용한다. 그 밖의 비교 연산자로는 >, >=, <, <=, != 등이 있다.

Core Engine(핵심 엔진) 와이어샤크 애플리케이션의 이 영역은 와이어샤크의 '일꾼work horse'으로 간주된다. 프레임은 Wiretap 라이브러리에서 캡처 엔진으로, 또는 캡처 엔진으로부터 들어온다. 패킷 해석기, 디스플레이 필터, 플러그인은 모두 핵심 엔진의 일부로 동작한다.

CSVComma-Separated Value **format** 이 파일 형식은 콤마로 레코드를 구분한다. 패킷 해석 결과를 내보내기할 때 CSV 형식으로 저장 가능하다. 이 형식을 사용하면 와이어샤크가 내보낸 모든 패킷 목록 창 칼럼 정보를 스프레드시트 등 다른 프로그램에서 평가해볼 수 있다.

delayed ACK(지연된 ACK) RFC 1122 '인터넷 호스트 통신 계층에 대한 요구 사항'에 정의된 지연된 ACK는 효율을 높이기 위해 ACK의 개수를 줄인다. RFC 1122는 ACK가 지나치게 지연돼서는 안 되며(지연은 반드시 0.5초 이하여야 한다) 원래 크기 세그먼트의 스트림이 수신될 때 두 세그먼트마다 한 번씩 ACK가 있어야 한다고 기술하고 있다. 많은 TCP 구현이 두 세그먼트마다 한 번보다 더 적게 지연된 ACK를 전송하여 이 규칙을 어기고 있는 것에 주의한다.

delta time(general) 이 시간 값은 한 패킷의 끝부터 다음 패킷의 끝까지 걸린 시간을 측정한다. View ﹥ Time Display Format ﹥ Seconds Since Previous Displayed Packet을 사용해서 Time 칼럼을 이 측정치 `delta time (general)`로 설정한다. 이 필드는 패킷 상세 창의 Frame 섹션 안에 있으며 '이전 표시된 프레임으로부터의 시간 차(Time delta from previous displayed frame)'라고 불린다.

delta time(TCP) 이 시간 값은 TCP 환경 설정(Calculate conversation timestamps)에서 활성화될 수 있고, 한 TCP 패킷의 끝에서 동일 스트림 내 다음 TCP 패킷 끝까지의 측정값을 제공한다. 이 필드는 [Timestamps] 섹션의 TCP 헤더 끝에 추가된다. 높은 TCP 시간 차를 필터링하려면 `tcp.time_delta > x`를 사용한다. 이때 x는 초를 나타내며 x.xxxxxx 형식도 지원된다.

DHCPDynamic Host Configuration Protocol**(동적 호스트 구성 프로토콜)** 이 프로토콜은 IP 클라이언트에 동적으로 IP 주소와 다른 구성 매개변수를 할당하기 위해 사용된다. IPv4 DHCP 트래픽의 캡처 필터는 포트 67이다(대신 포트 68을 사용할 수도 있다). IPv4 DHCP 트래픽의 디스플레이 필터는 `bootp`다. DHCPv6 트래픽의 캡처 필터는 포트 546이다(대신 포트 547을 사용할 수도 있다). DHCPv6 트래픽의 디스플레이 필터는 `dhcpv6`이다.

Differentiated Services Code Point(차별화된 서비스 코드 포인트) DSCP를 참고한다.

display filter(디스플레이 필터) 이 필터는 실시간 캡처 중에 또는 저장된 추적 파일에 적용할 수 있다. 디스플레이 필터는 특정 유형의 트래픽에 집중하기 위해 사용한다. 와이어샤크의 디스플레이 필터는 독자적인 형식을 사용한다. 디스플레이 필터는 dfilters라는 텍스트 파일에 저장된다. 매개변수 -R로, Tshark 사용 중에 디스플레이 필터를 적용한다. dumpcap은 디스플레이 필터를 지원하지 않는다.

dissectors(해석기) 해석기는 애플리케이션과 프로토콜을 분해하여 필드 이름과 해석된 값을 보여주는 와이어샤크의 소프트웨어 요소다. 와이어샤크 해석기의 코드를 다운로드하려면 anonsvn.wireshark.org/viewvc/를 방문해 와이어샤크 버전을 선택한 다음, epan/dissectors 디렉토리를 살펴본다.

DNSDomain Name System**(도메인 이름 시스템)** DNS는 도메인 이름을 IP 주소로 변환하고 또한 그 밖의 일을 하는 데 사용된다. 브라우저의 URL 필드에 입력된 호스트 이름에 대한 IP 주소를 얻기 위해 호스트가 DNS를 사용하는 것이 가장 잘 알려져 있다. 하지만 DNS는 메일 교환 서버나 정식 이름(alias) 정보 등의 추가 정보를 제공할 수도 있다. 대개 UDP 위에서 동작하지만, DNS는 요청/응답 시 TCP 위에서 동작할 수 있고 DNS 영역 전송(DNS 서버간 정보 전송) 시에는 항상 TCP 위에서 동작한다. DNS 트래픽의 캡처 필터 문법은 포트 53이다. 디스플레이 필터 문법은 `dns`다.

Domain Name System(도메인 이름 시스템) DNS를 참고한다.

DSCPDifferentiated Services Code Point**(차별화된 서비스 코드 포인트)** 이 기능은 IP 헤더 내부의 DSCP 필드를 사용해 트래픽에 우선순위를 추가한다. DSCP가 사용 중인지 확인하려면 디스플레이 필터 `ip.dsfield.dscp != 0`를 적용한다.

dumpcap 이 커맨드라인 도구는 '순수 패킷 캡처 애플리케이션'이라고 알려져 있으며, 와이어샤크에 포함돼 있다. Dumpcap은 와이어샤크와 Tshark의 패킷 캡처에 사용된다. 커맨드라인에서 `dumpcap -h`라고 입력하면 dumpcap 단독으로 구동 시 사용 가능한 옵션을 알 수 있다.

Dynamic Host Configuration Protocol(동적 호스트 구성 프로토콜) DHCP를 참고한다.

Editcap 이 커맨드라인 도구는 와이어샤크에 포함돼 있고, 추적 파일을 파일 집합으로 나누거나 복제본을 제거하고 추적 파일의 타임스탬프를 변경할 때 사용된다. Editcap에서 사용할 수 있는 옵션을 보려면 명령어 프롬프트에서 `editcap -h`라고 입력한다.

Ethereal 이더리얼은 와이어샤크 프로젝트의 예전 이름이다. 2006년 6월 7일, 제럴드 콤즈와 전체 개발 팀이 이더리얼에서 새 와이어샤크 홈으로 옮겼다. 이름을 변경하게 된 이유는 이더리얼을 만든 제럴드 콤즈가 직장을 CACE 테크놀로지 사로 옮김에 따라 상표권 문제가 대두됐기 때문이다.

Ethernet(이더넷) 제록스 PARC 연구소에서 1973~1974년에 개발된 이더넷은 공유 매체(선)의 물리적 연결, 비트 전송 메커니즘, 프레임 구조로 구성된 네트워킹 기술을 정의하고 있다.

Ethernet header(이더넷 헤더) 이 헤더는 네트워크 계층 헤더(IP 등) 앞에 위치하며 로컬 네트워크의 한 컴퓨터에서 다른 컴퓨터로 패킷을 보내기 위한 것이다. 이더넷 헤더가 붙은 패킷을 프레임이라고 부른다. 일반적인 이더넷 헤더 포맷은 Ethernet II이며 목적지 하드웨어 주소(6바이트), 발신지 하드웨어 주소(6바이트), Type 필드(2바이트)를 포함한다. 와이어샤크는 Type 필드를 보고 어느 해석기가 다음에 패킷을 받아야 하는지 결정한다. 또한, 이더넷 트레일러trailer도 존재하는데 4바이트 Frame Check Sequence 필드로 구성된다. Ethernet trailer를 참고한다.

Ethernet trailer(이더넷 트레일러) 이 4바이트 트레일러는 패킷의 끝 부분에 추가되고 Frame Check Sequence 필드(체크섬 필드)로 구성된다. 각 장비는 프레임을 수신하면 이더넷 헤더와 트레일러를 벗겨내고 패킷 내용에 대해 체크섬을 계산한다. 수신 장비는 체크섬 결과를 체크섬 필드 값과 비교해서 패킷의 손상 여부를 판단한다. 대부분의 NIC은 프레임을 컴퓨터/운영체제/와이어샤크로 전달하기 전에 이더넷 트레일러를 벗겨낸다.

exclusion filter(배제 필터) 이 유형의 필터는 캡처 과정에서 프레임을 폐기하거나(캡처 배제 필터) 뷰에서 제거한다(디스플레이 배제 필터). 캡처 배제 필터의 예는 `not port 80`이다. 디스플레이 배제 필터의 예는 `!ip.addr==10.2.2.2`이다.

Expert Infos(전문가 정보) 이 와이어샤크 창은 추적 파일에서 발견한 다양한 오류, 경고, 알림 및 추가 정보를 표시하고 링크로 연결한다. 또한 패킷 주석을 표시하기도 한다. 전문가 정보 창을 열려면 상태 바에서 **Expert Infos** 버튼을 클릭한다.

File Transfer Protocol(파일 전송 프로토콜) FTP를 참고한다.

FINFinish**(종료)** 이 비트는 이번 연결에서 데이터 전송이 종료됐음을 알리기 위해 TCP 호스트가 설정한다. 일단 TCP 연결의 양쪽이 FIN 비트가 설정된 패킷을 전송하면 양쪽은 연결 끝내기(제한 시간 초과)를 시작한다.

frame(프레임) 이 용어는 MAC 계층 헤더와 트레일러로 둘러싸인 패킷으로 이루어지는 통신의 단위를 정의하기 위해 사용된다. 와이어샤크는 각 프레임이 캡처되거나 열릴 때(저장된 추적 파일의 경우) 번호를 붙인다. 그 시점 이후로는 와이어샤크가 프레임을 종종 '패킷'으로 언급하기도 한다(예를 들면 **File ▸ Export Specified Packets**).

FTPFile Transfer Protocol**(파일 전송 프로토콜)** FTP는 장비 사이에 데이터를 전송하는 대표적인 애플리케이션이다. FTP는 명령어 채널에 기본적으로 TCP 포트 21을 사용해 동작하며, 데이터 채널에는 동적인 포트 번호를 할당할 수 있다. 기본 포트의 FTP 명령어 채널 트래픽에 대한 캡처 필터는 `port 21`이다. 디스플레이 필터 문법은 `tcp.port==21`이다. 와이어샤크가 필터 `ftp`를 인식하기는 하지만, 그 필터가 TCP 연결 설정, 유지, 종료 과정을 보여주지는 않는다.

GIMPGNU Image Manipulation Program**(GNU 이미지 처리 프로그램)** Graphical Toolkit **(GTK)** 창, 대화상자, 버튼, 칼럼 등 그래픽 인터페이스를 표현하는 데 사용되는 툴킷이다.

heuristic dissector(휴리스틱 해석기) 휴리스틱 프로세스는 일종의 '시행착오'로 생각할 수 있다. 와이어샤크는 패킷을 사용 중인 포트에 일치하는 해석기(일반 해석기)에 전달한다. 와이어샤크가 일반 해석기를 갖고 있지 않다면, 대신 그 패킷을 휴리스틱 해석기에게 넘긴다. 휴리스틱 해석기는 수신한 정보를 살펴보고, 시행착오를 통해 해석기의 특정 프로토콜이나 애플리케이션 정의에 맞는지 확인한다. 맞지 않으면 와이어샤크에 오류를 전달하고, 와이어샤크는 패킷을 다음 휴리스틱 해석기로 보낸다.

hex(hexadecimal의 줄임 말) hex는 16진법을 의미하며, 여기서 숫자는 0-9와 A-F이다. 패킷 바이트 창은 프레임의 내용을 왼쪽에 16진수로, 오른쪽이 ASCII 형식으로 표시한다.

hosts file(호스트 파일) 와이어샤크는 네트워크 이름 확인이 활성화된 경우, 이름을 해석하기 위해 자신의 호스트 파일을 참고한다. 이 파일은 와이어샤크 프로그램 파일 디렉토리에 있다. 와이어샤크 1.9.0에서는 호스트 파일을 여러분의 프로파일 디렉토리에 두고 와이어샤크 이름 확인 프로세스가 그 파일을 참조하도록 구성할 수 있다.

HTTPHypertext Transfer Protocol**(하이퍼텍스트 전송 프로토콜)** 웹 사이트를 브라우징할 때 사용하는 데이터 전송 프로토콜이다. 일반적으로 TCP 포트 80을 사용하며, `tcp port 80`으로 캡처 필터를 만들거나 `tcp.port==80`으로 디스플레이 필터를 만들 수 있다. http 디스플레이 필터를 사용할 수도 있지만, 그 필터가 TCP 연결 설정, 유지, 종료 과정을 보여주지는 않는다.

HTTPSHypertext Transfer Protocol Secure**(하이퍼텍스트 보안 전송 프로토콜)** HTTPS는 HTTP의 보안 버전으로 정의된다. HTTPS는 단순히 암호화 프로토콜인 SSL/TLS(Secure Socket Layer 보안 소켓 계층/Transport Layer Security 전송 계층 보안) 위에서 동작하는 HTTP이다. HTTPS 트래픽의 캡처 필터는 `port 443`이며, 디스플레이 필터는 ssl(또는 TCP 연결 설정, 유지, 종료 과정을 보려면 `tcp.port==443`)이다.

Hypertext Transfer Protocol(하이퍼텍스트 전송 프로토콜) HTTP를 참고한다.

Hypertext Transfer Protocol Secure(하이퍼텍스트 보안 전송 프로토콜) HTTPS를 참고한다.

IANAInternet Assigned Numbers Authority**(인터넷 할당 번호 관리기관)** 캘리포니아 마리아 델레이에 위치한 IANA는 'DNS 루트, IP 주소 할당, 기타 인터넷 프로토콜 자원에 대한 글로벌 협조를 책임진다'. 네트워크 분석 시 www.iana.org는 필드 값, 할당된 멀티캐스트 주소, 할당된 포트 번호 등에 대한 귀중한 자원이다.

ICMPInternet Control Message Protocol**(인터넷 제어 메시지 프로토콜)** 네트워크상에서 메시징 서비스로 사용되는 프로토콜이다. 누구나 ICMP 기반의 핑 동작을 알고 있을 것이다. 네트워크 성능 문제를 해결할 때, ICMP 통신이 항상 고려돼야만 한다. ICMP에 대한 캡처 필터와 디스플레이 필터는 간단히 `icmp`이다.

inclusion filter(포함 필터) 이 필터는 캡처 과정에서 일치하는 프레임을 허용하거나 (캡처 포함 필터) 디스플레이한다(디스플레이 포함 필터). 캡처 포함 필터의 예는 `port 80`이다. 디스플레이 포함 필터의 예는 `ip.addr==10.2.2.2`다.

Internet Assigned Numbers Authority(인터넷 할당 번호 관리기관) IANA를 참고한다.

Internet Control Message Protocol(인터넷 제어 메시지 프로토콜) ICMP를 참고한다.

Internet Protocol(인터넷 프로토콜, IPv4/v6) IP는 인터넷을 통해 패킷이 전달되도록 하는 (라우팅 프로토콜이 아닌) 라우팅된 프로토콜이다. IPv4와 IPv6에 대한 캡처 필터 문법은 각각 `ip`와 `ip6`이다. IPv4와 IPv6에 대한 디스플레이 필터 문법은 각각 `ip`와 `ipv6`이다.

IP address(IP 주소) 네트워크상의 단일 호스트, 호스트 그룹, 또는 모든 호스트를 식별하기 위한 주소다. IPv4 주소에 기반한 캡처 필터의 문법은 `host x.x.x.x`다. IPv4 디스플레이 필터의 문법은 `ip.addr==x.x.x.x`다. IPv6 주소에 기반한 캡처 필터를 생성하려면 `host xxxx:xxxx:xxxx:xxxx:xxxx:xxxx:xxxx:xxxx`를 사용한다. IPv6에 대한 디스플레이 필터는 `ipv6.addr==xxxx:xxxx:xxxx:xxxx:xxxx:xxxx:xxxx:xxxx`를 사용한다.

key hosts(키 호스트)　네트워크상에서 매우 중요한 장치를 가리킬 때 '키 호스트'라는 용어를 사용한다. 키 호스트에는 고객 데이터베이스 서버나 CEO의 랩탑이 해당될 수 있다. 어떤 호스트가 키 호스트로 추적되고 분석돼야 하는지 정의한다.

latency(대기시간)　대기시간은 종종 '지연'의 유사어로 사용된다. 긴 대기시간은 호스트 간 전파 지연, 스위칭과 라우팅, 경로 상의 버퍼링에 의해 생길 수 있다. 두 TCP 피어 간의 대략적인 대기시간을 측정하려면, 클라이언트 쪽에서 캡처하고 SYN에서 SYN/ACK까지의 시간을 측정하거나 서버 쪽에서 캡처하고 SYN/ACK에서 ACK(3방향 핸드셰이크의 최종 패킷)까지의 시간을 측정한다.

libpcap　와이어샤크와 같은 패킷 캡처 도구에 사용되는 링크 계층 드라이버이다. 패킷 캡처에 libpcap을 사용하는 도구가 많이 있다. 더 많은 정보를 원하면 sourceforge.net/projects/libpcap/를 살펴본다.

link-layer driver(링크 계층 드라이버)　와이어샤크로 프레임을 올리는 드라이버이다. WinPcap, libpcap, AirPcap은 와이어샤크가 사용하는 세 가지 링크 계층 드라이버이다.

logical operators(논리적 연산자)　이 연산자들은 어떤 값이 특정 형태에 일치하는지 확인하기 위해 필터를 확장하는 데 사용된다. 논리적 연산자의 예로는 `&&`, `and`, `||`, `or`, `!`, `not`이 있다. 논리적 연산자의 사용 예로는 `tcp.analysis.flags && ip.addr==10.2.2.2`를 들 수 있다.

MAC address Media Access Control address**(매체 액세스 제어 주소)**　이 주소는 네트워크 인터페이스 카드 또는 칩셋에 연관된다. 이더넷 네트워크에서 MAC 주소는 6바이트 길이다. 스위치는 MAC 주소를 사용해 스위치 포트에 연결된 장비를 구분하고 식별한다. 스위치는 이 주소를 사용해 전달 결정을 내린다. MAC 주소에 기반한 캡처 필터를 만들려면 `ether host 00:08:15:00:08:15`의 예와 같은 문법을 사용한다. MAC 주소에 기반한 디스플레이 필터를 만들려면 eth.addr==`00:08:15:00:08:15`의 예와 같은 문법을 사용한다.

manuf 파일　이 와이어샤크 파일은 국제전기전자기술사협회IEEE, Institute of Electrical and Electronics Engineers가 정의한 제조사 조직 고유 식별자OUI, Organizational Unit Identifiers 목록을 담고 있다. 이 3바이트 값을 사용해 네트워크 인터페이스 카드 또는 칩셋의 제조사를 구분할 수 있다. 와이어샤크에서 MAC 이름 확인이 기본적으로 활성화돼 있으므로, MAC 주소 내부에서 OUI를 해석한 이름을 볼 수 있다(예를 들어 `a7:bf:a3`는 'Hewlett-'). 이 manuf 파일은 와이어샤크 프로그램 파일 디렉토리 안에 있다.

Maximum Segment Size(최대 세그먼트 크기) MSS를 참고한다.

Maximum Transmission Unit(최대 전송 단위) MTU를 참고한다.

Media Access Control address(매체 액세스 제어 주소) MAC address를 참고한다.

Mergecap 이 커맨드라인 도구는 추적 파일을 합치거나 이어 붙이는 데 사용된다. 일 군#의 추적 파일에 담긴 모든 통신 내용을 하나의 IO 그래프로 생성하려면 IO 그래프를 열기 전에 Mergecap을 이용해 파일들을 단일 파일로 합치는 것을 고려한다. Mergecap의 옵션을 확인하려면 `mergecap -h`를 입력한다.

metadata(메타데이터) 기본적으로 '추가 데이터'를 의미한다. 와이어샤크 패킷 상세 창의 맨 위에 있는 Frame 섹션 안에서 메타데이터를 볼 수 있다. .pcapng 형식을 사용하면 추적 파일 주석과 패킷 주석으로 자신만의 메타데이터를 추가할 수도 있다.

MSSMaximum Segment Size**(최대 세그먼트 크기)** 이 값은 한 패킷의 TCP 헤더 뒤에 얼마나 많은 바이트가 올 수 있는지 정의한다. TCP 핸드셰이크 중, 양쪽 대화 참여자는 자신의 MSS 값을 제공한다. 이더넷 네트워크의 일반적인 MSS 값은 1,460이다.

MTUMaximum Transmission Unit**(최대 전송 단위)** MTU는 데이터 계층 헤더(이더넷 헤더 등) 내부에 포함 가능한 바이트 수를 정의한다. 드라이버가 MTU 크기를 줄이면 TCP MSS 역시 줄어들 것이다. 이더넷 네트워크에서 일반적인 MTU 값은 1500바이트이다.

multicast(멀티캐스트) 특정 호스트 그룹을 대상으로 하는 주소 유형이다. MAC 계층에서 대부분의 멀티캐스트 주소는 01:00:5e로 시작하며, 한편 IPv4 멀티캐스트는 첫 IP 주소 바이트 위치에 224에서 239까지의 숫자로 시작한다. 한 예로, IPv4 멀티캐스트 224.0.0.2는 모든 로컬 라우터를 대상으로 한다. IPv6 멀티캐스트 주소는 맨 앞에 ff00::/8('8'은 첫 8비트가 우리가 관심 있는 비트라는 것을 의미)로 시작한다.

name resolution(이름 확인)　이 기능은 장비, 네트워크 인터페이스 카드/칩, 포트에 이름을 붙이기 위해 사용된다. 와이어샤크는 3가지 유형의 이름 확인 기능을 지원한다. MAC 이름 확인, 전송 이름 확인, 네트워크 이름 확인이다. MAC 이름 확인은 기본적으로 활성화돼 있으며 하드웨어 주소의 첫 세 바이트를 제조사 이름(예를 들어, 70:66:f5은 Apple)으로 해석한다. 전송 이름 확인은 기본적으로 활성화돼 있으며 포트 번호를 포트 이름으로(예를 들면 port 80은 http로) 해석한다. 네트워크 이름 확인은 기본적으로 비활성화 상태이며 IP 주소를 호스트 이름으로(예를 들면 74.125.19.106을 www.google.com으로) 해석한다. 와이어샤크에서 네트워크 이름 확인을 활성화시키면 와이어샤크가 호스트 이름을 얻기 위해 일련의 DNS 포인터 쿼리를 생성한다. 와이어샤크는 네트워크 이름 확인을 위해 DNS 포인터 쿼리를 생성하는 대신 hosts 파일을 살피도록 구성될 수 있다. 각 프로파일마다 별도의 hosts 파일을 가지는 것도 가능하다.

NATNetwork Address Translation**(네트워크 주소 변환)**　NAT 장비는 트래픽을 정확한 주소로 전달하기 위해 모든 원본 IP 주소와 새 주소의 마스터 목록을 유지하면서 호스트의 IP 주소를 변경한다. NAT는 종종 외부로부터 내부 주소를 감추기 위해 또는 어떤 조직이 10.2.0.1와 같은 단순한 사설 IP 주소를 사용하도록 하기 위해 사용된다.

NetBIOSNetwork Basic Input/Output System**(기본 네트워크 입출력 시스템)**　SMB와 같은 애플리케이션이 일반적으로 마이크로소프트 제품 네트워크에서 네트워크상의 호스트들과 통신하기 위해 사용하는 세션 수준 프로토콜이다. 와이어샤크에서 디스플레이 필터로 nbssNetBIOS Session Service(NetBIOS 세션 서비스) 또는 nbnsNetBIOS Name Service(NetBIOS 이름 서비스)를 적용할 수 있다.

Network Address Translation(네트워크 주소 변환)　NAT를 참고한다.

Network Basic Input/Output System(기본 네트워크 입출력 시스템)　NetBIOS를 참고한다.

network interface card(NIC, 네트워크 인터페이스 카드) 일반적으로 칩셋일 뿐인 이 카드는 네트워크로의 물리적 연결을 제공한다. NIC은 이제 패킷에 단순히 MAC 헤더를 적용하는 것보다 더 많은 기능을 제공한다. 어떤 호스트들은 작업 오프로딩을 지원하는데, 작업 오프로딩은 NIC의 다양한 기능, 예를 들면 TCP 데이터 분할, IP, UDP, TCP 체크섬 값 적용 등을 사용한다. Task offload를 참고한다.

Nmap(엔맵) 이 네트워크 매핑 도구는 고든 라이언(표도르)이 네트워크 호스트를 발견하고 특징을 파악하기 위해 제작했다. 더 많은 정보를 원하면 www.nmap.org를 방문한다.

oversubscribed switch(트래픽이 넘치는 스위치) 트래픽이 넘치는 현상은 스위치가 대역폭 제한이 허락하는 이상의 트래픽을 전달하려 할 때 발생한다. 스위치 포트 스패닝을 사용할 때, 트래픽이 넘치는 스위치는 와이어샤크가 연결된 스위치 포트의 가용 대역폭을 넘는 패킷을 폐기한다. 추적 파일에서 트래픽이 넘치는 스위치 포트의 조짐으로는 어떤 패킷 손실 복구 프로세스도 이어지지 않는 미도착 세그먼트 확인 응답과 이전 세그먼트 캡처되지 않음 등이 있다.

packet(패킷) MAC 프레임 내부의 요소들을 설명하기 위해 사용된 용어다. 프레임을 벗겨내면 패킷을 보고 있는 것이다. 사실, 이 용어를 분석에서 엄밀하지 않게 사용하고 있다. 와이어샤크가 프레임을 보여줄 때 우리는 종종 '패킷'이라고 부른다.

Packet Bytes pane(패킷 바이트 창) 와이어샤크에서 기본적으로 보이는 아래쪽 창이다. 패킷 바이트 창은 프레임 내용을 16진수와 ASCII 형식으로 보여준다. 패킷 상세 창의 어느 필드를 클릭하면 와이어샤크는 해당 바이트와 ASCII 문자를 패킷 바이트 창에서 하이라이트한다. 패킷 바이트 창을 감추거나 표시하려면 View ▶ Packet Bytes를 선택한다.

packet comments(패킷 주석, packet annotations) 패킷 목록 창의 패킷을 오른쪽 클릭하고 Add or Edit Packet Comments를 선택하면 패킷 주석을 달 수 있다. 이 기능은 .pcapng 형식의 추적 파일에서만 지원된다. 패킷 주석은 패킷 상세 창의 Frame 섹션 위에 보인다. 패킷 주석을 보려면 Expert Infos 창을 열고 Packet Comments 탭을 클릭한다. 모든 추적 파일과 패킷 주석을 Statistics ▶ Comments Summary ▶ Copy를 사용해 내보내기할 수 있다.

Packet Details Pane(패킷 상세 창) 와이어샤크에서 기본적으로 보이는 가운데 창이다. 이 창은 개별 필드들과 와이어샤크가 제공하는 필드 해석을 보여준다. 패킷 목록 창에서 프레임을 선택하면 와이어샤크는 패킷 상세 창에 해당 프레임의 정보를 디스플레이한다. 패킷 바이트 창을 감추거나 표시하려면 View ▶ Packet Details를 선택한다. 필드를 오른쪽 클릭하고 해당하는 디스플레이 필터나 컬러링 규칙을 쉽게 적용할 수 있기 때문에, 아마도 와이어샤크에서 이 창을 매우 자주 사용하게 될 것이다.

Packet List pane(패킷 목록 창) 와이어샤크에서 기본적으로 보이는 맨 위쪽 창이다. 이 창은 개별 프레임 값의 요약을 보여준다. 패킷 목록 창에서 프레임을 선택하면 와이어샤크는 패킷 상세 창에 해당 프레임의 정보를 디스플레이한다. 패킷 바이트 창을 감추거나 표시하려면 View ▶ Packet List를 선택한다. 프레임을 오른쪽 클릭하고 쉽게 conversation 필터를 적용하거나 Follow TCP stream, Follow UDP stream, Follow SSL stream으로 통신을 재조립할 수 있기 때문에, 아마도 와이어샤크에서 이 창을 매우 자주 사용하게 될 것이다.

.pcap(Packet Capture, 패킷 캡처) 이 추적 파일 포맷은 와이어샤크 초기 버전(와이어샤크 1.8 이전)의 기본 형식이었다. 이 형식은 tcpdump 또는 libpcap 추적 파일 포맷이라고도 불린다.

.pcapng, .pcap-ng(.pcap Next Generation, 차세대 .pcap) 이 추적 파일 포맷은 .pcap 형식의 후속 버전이다. 이 새 포맷은 패킷 주석과 추적 파일 주석 등 메타데이터, 로컬 인터페이스 세부 정보, 로컬 IP 주소를 추적 파일에 저장하는 기능을 갖추고 있다. .pcapng 포맷에 대해 더 자세한 정보를 알고 싶으면 wiki.wireshark.org/Development/PcapNg를 참고한다.

Per-Packet Interface(패킷별 인터페이스) PPI를 참고한다.

Pilot(파일럿) Cascade Pilot를 참고한다.

port spanning(포트 스패닝) 이 프로세스는 하나의 스위치가 하나 또는 다수의 스위치 포트로부터의 트래픽을 복사해 와이어샤크가 연결된 포트로 보내도록 구성하기 위해 사용된다. 모든 스위치가 이 기능을 지원하지는 않으며, 포트 미러링으로 부르기도 한다. 포트 스패닝 스위치는 손상된 패킷을 와이어샤크로 전달하지 않음에 주의한다. Tap을 추가로 참고한다.

PPIPer-Packet Interface**(패킷별 인터페이스)** PPI는 802.11 헤더 앞에 붙는 의사疑似 헤더 안에 대역 외 정보를 제공하는 802.11 헤더 스펙이다. AirPcap 어댑터가 사용하는 PPI 의사 헤더는 채널-주파수 정보, 신호 전력, 노이즈 수준 등을 포함한다.

preferences file(파일) 이 파일은 프로토콜 환경 설정, 이름 확인 설정, 칼럼 설정 등을 포함한다. 각 프로파일은 개인 구성 폴더 안에 자신의 환경 설정 파일을 가지고 있다.

Prepare a Filter(필터 준비) 패킷 목록 창에서 패킷을 오른쪽 클릭해 이 작업을 실행한다. Prepare a Filter는 선택한 요소에 대한 디스플레이 필터를 만들지만 적용하지는 않는다. 또한 Apply as Filter를 참고한다.

profiles(프로파일) 프로파일은 맞춤화된 와이어샤크 구성이다. 새로 설치한 와이어샤크 시스템에서는 하나의 프로파일Default profile만 사용할 수 있다. 현재 사용 중인 프로파일은 상태 바의 오른쪽에 표시된다. 프로파일을 전환하려면 상태 바의 Profile 영역을 클릭한다. 새 프로파일을 생성하려면 Profile 영역을 오른쪽 클릭한다.

Protocol Data UnitPDU**(프로토콜 데이터 단위)** 호스트 간 전송되는 데이터 집합이다. 와이어샤크에서 TCP subdissector가 TCP 스트림을 재조립하면 [TCP segment of a reassembled PDU(재조립된 PDU의 TCP 세그먼트)]를 볼 수 있다. 이 패킷은 전송되는 파일의 세그먼트를 포함하고 있다.

Protocol Hierarchy window(프로토콜 계층구조 창) 이 창은 사용 중인 프로토콜에 따라 트래픽을 분해하고 패킷 비율과 바이트 비율 등 상세 정보를 제공한다. 이 창은 Statistics 메뉴 옵션 아래에서 볼 수 있다. 비정상적인 프로토콜 및 애플리케이션 또는 TCP, UDP, IP의 우려스러운 '데이터'에 주의한다. 와이어샤크가 트래픽을 인식하지 못하기 때문인데, 와이어샤크에 포함된 해석기 수를 고려하면 비정상적인 일이다.

protocol preferences(프로토콜 환경 설정) 이 환경 설정preference은 와이어샤크가 다양한 프로토콜과 애플리케이션을 처리하는 방법을 정의한다. 프로토콜 환경 설정은 패킷 상세 창에서 프로토콜을 오른쪽 클릭하거나, 메뉴에서 Edit ▶ Preferences를 선택하거나, 메인 툴바의 Edit Preferences 버튼을 클릭해서 설정한다.

proxy device(프록시 장비) 프록시 장비는 다른 호스트를 대신하여 동작한다. TCP/IP 네트워킹에서 호스트는 프록시 장비와 TCP 연결을 수립하고, 그다음 프록시 장비는 대상과 별도의 TCP 연결을 수립한다. 두 TCP 연결이 서로 비슷한 윈도우 스케일링 및 SACK 특성을 가지지 않는다면, 문제가 발생할 수도 있다.

QoSQuality of Service**(서비스 품질)** 이 용어는 트래픽이 네트워크를 여행할 때 트래픽 우선순위의 지정 방법을 뜻한다. QoS 설정은 연결 장비(예를 들면 이메일 트래픽 이전에 웹 브라우징 트래픽을 전달) 또는 애플리케이션에서 정의될 수 있다. QoS 설정을 애플리케이션에서 정의할 때, 트래픽의 우선순위를 지정하기 위해 DSCP 비트를 설정할 수 있다. DSCP를 추가로 참고한다.

Quality of Service(서비스 품질) QoS를 참고한다.

radio frequency(라디오 주파수) RF를 참고한다.

redirection(리디렉션) 네트워크에서 일어날 수 있는 리디렉션에는 다양한 유형이 있다. 한 가지 리디렉션은 매우 드문 경로 리디렉션(ICMP 유형 5)이다. 다른 한 가지 리디렉션은 애플리케이션 리디렉션이다. 예를 들어 HTTP 3xx 응답 코드는 모두 리디렉션이다.

relative start(Rel.Start, 상대적 시작) 이 값은 Conversations 창에서 볼 수 있고 이 대화가 처음으로 추적 파일에서 나타난 시간을 의미한다. 이 칼럼을 보기 위해 Conversations 창을 확대해야 할 수도 있다. 이 시간은 추적 파일의 첫 패킷부터의 초에 기반한다.

Retransmission(재전송) 재전송은 사라진 패킷을 불평하는 수신 호스트 또는 보낸 데이터 패킷에 대한 ACK를 기다리다 시간 초과된 송신 호스트에 의해 시작된다. 원칙적으로 과도한 재전송을 방지하기 위해 선택적 확인 응답SACK을 사용한다.

RFRadio Frequency**(라디오 주파수)** 전파와 관련된 전자기 스펙트럼 상의 임의의 주파수. 무선 네트워크(802.11)는 무선랜 호스트와 액세스 포인트 간의 패킷 전송을 위해 RF를 사용한다. RF 기반 네트워크에서 패킷을 캡처하기 위해 특별한 어댑터(AirPcap 어댑터 등)가 필요할 수도 있다.

RST_{Reset}**(리셋)** 이 비트는 호스트가 TCP 연결을 종료하거나 거절할 때 설정한다. 수립된 TCP 연결에서 일단 나가는 패킷에 RST 비트가 설정되면 송신자는 이 연결에 더 이상의 데이터를 전송할 수 없다. 일반적인 TCP 연결 종료 프로세스에서 연결의 양측이 RST 비트가 설정된 패킷을 보내고 연결이 즉시 종료된다.

Server Message Block(서버 메시지 블록) SMB를 참고한다.

services file(서비스 파일) 이 파일에는 포트 번호와 서비스 이름의 목록이 들어있다. 모든 TCP/IP 호스트는 services 파일을 가지고 있으며 와이어샤크 또한 자체 services 파일을 가지고 있다. 이 파일은 와이어샤크 프로그램 파일 디렉토리에 위치한다. 전송 이름 확인이 활성화된 경우, 와이어샤크는 포트 번호를 서비스 이름으로 대체한다. 예를 들어 포트 80은 'http'로 대체된다. 표시된 서비스 이름이 마음에 들지 않으면 services 파일을 편집할 수 있다.

Simple Network Management Protocol(단순 네트워크 관리 프로토콜) SNMP를 참고한다.

SMB_{Server Message Block}**(서버 메시지 블록)** Common Internet File System (CIFS, 공통 인터넷 파일 시스템)이라고도 불리는 SMB는 마이크로소프트 기반 네트워크에서 네트워크 액세스, 파일 전송, 인쇄 및 기타 기능을 제공하는 애플리케이션 계층 프로토콜이다.

SNMP_{Simple Network Management Protocol}**(단순 네트워크 관리 프로토콜)** 이 장비 관리 프로토콜은 관리 대상 장비가 관리 항목 데이터베이스를 유지할 것을 요구한다. 관리 호스트는 데이터베이스를 열람 및 수정한다. 잉크 수준, 종이 수준 등의 정보를 추적하기 위해 SNMP를 활성화한 네트워크 호스트와 네트워크 프린터 사이에 흐르는 SNMP 트래픽을 종종 볼 수 있다. SNMP 트래픽을 필터링하려면 캡처 필터 `port 161` 또는 `port 162`, 또는 디스플레이 필터 `snmp`를 사용한다.

Snort Snort는 1998년에 마틴 레시가 개발했고 현재 소스파이어_{Sourcefire} 사에서 유지하고 있는 네트워크 침입 탐지 시스템_{NIDS}이다. Snort는 규칙 집합에 의해 네트워크 스캔 및 공격 트래픽을 식별하고 경고한다. 더 자세한 정보는 www.snort.org 를 참고한다.

Spanning Tree ProtocolSTP**(스패닝 트리 프로토콜)** 스패닝 트리는 스위치 네트워크에서 자동으로 2계층 루프를 해결하는 프로토콜이다. 스패닝 트리 트래픽은 스위치 사이를 흐르면서 네트워크의 'tree' 뷰(하나의 줄기에 많은 가지가 바깥쪽으로 흘러나가는)를 생성하고 혹시 존재할 수 있는 네트워크 스위치 루프를 제거한다.

Stream index number(스트림 인덱스 번호) 와이어샤크는 이 번호를 추적 파일에서 관찰되는 모든 TCP 대화에 붙인다. 첫 스트림 인덱스 번호는 0으로 설정된다. 패킷 목록 창의 TCP 통신을 오른쪽 클릭하고 Follow TCP stream를 선택하면 와이어샤크는 스트림 인덱스 번호에 기반한 디스플레이 필터를 적용한다(예를 들면 `tcp.stream==3`).

stream reassembly(스트림 재조립) 대화의 요청과 응답을 명확히 읽을 수 있도록 전송 계층 헤더(TCP 또는 UDP) 다음의 모든 것을 재조립하는 과정이다. 관찰된 첫 번째 호스트로부터의 통신은 붉은색으로 표시되고, 두 번째 호스트로부터의 통신은 파란색으로 표시된다.

subdissector(서브디섹터) 다른 해석기가 호출하는 해석기를 의미한다. TCP 환경 설정(Allow subdissector to reassemble TCP streams)에서 이 용어를 볼 수 있다. 웹 브라우징 트래픽의 경우 HTTP 해석기는 TCP 해석기의 subdissector이다.

subnet(서브넷) 서브넷은 네트워크의 부분 집합을 정의하며 네트워크 마스크의 길이를 조절해서 적용한다. 예를 들어 단일 네트워크 10.2.0.0/16에서 두 개의 서브넷을 생성하려면, 서브넷을 /24(24비트)로 늘리고 일부 호스트들에는 10.2.1.0/24를 할당하고 또 다른 호스트들에는 10.2.2.0/24를 할당한다. 네트워크 마스크는 이제 두 개의 네트워크가 있는 것을 나타낸다.

SYNSynchronize Sequence Numbers**(순서번호 동기화)** 이 비트는 각 TCP 피어의 초기 순서번호ISN, Initial Sequence Number를 동기화하기 위해 TCP 핸드셰이크의 처음 두 패킷에 설정된다. 이 비트에 기반한 디스플레이 필터를 사용해 각 핸드셰이크의 처음 두 패킷(`tcp.flags.syn==1`)을 볼 수 있고, 이로부터 두 호스트 간 왕복 시간을 측정할 수 있다.

TAP_{Test Access Port}**(테스트 액세스 포트, tap)**　이 장비는 네트워크 통신을 가로채고 트래픽을 모니터 포트로 복사한다. 기본적인 TAP는 트래픽에 대해 어떤 전달 결정도 내리지 않고 네트워크 통신을 투명하게 볼 수 있게 한다. NetOptics 사는 네트워크 TAP을 만드는 회사다(www.netoptics.com 참조). port spanning도 추가로 참고한다.

task offloading(작업 오프로딩)　이 프로세스는 다양한 프로세스를 네트워크 인터페이스 카드로 넘겨 다른 작업을 할 수 있도록 호스트의 CPU를 비워준다. 와이어샤크를 실행하는 호스트의 네트워크 인터페이스 카드에서 체크섬을 계산할 때, 작업 오프로딩이 분석 세션에 영향을 미칠 수 있다. 체크섬 값이 아직 계산되지 않았기 때문에 캡처 시점에서는 체크섬에 오류가 있다. IP, UDP, TCP 체크섬 검증을 활성화하거나 Checksum Errors 컬러링 규칙을 활성화하면 체크섬 계산의 작업 오프로딩에 의한 수많은 오탐을 보게 된다.

TCP/IP_{Transmission Control Protocol/Internet Protocol}**(전송 제어 프로토콜/인터넷 프로토콜)**　이 용어는 전 세계의 컴퓨터 시스템 사이의 연결을 제공하는 모든 프로토콜과 애플리케이션 전체를 지칭한다. 'TCP/IP'라는 용어는 TCP와 IP 프로토콜보다 더 큰 의미로, UDP, ICMP, ARP 등 수많은 프로토콜을 포함하는 의미다.

TFTP_{Trivial File Transfer Protocol}**(단순 파일 전송 프로토콜)**　이 파일 전송 프로토콜은 UDP 위에서 동작하며 최소한의 파일 전송 기능을 제공한다. 대개 TFTP는 포트 69를 사용하지만, 많은 애플리케이션이 비표준 포트 번호로 동작하도록 구성 가능하다는 점을 명심하자. 예상치 못한 TFTP 트래픽은 네트워크 보안 침해의 증상일 수 있다.

throughput(처리율)　네트워크 처리율은 네트워크를 통해 이동할 수 있는 비트의 양을 정의한다. 와이어샤크의 TCP Stream 그래프인 Throughput Graph 또는 IO Graph를 사용해 추적 파일의 처리율 수준을 검토할 수 있다.

Time to Live　TTL을 참고한다.

TLS_{Transport Layer Security}**(전송 계층 보안)**　TLS는 보안 소켓 계층_{SSL, Secure Socket Layer}에 기반을 둔 암호화 프로토콜이다. TLS 트래픽을 분석할 때, 초기 TLS 핸드셰이크 패킷을 살펴보고 연결 설정 문제를 식별할 수 있다. 이 트래픽을 해독하려면, 적절한 복호화 키를 가지고 있어야만 한다. TLS 환경 설정은 와이어샤크의 SSL 환경 설정 영역 아래에서 구성된다. TLS/SSL 기반 트래픽을 캡처하려면 port 443과 같은 포트 기반 캡처 필터를 사용한다. TLS/SSL 기반 트래픽의 디스플레이 필터 문법은 SSL이다.

trace file(추적 파일) 이 일반적인 용어는 파일 형식에 관계없이 네트워크 트래픽을 담고 있는 모든 파일을 일컫는다. 현재 와이어샤크는 .pcapng 추적 파일 포맷을 사용하고 있지만, 대부분의 다른 추적 파일 포맷도 읽을 수 있다. 추적 파일은 일반적으로 (사용하는 추적 파일 포맷을 포함한 전체 추적 파일의 정보를 담고 있는) 파일 헤더와 개별 패킷의 메타데이터(주석 등)를 가진 패킷 헤더를 포함하고 있다.

TraceWrangler 재스퍼 본거츠가 개발한 이 무료 윈도우 프로그램은 추적 파일을 정리하기 위해 사용할 수 있다. TraceWrangler는 www.tracewrangler.com에서 다운로드할 수 있다.

Transport Layer Security(전송 계층 보안) TLS를 참고한다.

Trivial File Transfer Protocol(단순 파일 전송 프로토콜) TFTP를 참고한다.

Tshark 이 커맨드라인 도구를 사용해 실시간 트래픽이나 저장된 추적 파일의 기본적인 통계를 캡처 및 디스플레이, 획득할 수 있다. Tshark는 실제로는 dumpcap을 사용해 트래픽을 캡처한다. Tshark는 커맨드라인 캡처 도구 중에서 가장 기능이 많은 버전으로 알려져 있다. 사용 가능한 Tshark의 매개변수 목록을 알아보려면 `tshark -h`를 입력한다.

TTLTime to Live 이 IP 헤더 필드는 패킷이 네트워크 경로를 따라 전달될 때 각 라우터에서 1씩 감소된다. 패킷이 라우터에 도착할 때 TTL 값이 1이었다면, TTL 값이 0으로 감소되는 패킷은 전달할 수 없기 때문에 그 패킷은 전달될 수 없다. 해당 패킷은 폐기된다.

UDPUser Datagram Protocol**(사용자 데이터그램 프로토콜)** 이 비연결 전송 프로토콜은 모든 브로드캐스트, 모든 멀티캐스트, DHCP, DNS 요청 등을 포함한 많은 기본 네트워크 통신에서 사용된다. UDP를 캡처하기 위한 캡처 필터와 디스플레이 필터 문법은 udp다.

URIUniform Resource Indicator**(인터넷 식별자)** 이 용어는 HTTP 통신에서 요청되는 실제 요소를 정의한다. 예를 들어 웹 브라우징 세션을 분석할 때, '/' URI에 대한 요청을 볼 수 있다. 이 '/'는 기본 페이지(예를 들면 index.html)에 대한 요청이다. URI를 포함하고 있는 모든 패킷을 보는 디스플레이 필터를 만들려면 `http.request.uri`를 사용한다.

User Datagram Protocol(사용자 데이터그램 프로토콜) UDP를 참고한다.

WinPcapWindows Packet Capture**(윈도우 패킷 캡처)** 윈도우에 특화된 이 링크 계층 드라이버는 와이어샤크가 유선 네트워크의 트래픽을 수집할 때 사용한다. 로리스 데지오아니가 개발한 WinPcap은 다양한 네트워크 작업에 사용 가능한 대표적인 유틸리티이다. 더 자세한 정보를 원하면 www.winpcap.org를 참고한다.

Wiretap Library(와이어탭 라이브러리) 이 라이브러리는 추적 파일의 raw 패킷 데이터를 제공한다. 와이어샤크의 와이어탭 라이브러리는 여러 다른 추적 파일 포맷을 읽을 수 있고 File ▶ Open을 선택해 Files of Type 옆의 드롭다운 화살표를 클릭하면 볼 수 있다.

WLANWireless Local Area Network**(무선랜)** 이 용어는 RF(라디오 주파수) 매체를 이용해 호스트 간 통신하는 네트워크를 의미한다. 와이어샤크는 다양한 무선랜 트래픽 요소에 대한 해석기를 가지고 있다. AirPcap 어댑터는 무선랜 트래픽을 캡처하는 뛰어난 어댑터다.

찾아보기

에이콘출판의 기틀을 마련하신 故 정완재 선생님 (1935-2004)

와이어샤크 트러블슈팅
네트워크 성능 개선과 문제 해결

인 쇄 | 2016년 8월 22일
발 행 | 2016년 8월 30일

지은이 | 로라 채플
옮긴이 | 강 지 양

펴낸이 | 권 성 준
편집장 | 황 영 주
편 집 | 오 원 영
　　　　나 수 지
디자인 | 이 승 미

에이콘출판주식회사
서울특별시 양천구 국회대로 287 (목동 802-7) 2층 (07967)
전화 02-2653-7600, 팩스 02-2653-0433
www.acornpub.co.kr / editor@acornpub.co.kr

한국어판 © 에이콘출판주식회사, 2016, Printed in Korea.
ISBN 978-89-6077-894-8
ISBN 978-89-6077-449-0 (세트)
http://www.acornpub.co.kr/book/troubleshooting

이 도서의 국립중앙도서관 출판시도서목록(CIP)은 서지정보유통지원시스템 홈페이지(http://seoji.nl.go.kr)와
국가자료공동목록시스템(http://www.nl.go.kr/kolisnet)에서 이용하실 수 있습니다.(CIP제어번호: CIP2016019748)

책값은 뒤표지에 있습니다.